W0011478

ESOTERISCHES
WISSEN

SURYA DAS

Tibetische Weisheitsgeschichten

Gesammelt und ins
Amerikanische übertragen
von Surya Das

Mit einer Einführung
des Dalai Lama

Deutsche Erstausgabe

WILHELM HEYNE VERLAG
MÜNCHEN

HEYNE ESOTERISCHES WISSEN
Herausgegeben von Michael Görden
08/9654

Aus dem Amerikanischen übertragen
von Mascha Rabben

Titel der Originalausgabe:
THE SNOW LION'S TURQUOISE MANE
erschienen bei Harper San Francisco,
a division of HarperCollins Publisher Inc.,
San Francisco, California, USA

3. Auflage

ISBN 3-453-08088-2

INHALT

Schlafende Buddhas, erwacht!

Sie wandte sich an ihren Meister und fragte: »Ehrwürdiger Rinpoche, wenn diese lebenden Buddha-Lamas wirklich alle so vollkommen erleuchtet, so wach, allsehend, mächtig und mitfühlend sind, wie wir annehmen, wie kommt es, daß sie uns nicht einfach aus unserem geistigen Schlaf erwecken?«

»Wer schläft denn?« erwiderte der Meister.

Ven. Dilgo
Khyentse Rinpoche

ཁྱེན་བརྩེ་འགྱུར་མེད་ཕུན་ཚོགས།

10. April 1991

Geschichten über das Leben von erleuchteten Meistern sind dazu da, die Leser oder Zuhörer zu inspirieren. Ermutigt und ein wenig weiser geworden, wenden wir uns unwillkürlich selbst nach Innen und werden eines Tages transformiert.

Unter der Leitung von Nyoshul Khenpo Rinpoche und dem Ehrwürdigen Tulku Pema Wangyal hat mein Schüler Surya Das die mündlichen Überlieferungen vieler tibetischer Meister gesammelt und aufgeschrieben, unter anderen die der noch lebenden Lamas aller vier Schulen des Tibetanischen Buddhismus. Viele unserer Geschichten erzählen von dem bedeutendsten Dzogchen-Meister des neunzehnten Jahrhunderts, Patrul Rinpoche, dessen Lieder, mündliche Instruktionen, Kommentare und Taten auch heute noch eine Quelle der Inspiration für uns sind. Andere berichten von erleuchteten Weisen und Yogis, die keiner traditionellen Übertragungslinie angehört haben, und wieder andere beschreiben die Erfahrungen der einfachen Landleute Tibets, um zu zeigen, daß jeder Mensch von den spirituellen Lehren profitieren kann.

11

Allein vom Vorhandensein solcher lebenden Buddhas zu hören, kann einem Sucher den Weg zur eigenen Befreiung weisen. So möge dieses Buch sich als ein Segen für alle erweisen, die damit in Berührung kommen.

DILGO KHYENTSE RINPOCHE

Spirituelle Meister haben ihre Aussagen von jeher mit Hilfe von Geschichten illustriert, so auch die Lamas in Tibet. Die Tibeter sind ein zutiefst religiöses Volk und verehren jeden Menschen, der den Sinn der religiösen Lehren verkörpert. Dem geschriebenen Wort messen wir eine immense Tragweite bei, speziell den Schriften, die einst aus Indien in unser Land des ewigen Schnees getragen und aus dem Sanskrit übersetzt worden sind, aber selbstverständlich auch den Kompositionen unserer eigenen späteren Meister.

Trotz aller Ehrfurcht bewahrt ein sehr erdhafter Humor die Tibeter in den meisten Fällen vor dem Abgleiten in reine Frömmelei. Als beispielhaft gelten historische Persönlichkeiten wie der exzentrische Sänger Milarepa, wie Geshé Ben und der erleuchtete Vagabund Patrul Rinpoche, die gerade wegen ihrer Unangepaßtheit zu den beliebtesten Charakteren in unseren Überlieferungen zählen.

Seit Jahrhunderten wurden derartige Geschichten stets mündlich von lebenden Lehrern auf die Nachkommen übertragen, aber kaum jemals aufgeschrieben. Surya Das ist der erste, der die eigens vernommenen Geschichten ihm bekannter Lamas gesammelt und in eine Fremdsprache übertragen hat. Ich danke ihm für die Erhaltung dieses köstlichen, oft sehr komischen Aspekts unserer Tradition und vertraue darauf, daß es Leser gibt, die ebensoviel Freude daran finden werden wie schon Generationen von Tibetern vor uns.

DER DALAI LAMA
2. Juni 1991

Tibet… altbekannt als ›das mythische Königreich auf dem Dach der Welt‹, Herberge der höchsten Gipfel der Erde, gebettet in Schnee und Eis…, das Land der unablässig wiedergeborenen Buddhas mit seiner einzigartigen religiösen Weisheitskultur, Hüterin verborgener Einsichten und geheimer Traditionen. Tibet, mit seinen zahllosen Tempeln, Klöstern und Lehrstätten, von denen manche einst mehr als sechstausend Schüler zugleich beherbergten… Tibet ist heute, bald vier Jahrzehnte nach dem gewaltsamen Einmarsch der Chinesen im Jahre 1950, ein gequältes und unterdrücktes Land.

Tibets drei Millionen Quadratkilometer – ein Gebiet von der ungefähren Größe Westeuropas – liegen auf einem viertausend Meter hohen Plateau im Himalajagebirge, dem viele der größten Flüsse Asiens entspringen, unter anderen der Indus, der Brahmaputra, der Jangtsekiang und Mekong. Seit Menschengedenken wird der Berg Kailash, der neben dem Everest einer der herrlichsten Gipfel dieser Erde ist, als ›ein Sitz der Götter‹ bezeichnet und von den Anhängern nahezu aller asiatischen Religionen wie ein Heiligtum verehrt. Auch heute bleibt Mount Kailash eins der wichtigsten Pilgerziele für Nepalreisende, doch nach dem gescheiterten Aufstand der Tibeter gegen die Gewaltherrschaft der kommunistischen Soldaten und der Flucht des Dalai Lama im Jahre 1959 ruft der Anblick von Mount Kailash in vielen Pilgern nur noch schmerzliche Erinnerungen wach.

Einst war Tibet ein mächtiges Königreich. Im siebten Jahrhundert eroberte König Srongtsen Gonpo mit seinen berittenen Truppen ein Gebiet, das im Westen bis nach Kaschmir reichte, im Osten bis zur chinesischen Hauptstadt Chang'an und im Süden bis zum indischen Ganges. Zur selben Zeit verbreiteten sich die Lehren des Gautam Buddha allmählich in Tibet, eingeführt von indischen Eingeweihten, welche die Lehren persönlich verwirklicht hatten und den tibetischen Überlieferungen zufolge sehr überzeugend demonstrierten. Aus diesem, von jedem folgenden Meister neu vertieften und abgewandelten Buddhismus entwickelte sich dann im Laufe der Zeit die berühmte lamaistische Hochkultur der Tibeter.

Im vierzehnten Jahrhundert drang die Kunde von einem ›spirituellen Königreich auf dem Dach der Welt‹ zum erstenmal bis nach Europa vor, verbreitet von einem Wandermönch des Franziskanerordens mit Namen Oderich, der Tibet persönlich besucht haben wollte. Vor ihm erzählten schon Ptolemäus und Herodotus von einem legendären heiligen Land hoch oben in den Himalajas. Soweit wir wissen, blieb Lhasa, Tibets Hauptstadt und geistige Hochburg, bis 1904 nahezu ausnahmslos für Außenseiter verschlossen. Seit der offiziellen Entdeckung Lhasas im Zuge der britischen Younghusband-Expedition sind wenige Fremde bis nach Lhasa vorgedrungen, und noch seltener weihten die Tibeter einen zugereisten Sucher in ihre tieferen spirituellen Praktiken ein.

Vor dem Einmarsch der Chinesen wurde Tibet von Dalai Lamas regiert, einer jahrhundertealten Kette von ›Wiedergeburten des Buddhas der Nächstenliebe‹, wie die Tibeter sagen. Auch heute gilt der lebende Vierzehnte Dalai Lama als das wahre spirituelle und weltliche Oberhaupt seines Volkes, trotz seiner Verbannung und der nationalen Tragödie der Vertreibung unzähliger Lamas und Familien aus ihrem Heimatland. Die Tibeter sind ausdauernd. Ihr Glaube an die Wirksamkeit geistiger Kräfte bei der Überwindung weltlicher Widerstände bleibt unerschütterlich, wie jeder bezeugen kann, der dieses rührend hingebungsvolle Volk persönlich kennengelernt hat.

Paradoxerweise hat die Verwüstung der tibetischen Kultur dem Rest der Welt eine Flut von bemerkenswerten Einsichten in die bisher geheimgehaltenen Praktiken dieses Volkes beschert. Die Tibeter selbst haben diesen Umstand vor langer Zeit vorausgesagt; der Historiker Arnold Toynbee prophezeite, daß die Verbreitung des Buddhismus im Westen später einmal als eins der bedeutendsten Ereignisse des zwanzigsten Jahrhunderts bezeichnet werden würde. Viele hohe Lamas haben heute zum erstenmal engeren Kontakt mit anderen Nationen aufgenommen und halten sich zur Zeit in Ländern auf, die ihrer Botschaft des ›innewohnenden Erleuchtungspotentials aller Wesen‹ eine neue Heimat bieten wollen.

Die Geschichten in diesem Buch sind Teil einer uralten mündlichen Tradition der ›Übertragung von Herz zu Herz‹ und sollten deshalb eigentlich nicht gelesen, sondern erzählt und gehört werden. Alle Geschichten tauchen in hundert Varianten in Tibet auf, viele auch in Indien und den umliegenden Ländern, denn sie werden mit jeder Wiedergabe neu belebt und auf die jeweiligen Zuhörer zugeschnitten. Es geht den Tibetern letztlich weniger um historische Tatsachen als um die fortlaufende Neuentdeckung des innersten Kerns der buddhistischen Lehre.

Die Mythologie des Abendlandes ist von Gottheiten, Zauberern, Hexen, Feen und Gespenstern bevölkert – von Geistwesen also, die gewöhnlichen Sterblichen auf ihrem Einweihungsweg erscheinen. Ähnlich geht es auch in den Geschichten der Tibeter zu, in denen am Beispiel von Yogis, Rinpoches und einfachen Landleuten verdeutlicht wird, was universell bleibenden Wert hat. Oft werden die historisch akkuraten Lebensgeschichten der beliebtesten Lehrer mit märchenhaften Elementen ange reichert. Da wimmelt es von Dakinis: göttlichen Urkräften in Frauengestalt, von Nagas (Halbgötter mit Schlangenkörpern), von Natur- und Himmelsgeistern; da gibt es Hungrige Gespenster (erdgebundene Tote), Dämonen und tausenderlei Geschöpfe mehr.

In der buddhistischen Lehre, die allen tibetischen Erzählungen zugrunde liegt, wird die körperlich sichtbare Existenz einer Kreatur nicht für ein Merkmal ihrer ›Realität‹ gehalten. Insofern ist ein Geist oder Gott also keineswegs weniger ›echt‹ als jeder sichtbare, fleischlich vorhandene Erdbewohner. Der eingeweihte Buddhist begreift sämtliche Erscheinungsformen der Welt als das permanente Flackern eines einzigen, unterschiedslosen, ewig konstant bleibenden Bewußtseins. Was dies im einzelnen bedeuten mag, wird in den folgenden Geschichten immer wieder neu und von immer anderen Gesichtspunkten ausgehend illustriert.

Wenn von einem ›Buddha‹ erzählt wird, dann versteht der Tibeter, daß es sich um einen Menschen handelt, der sich als vollkommen eins mit dem All-Bewußtsein erkannt hat, wobei hier sofort hinzugefügt werden muß, daß man Bände mit Erklärungen über die unbeschreibliche Erleuchtungserfahrung füllen kann und bereits gefüllt hat.

Wenn von einem Rinpoche (sprich Rinposchee) die Rede ist, dann weiß der Tibeter, daß es sich um einen ›kostbaren‹ (im Sinne von unbezahlbaren) Lehrer handelt, der zum mindesten einige der grundlegendsten Aspekte der Erleuchtungserfahrung im eigenen Sein verkörpert und anderen Menschen daher ebenfalls zur direkten Erfahrung verhelfen kann.

Erwähnenswert ist auch, daß alle Lamas Männer sind, aber es gibt viele tibetische Nonnen und erleuchtete weibliche Buddhas. Berühmt sind die Grünen und Weißen Taras, die als der ›Unerschöpfliche, grenzenlos leere Mutterschoß aller Buddhas‹ verehrt werden und deren Kraft sich nach tibetischem Glauben in vielen lebenden Frauen manifestiert. Es gibt tibetische Yoginis (weibliche Meditierer), Siddhas (Seherinnen) und viele anerkannte Wiedergeburten des Buddha-Bewußtseins in Frauengestalt.

Der jüngst verstorbene Kalu Rinpoche erklärte, daß Frauen oft raschere Fortschritte auf dem Pfad der direkten Erkenntnis machen, welcher Dzogchen (sprich ›Dsogtschen‹) genannt wird, weil Frauen von Natur aus empfänglicher und hingebungsvoller sind als die kampforientierte männliche Energie. Padma Sambhava, der zweite Buddha und Begründer des offiziellen tibetischen Buddhismus im achten Jahrhundert, sagte: »Männlich – weiblich ... kein großer Unterschied. Doch wenn die Frau einmal nach der Erkenntnis ihrer Grundnatur strebt, dann eilt sie dem Manne voraus.«

Viele der nun folgenden Geschichten handeln von einer ganz bestimmten Art des ›göttlichen Wahnsinns‹, wie er in dem kompromißlosen Verhalten von wahrhaft erweckten und absolut freien Ekstatikern zum Ausdruck kommt. Die ›Bauls‹ in Indien gehören in diese Kategorie der anarchistischen, über jede Tradition hinausgegangenen ›Verrückten‹, ebenso wie manche Sufis des Mittleren Ostens und viele tibetische Lehrer. Der heilige Franziskus von Assisi soll einmal splitternackt in eine Kirche gewandert sein und seine Jünger als ›Narren Gottes‹ bezeichnet haben. Der erleuchtete tibetische Sänger Milarepa deklarierte: »Ich gehöre der Übertragungslinie der Verrückten an – verrückt vor Hingabe, verrückt vor Entzücken, verrückt nach der zündenden, alles verzehrenden Flamme der Wahrheit.«

Und so sollen die Geschichten in diesem Buch auch in erster Linie als Zündfunken dienen. Die Flamme der authentischen Erleuchtungserfahrung vieler Lamas, die damals mit nicht mehr als den Gewändern am Leib aus Tibet geflohen sind, soll brennen und im Westen, Norden und Süden der Erde lebendig sein.

Vor ein paar Jahren erzählte der britische Schriftsteller Andrew Harvey eine Geschichte, die er in Ladakh, einem noch weitgehend unberührten Landstrich von überwältigender Schönheit in Nordindien, nicht weit von der tibetischen Grenze, erlebt hat:

»Einmal fragte ich einen alten Tibeter in Ladakh, was ich als Schriftsteller tun könne, um die fortschreitende Vernichtung der buddhistischen Kultur in unseren materialistischen Zeiten wenigstens zu verzögern.

Der Tibeter lächelte und antwortete: ›Alles geht vorbei. Du bist ein Zeuge unserer Lebensart. Gib weiter, was wir dir vermittelt haben.‹

›Das ist nicht genug‹, erwiderte ich.

›Nein‹, sagte er. ›Aber es ist immerhin etwas.‹«

SURYA DAS
Dordogne, Frankreich, 1991

Tibetische
Weisheitsgeschichten

Der Manimann

Die ›Mani‹ oder Gebetsmühle der Tibeter ist ein mit zahllosen Mantras und Inschriften gefülltes Rad, das im Uhrzeigersinn um eine Achse gedreht wird. Manche Gebetsmühlen sind klein wie Fingerhüte, andere so groß wie ein ganzer Saal. Von alters her stecken die Tibeter ihre Gebetsmühlen in Flüsse und tosende Wasserfälle, damit das Wasser sie unaufhörlich drehen und den segensreichen Einfluß der Gebete über das Land verteilen kann. Wer eine Mani dreht oder Gebetsfahnen in den Wind hängt, sorgt nach altem tibetischen Glauben dafür, daß die Gebete sich erfüllen.

Die Provinz von Kham ist mit dem einstigen Wilden Westen von Amerika vergleichbar. Die Einwohner von Kham sind hervorragende Reiter und Pferdezüchter. Noch vor etwa hundert Jahren bestand Kham aus vielen kleineren Königreichen mit jeweils eigenen Streitkräften und einem gesetzlich vorgeschriebenen Wehrdienst, dem kein junger Mann sich entziehen konnte.

IM FERNSTEN OSTGEBIET VON KHAM lebte einst ein alter Mann, den alle nur den ›Manimann‹ nannten, weil er seine kleine Gebetsmühle tagein, tagaus in der Hand drehte. Die Mühle enthielt das Große Mantra der Nächstenliebe, *Om Mani Padme Hum*, und der Alte hatte sie eigenhändig konstruiert.

Die Ehefrau des Manimannes war nach einem langen, ehrenwerten Leben gestorben und in einem seligeren Seinsbereich wiedergeboren worden. Seither lebte der Manimann allein in einer kleinen Steinhütte mit seinem einzigen Sohn, den er über alles liebte, und einem prächtigen Hengst, den der Sohn mehr als alles auf der Welt liebte.

Eines Tages jedoch verschwand der junge Hengst von dem kärglichen Weideland, wo er täglich gegrast hatte, und war weit und breit nicht mehr aufzufinden. Viele hilfsbereite Nachbarn hatten tagelang bei der Suche geholfen, aber nun begannen sie, das grausame Schicksal des armen Manimannes zu beklagen. Nur der Alte selbst blieb ungerührt. Er drehte seine Gebetsmühle in der Hand und rezitierte die Worte: »Om Mani Padme Hum«, wie die Tibeter das Mantra des grenzenlosen Mitgefühls der Buddhas mit allen Geschöpfen aussprechen. Zu den wehklagenden Nachbarn sagte der Manimann: »Nun grämt euch doch nicht so, ihr lieben Leut'. Wißt ihr was? Ich bin dankbar für alles, ob es kommt oder geht. Wartet nur ab. Wir werden es schon sehen.«

Ein paar Tage später kehrte der Hengst wie durch ein Wunder auf seine Weide zurück. Und mit ihm waren zwei herrliche wilde Mustangs gekommen, die der Alte und sein Sohn sogleich zum Reiten abrichteten. Die Nachbarn kamen freudestrahlend herbeigelaufen, um dem Alten gratulierend auf die Schulter zu klopfen. Der Manimann drehte seine Mühle um und um und sagte: »Ich bin sehr dankbar für dieses Glück. Aber wer weiß, hm? Wartet's ab. Wir werden es sehen.«

Wenige Wochen später stürzte der Sohn vom Rücken eines der wilden Mustangs und brach sich das Beckenbein. Die Nachbarn trugen ihn heim, schreiend und wehklagend ob des grausamen Mißgeschicks, denn nun konnte der Sohn nicht länger arbeiten. Nur der Alte saß still vor sich hinmurmelnd am Lager seines Sohnes und wollte sich nicht über sein Schicksal beklagen. »Dem Buddha Chenrezig (sprich Tschenresig) sei Dank«, meinte er, »daß mein Sohn überhaupt noch bei mir ist. Wartet's ab, wir werden schon sehen.«

Kaum ein Mondumlauf verging, da kamen Armeesoldaten in das Dorf geritten, um jeden wehrtüchtigen Jungen zum Kampf mit dem benachbarten Königreich einzuziehen. Nur der bettlägerige Sohn des Manimannes blieb vom Kriegsdienst verschont. Die Nachbarn gratulierten dem Alten und sagten, daß er ein hervorragendes Karma haben müsse, denn er war der einzige im Dorf, der seinen Sohn noch bei sich hatte. Der Manimann lächelte, legte seine faltige Hand auf das zerschmetterte Beckenbein seines Sohnes und blickte hinaus auf die Weide, wo die drei prächtigen Pferde grasten. Dann begann er ein Lied für seinen Sohn zu singen:

»Das Leben dreht sich um und um,
hinauf, hinab, wie ein Wasserrad.
Endlos wirbelt die Mühle unserer körperlichen Existenzen.
Vieltausend Formen nehmen alle an,
und jede Form wird zerschmettert und neu geformt,
wie nasser Lehm auf einem Töpferrad.

Das Niedere steigt auf, und das Erhabene sinkt,
irgendwann – warte es nur ab.
Das Dunkle wird erhellt; die Reichen
verlieren ihr Gut; alle Formen wechseln
im ewigen Tanz des scheinbaren Getrenntseins.

Wärest du, mein Sohn, ein besonderes Kind,
so hätte man dich als Reinkarnation erkannt
und in ein Kloster zu den Lamas gesteckt.
Wärest du allzu sprachgewandt und schlau,
so hätten sie dich zum Beamten ernannt
und hinterm Schreibpult angeschnallt.

Jedes Pferd beschert dir einen Haufen von Problemen,
jeder Reichtum am Ende einen Streit.
Keiner weiß, welches Karma ihn morgen ereilt.
Was wir heute säen, wird in irgendeinem Leben reif
und zur Gänze geerntet, soviel steht fest.
Darum sei gut zu allen – urteilsfrei,

frei von dem unseligen Streben,
das doch immer nur auf Illusionen
von einer Mehrung und Verlusten beruht.

Hab weder Hoffnung noch Angst, mein Kind,
erwarte nichts, dann wirst du auch nicht enttäuscht.
Akzeptiere alles, ob es kommt oder geht,
und folge dem universellen Gesetz.
Grundeinfach, sorgenfrei und im Einklang mit
der innewohnenden Buddha-Natur, so ruhst
du im Frieden deines wahren Seins.

Du kannst den Himmel mit Pfeilen beschießen,
so oft es dir gefällt, mein Sohn,
aber sie fallen doch alle zur Erde zurück.«

Milarepas letzte Worte

Jetsun Milarepa ist Tibets berühmtester ›Wilder Yogi‹ und Sänger. Er lebte vor etwa neunhundert Jahren in einer Berghöhle in den Himalajas und gab seine Verse spontan, ohne nachzudenken oder zu korrigieren, von sich. Seine Schüler schrieben die meisten seiner Worte auf, die nachfolgenden Generationen hüteten diese Schriften, und so kommt es, daß die ›Hunderttausend Gesänge von Milarepa‹ im zwanzigsten Jahrhundert in zahlreiche Fremdsprachen übersetzt und für uns alle erhalten bleiben konnten.

Es heißt, daß Milarepa die perfekte Erleuchtung in einem einzigen Erdenleben erlangte, und zwar, indem er jahrzehnte-

lang unausgesetzt in vollkommener Einsamkeit meditierte.
Während der Zeit seines Praktikums ernährte er sich nahezu
ausschließlich von wilden Nesseln, was seiner Haut einen
leicht grünlichen Schimmer verlieh und seine späteren Schüler
veranlaßte, ihn unter anderen Ehren- und Kosenamen ›den
grünen Yogi‹ zu nennen.

Milarepas Guru war Marpa, ein berühmter Seher, der sieb-
zehn Jahre lang in Indien meditiert hatte und die Mahamu-
dra-Lehren (die Lehre von der Großen Geste) von Indien nach
Tibet brachte. Einer von Milarepas begabtesten Schülern war
Gampopa, von dem die folgende Geschichte handelt.

GAMPOPA WAR EIN ARZT UND GELEHRTER LAMA, als ihm
eines Tages eine Vision von einem grünlich schimmern-
den Yogi mit wild vermatteter Haartracht erschien. In
seiner Vision lachte der Yogi mit funkelnden Augen und
spie Gampopa eine sehr beachtliche Portion Spucke ins
Gesicht.

Bald darauf machte Gampopa sich auf die Wanderschaft, wie es sich für einen Lama von Zeit zu Zeit geziemt, er begegnete in einem entlegenen Gebiet der Himalajas, in das er sich unbeabsichtigt verirrt hatte, auch
tatsächlich einem Yogi mit ungesund grünlich schim-
mernder Haut.

Vorsichtig trat Gampopa näher, um den verwilder-
ten Halbnackten zu begrüßen, da dieser seit Tagen der
erste Mensch in der Einsamkeit des Himalajagebirges
war.

Milarepa grinste, als er Gampopa zögernd herannahen
sah. Anstatt ein Wort zu sagen, reichte er seinem Gast
einen hohlen Totenschädel voller Chang (Gerstensaft),
wie es Sitte in den tantrischen Ritualen ist, und forderte
Gampopa auf, das Bier als ›symbolisches Elixir der Übertragung der Einsicht des Meisters auf den Schüler‹ zu begreifen und zu trinken.

Gampopa weigerte sich, indem er erklärte, daß der

Genuß von Alkohol ihm von seiner Schule untersagt worden sei.

Da lachte Milarepa, genauso, wie er es in Gampopas Vision getan hatte und behauptete, daß es viel besser sei, einem lebenden Buddha zu folgen, als sich an irgendwelche alten Gelübde zu klammern. Auf der Stelle leerte Gampopa die Schale mit einem einzigen Zug. Dann blickte er in Milarepas Augen und erkannte, daß seine Vision wahr geworden war: Der erleuchtete grüne Yogi hatte ihm symbolhaft ins Gesicht gespuckt und damit etwas von seiner Energie auf den gelehrten, aber noch längst nicht wahrhaft erweckten Schüler übertragen.

Und im selben Augenblick wußte Milarepa, daß er seinen spirituellen Nachfolger gefunden hatte.

Lange Jahre der Meditation und Unterweisung vergingen, in denen Gampopa sich stets in der Nähe seines Meisters aufhielt. Dann verkündete Milarepa, daß Gampopa reif sei, die letzte Instruktion zu empfangen. Bevor er Abschied nahm und seinen geliebten Meister für diese Lebenszeit verließ, kniete Gampopa sich voller Ehrfurcht vor Milarepa auf den Boden, damit der Guru beide Fußsohlen auf seinen Scheitel setzen und den Kraftstrom auf ihn übertragen konnte, der dem Schüler zu einem erneuten Durchbruch in das allumfassende Buddha-Bewußtsein verhelfen würde.

Nachdem sie dieses Ritual der wortlosen Transmission vollzogen hatten, bat Gampopa um die letzte mündliche Unterweisung. Milarepa zuckte mit den Schultern und sagte: »Sitzen mußt du noch viel und oft, aber lernen mußt du absolut nichts mehr.«

Kein weiteres Wort war aus dem Meister herauszubringen. Also machte Gampopa sich auf den Weg in das Tal. Er hatte bereits einen schmalen Gebirgsbach überquert, als Milarepa etwas hinter ihm herschrie.

»Ich habe doch noch eine allerletzte Instruktion für dich«, schrie Milarepa über das Rauschen des Baches hinweg. »Und die ist nun wirklich dermaßen geheim und tiefgreifend, daß sie nur den größten unter den Auserwählten erteilt wird.«

Gampopa blieb mit erwartungsvoll klopfendem Herzen stehen. Milarepa kehrte ihm den Rücken zu, hob seinen zerlumpten Lendenrock hoch und offenbarte Gampopa sein hornhautbeschichtetes, vom vielen Sitzen auf nackten Steinen vernarbtes Hinterteil. »Das ist die allerletzte Instruktion, geliebter Herzenssohn«, brüllte Milarepa. »Befolge sie!«

Die Überquerung des Flusses

›Dakinis‹ sind erleuchtete feminine Energien, die jede beliebige Gestalt annehmen können und von den Tibetern als ›göttliche Himmelstänzerinnen‹ verehrt werden, weil sie den unablässigen Tanz eines einzigen Grundbewußtseins repräsentieren, das sämtliche Erscheinungsformen in Raum und Zeit unaufhörlich aus sich selbst heraus schafft und im Tode wieder in sich aufnimmt. Vajra Yogini, die ›Diamantene Yogini‹, ist die Königin aller Dakinis.

Zwei Mönche auf der Pilgerschaft kamen eines Tages an einen reißenden Fluß, an dessen Ufer eine alte, leprakranke Frau hockte. Flehend hob die lepröse Gestalt ihre wundnassen Hände hoch und bat die Mönche, ihr bei der Überquerung des Flusses zu helfen.

Der erste Mönch wandte sich ab, angeekelt von dem Gestank der ansteckenden Krankheit. Er raffte seine Roben und watete zum anderen Ufer des Flusses. Dort blieb er stehen und blickte sich nach seinem Gefährten um.

Der zweite Mönch empfand Mitleid mit dem Scheusal am Ufer und setzte sich die Leprakranke auf die Schultern. Mitten im tosenden Gewässer drohte er jedoch unter seiner Last zusammenzubrechen und mit ihr fortgerissen zu werden. Der erste Mönch wollte ihm gerade noch zurufen: »Ja, das hast du nun davon!«, als ihm eine Lehre erteilt wurde. Die Alte auf dem Rücken des Mönches verwandelte sich unversehens in die Diamantene Dakini der Weisheit und schwebte in strahlender Schönheit über dem mitfühlenden Mönch, der ihr eben noch geholfen hatte. Aus den Lüften reichte sie dem Versinkenden ihre schimmernd weiße Hand und zog ihn zu sich hinauf, hinein in das Reich der erleuchteten Himmelsenergien.

Der erste Mönch mußte seine Pilgerreise allein fortsetzen und noch viel über die Weisheit der Nächstenliebe und die Flüchtigkeit aller Erscheinungsformen nachdenken.

Der wundersame Hundezahn

ES WAR EINMAL EINE ALTE FRAU, deren Sohn sich den Unterhalt mit Tauschgeschäften in Indien und Tibet verdiente. Der junge Mann wollte sich gerade wieder einer Karawane von Indienreisenden anschließen, als seine Mutter sich mit folgender Bitte an ihn wandte: »Bodh Gaya ist der Ort, an dem der Buddha Gautam Siddharta erleuchtet wurde, deshalb bitte ich dich, mir etwas aus

Bodh Gaya (in Indien) mitzubringen. Eine kleine Reliquie vielleicht oder einen Talisman, den ich auf meinen Altar legen und als materielle Repräsentation des Buddhas verehren kann.«

Jahrein, jahraus wiederholte die alte Mutter ihre Bitte, doch der Sohn kam unverrichteter Dinge von jeder Indienreise nach Tibet zurück.

Eines Tages machte der Sohn sich wieder einmal bereit, in das ferne Indien zu ziehen, als die Mutter sagte: »Wenn du diesmal ohne eine Reliquie für meinen Altar aus Bodh Gaya zurückkehrst, bringe ich mich vor deinen Augen ums Leben!«

Schockiert von der Intensität, mit der die Mutter diese Worte ausgesprochen hatte, gelobte der Sohn, ihr den Herzenswunsch dieses Mal unfehlbar zu erfüllen.

Nach vielen Monaten hatte er seine Handelsgeschäfte verrichtet und befand sich schon auf dem Weg zum Hause seiner alten Mutter, als ihm plötzlich einfiel, daß er auch dieses Mal vergessen hatte, ihr eine Reliquie aus Bodh Gaya mitzubringen.

»Was soll ich machen?« fragte er sich selbst. »Wie ich meine Mutter kenne, bringt sie sich tatsächlich vor meinen Augen um, wenn ich ihr nicht irgend etwas mitbringe.«

Suchend blickte er sich um und sah den vertrockneten Leichnam eines Hundes nicht weit entfernt im Gestrüpp liegen. Hastig brach er dem Hundeschädel einen Zahn heraus und wickelte diesen in ein indisches Seidentuch.

Im Haus seiner Mutter angekommen, präsentierte er dieses Geschenk. »Das ist ein echter Schneidezahn von Gautama Buddha«, erklärte er feierlich. »Ich habe ihn eigens aus den wenigen noch erhältlichen Reliquien in Bodh Gaya für dich ausgewählt.«

Die gute alte Frau glaubte ihrem Sohn und verehrte den Zahn, als sei er eine wahrhaftige Verkörperung des Geistes von Gautama, dem Vollkommenen Buddha. Von

Stund' an vertiefte sie sich so rückhaltlos in ihre Hingabe an den Hundezahn, daß es nicht lange dauerte, bis sie den inneren Frieden fand, nach dem sie ihr Leben lang gesucht hatte.

Es dauerte ebenfalls nicht lange, da sahen auch die Nachbarn und Freunde, daß ein sanftes Regenbogenlicht den Zahn umgab und kaum merkliche Lichtperlen in der Luft um ihn schwebten. Jeden Tag fanden sich nun mehr Leute am Altar der alten Dame ein und wollten die zarte Energie des Zahnes in sich aufnehmen. Als die alte Frau starb, war sie von Regenbogenlichtern umgeben, und ihr Lächeln verriet dem weinenden Sohn, daß sie heimgegangen war in den Urgrund, aus dem alle Dinge kommen.

Seither heißt es, daß jeder simple Hundezahn zur heiligen Reliquie werden kann, aber nur, wenn die Kraft eines empfänglichen Herzens und die Liebe eines Buddhas über diesen Zahn zusammenkommen.

Die sprechende Statue

Kongpo ist eine Provinz im Süden von Tibet, deren Bewohner weniger für ihr intellektuelles Fassungsvermögen als für ihre Gläubigkeit gerühmt werden.

Der ›Jokhang‹ in Lhasa ist der heiligste aller tibetischen Tempel. Er beherbergt eine uralte Buddhafigur, die Gautam Buddha in seiner Jugend darstellt und Jowo Rinpoche genannt wird (Kostbarer Lord). Die Statue wurde vor mehr als tausend Jahren von China nach Tibet getragen und gehörte zu der Mit-

gift einer chinesischen Prinzessin bei ihrer Vermählung mit
dem damaligen König von Tibet.

BEN, EIN MANN AUS DEM HINTERLAND VON KONGPO, hatte
sein Leben lang von der Schönheit des Jokhang-Tempels
und von Tibets heiligster Buddhafigur geträumt. Nun
endlich kam der Tag, an dem er sich auf die Reise in das
ferne Lhasa machte, um diese Wunderdinge mit eigenen
Augen zu sehen,

Als Ben nach einer langen, entbehrungsreichen Reise
endlich in Lhasa eintraf, wanderte er wie traumverloren
durch die Straßen der Götterstadt... Welch ein Anblick
bot ihm der Potala Palast, in dem der Buddha Chenrezig
in der Gestalt des lebenden Dalai Lama zur selben
Stunde persönlich existierte!

Welch ein Anblick auch die endlose Schar der Pilger,
die ihre immerwährenden Kreise um die Potala zogen!
Welch überwältigende Schönheit bot ihm der Norbu
Lingka, der Sommerpalast des Landesoberhaupts, mit
seinen kunstvoll verzierten Zinnen und Türmen. Und
nicht zu vergessen die ehrwürdigsten unter den Lehrstätten Tibets, die Klöster von Sera und Drepung! »Welch ein
Glück, daß ich diese Dinge noch zu meinen Lebzeiten er-
blicken darf«, dachte Ben und bedankte sich im stillen.

Dann betrat er den Jokhang-Tempel, und dort... dort
saß der goldene Jowo Rinpoche im Lotussitz, überlebens-
groß und gewaltig in seiner stillen Seligkeit.

Dreimal sank Ben vor der Statue auf den Boden, aber
seine knorrigen alten Wanderstiefel störten ihn dabei, und
seine staubige Kappe fiel ihm vom Kopf. Zutraulich legte
Ben der still lächelnden Buddhafigur seine Stiefel und
Kappe auf den Schoß und sagte: »Paß du auf die auf, Jowo
Rinpoche, damit ich hier in Ruhe weitermachen kann.«

Barfuß umkreiste Ben die goldene Statue, wie es sich
geziemt, und bemerkte dabei zu seiner Freude, daß Dutzende von glühenden Butterlampen auf dem Altarsockel

brannten und daneben allerlei Gerstenkuchen bereit-
lagen. Ben dankte dem allwissenden Buddha für seine
Gastlichkeit und begann, die geweihten Opferkuchen,
Tormas genannt, in das Butterfett der Altarlampen zu
tauchen, um sie dann mit sichtlichem Genuß zu verspei-
sen, denn die Ausstrahlung des Jowo Rinpoche flößte
ihm Mut und Zutrauen ein.

Als Gegenleistung gab Ben dem Buddha bekannt, daß
er ihn jederzeit in Kongpo besuchen könne, wo Ben sein
fettestes Schwein schlachten und es dem verehrten Gast
mit allen Zutaten vorsetzen würde. Weder wußte Ben
von der buddhistischen Doktrin der Gewaltlosigkeit
gegenüber allen fühlenden Wesen, noch zweifelte er
auch nur eine Sekunde daran, daß seine Einladung dankbar angenommen werden würde.

Doch im nächsten Moment flog die Tür auf, und der
bucklige alte Tempelhüter trat ein. Sekundenlang starrte
der fassungslose Alte auf die Dreckstiefel und die zerlumpte Kappe im güldenen Schoß des Buddhas – dann
auf die Krümel, die weiterhin in Bens Barthaaren hingen.

Empört griff der Tempelhüter nach den Lumpen im
Schoß der Statue, als eine körperlose Stimme durch das
Heiligtum hallte und verkündete: »Hände weg. Diese
Dinge gehören meinem geliebten Schüler aus Kongpo!«

Der Alte schwankte und wich zehn Schritte zurück. Er
warf sich auf den Boden und bat die Statue um Vergebung für seine Vermessenheit. Dann ließ er Ben allein im
Raum zurück, damit dieser seine Zwiesprache mit dem
Kostbaren Lord nach eigenen Vorstellungen weiter-
führen konnte.

Wenig später ging Ben nach Kongpo und zu seiner
Familie zurück, aber die Gerüchte, daß die Statue im
Haupttempel von Tibet zu ihm gesprochen habe, eilten
ihm voraus. Wenn er daraufhin angesprochen wurde,
murmelte Ben jedoch nur: »Ach, heutzutage weiß man
nie, was man glauben darf und was nicht.«

Die Leute sagen, daß der Buddha die Einladung des unschuldigen Ben tatsächlich annahm und ihm am Grunde eines Springquells in der Nähe seiner Hütte erschien. Ben griff ins Wasser und schleppte die goldene Statue ein paar Schritte fort mit sich, aber ihr Gewicht war zu gewaltig, und so ließ Ben den Buddha einfach zur Erde fallen, wo er sich metertief eingrub und bis heute von aller Welt bewundert werden kann.

Auch heute noch umkreisen die Gläubigen von Kongpo dieses Erdloch mit den Konturen des lächelnden Jowo und verneigen sich beim Vorübergehen bis zum Boden vor ihm. Der Jokhang in Lhasa mag weit entfernt sein, aber die Einfältigen wissen genau, daß der Kostbare Lord ganz in ihrer Nähe ist.

Die Befreiung aller Wesen

EIN GREISER LAMA HATTE SICH EINEN FLACHEN FELSEN am Ufer eines Froschtümpels zum Meditationsplatz auserkoren. Dort saß er jeden Tag, aber kaum hatte er sich im Schneidersitz niedergelassen, um sich in die Tiefe seines Wesensgrundes zu versenken, gewahrte er unweigerlich ein Insekt, das hilflos im Wasser ruderte und seine Hilfe zu brauchen schien. Ein ums andere Mal ließ der Mönch sich aus seiner Versenkung reißen, setzte seine alten Knochen in Bewegung und rettete die winzigen Kreaturen vor dem sicheren Untergang, bevor er sich erneut im Schneidersitz zurechtfand.

Irgendwann fiel es den anderen Meditierern und

Lamas der Gegend auf, daß der Greis kaum stillsaß, sondern seine Meditationszeit damit verbrachte, Insekten aus dem Tümpel zu heben. Obwohl es sich für jeden Tibeter geziemt, einem hilflosen fühlenden Wesen das Leben zu retten, hielten einige der Mönche es dennoch für besser, den Greis darauf hinzuweisen, daß es geeignetere Plätze für die Meditation gibt als insektenumschwirrte Froschteiche.

»Wäre es nicht sinnvoller, woanders zu sitzen und ungestört zu meditieren?« fragten sie den alten Mann. »Meinst du nicht, daß du die vollkommene Loslösung von deinen Illusionen dann eher erlangst? Als Erleuchteter kannst du sämtlichen Wesen der Welt zur Befreiung verhelfen, aber so doch nicht!«

»Wenigstens könntest du die Augen beim Meditieren schließen, um dich endlich auf das Wesentliche, das Unvergängliche und einzig Konstante zu konzentrieren – dein eigenes inhaltsloses Bewußtsein«, meinte ein junger Lama.

Nachdem alle ihre Vorschläge gemacht hatten, verbeugte sich der Greis ehrfurchtsvoll vor seinen Ratgebern und sprach: »Recht habt ihr, meine Brüder und Schwestern. Aber wie kann ein dummer alter Knochen wie ich, der bei der Liebe des Buddhas Chenrezig geschworen hat, diese und jede folgende Lebenszeit in den Dienst seiner Nächsten zu stellen, ruhig dasitzen und das Mantra des Grenzenlosen Mitgefühls intonieren, während hilflose Geschöpfe direkt vor seiner Nase ertrinken?«

Darauf konnte niemand eine kluge Antwort geben.

Der erleuchtete Vagabund

Patrul Rinpoche wurde zum effektvollsten Meister der Dzog-
chen-Schule seiner Zeit. ›Dzogchen‹ bedeutet ›Erkenntnis der
immer schon existierenden, angeborenen Vollkommenheit‹ und
ist deshalb mehr als eine Schule oder Praxis, mehr als eine
Übertragungslinie, mehr selbst als ein Zustand, den man er-
strebt und irgendwann erlangt. Die Dzogchen-Erfahrung ist
die Quintessenz der buddhistischen Lehre, und so galt Patrul
Rinpoche nicht nur als wichtigster Lehrer, Dichter und Seher
seiner Zeit, sondern auch als vollkommener Buddha. In der
Tat, er galt als eine der vielen Wiedergeburten von Avalo-
kiteshvara, den die Tibeter ›Chenrezig‹ nennen: Allumfassen-
des Mitgefühl.

Auf seinen Reisen begegnete Patrul Rinpoche einmal
einer Gruppe von Lamas, die auf dem Weg zu einer festlichen Veranstaltung im Osten Tibets waren. Die Lamas
hielten den zerlumpten Patrul mit seiner selbstlos be-
scheidenen Art für einen streunenden Sucher, und so
sahen sie es gern, daß er sich ihnen anschloß, ihnen Tee
kochte, das Feuerholz sammelte und die Rangältesten
der Truppe bediente.

Sie befanden sich in der Region von Kham, als die
Kunde zu ihnen drang, daß ein hoher Lama sich ganz in
der Nähe aufhielt, um den Suchern in Osttibet weiterführende Instruktionen und Ermächtigungen zu erteilen.
Eilends machte die kleine Truppe sich auf den Weg und
kam gerade rechtzeitig an, um an den Zeremonien teilzunehmen.

Alle Lamas und Bittsteller wurden gemäß ihrer offiziellen Rangordnung auf Thronsitze gesetzt oder nach weit
hinten zum stehenden Fußvolk beordert. Die Mönche

hatten ihre prunkvollsten Ordenszeichen, Kappen und Festtagskleider angelegt. Der Großmeister thronte über der Menge auf einem Podest, und, nachdem die Hörner, Trompeten und Schellen verstummt und die Einweihungsriten vollzogen worden waren, defilierten sämtliche Anwesenden der Reihe nach an ihm vorbei, um seinen Segen zu empfangen und ihm einen weißen Schal zu Füßen zu legen.

Zuerst berührte der Großmeister jeden geneigten Kopf mit eigener Hand. Dann, als er sah, daß die Reihe der Defilierenden einfach nicht kleiner werden wollte, berührte er die dargebotenen Scheitel nur noch mit einer Pfauenfeder. So vergingen Stunden, bis der allerletzte Sucher vor ihm stand: der zerlumpte Stiefelknecht einer Truppe von unbedeutenden Mönchen.

Die Augen des Großmeisters weiteten sich vor Erstaunen, als er in das Antlitz des wilden Gesellen zu seinen Füßen blickte. Vor ihm kniete niemand anderer als ein lebender Buddha, der unvergleichliche Dzogchen-Meister Patrul Rinpoche, und bat um seinen Segen!

Unverzüglich sprang der Meister herab von seinem Podest und warf sich der Länge nach auf den Boden vor dem Lumpengesell. Während die versammelte Menge Schreckenslaute von sich gab, rappelte er sich auf, drückte Patrul seine Pfauenfeder in die Hand und legte sich erneut vor dem abwinkenden Vagabunden in den Staub. Patrul kicherte glucksend in sich hinein, hob den ehrwürdigen Meister wieder auf und wollte sich seine Ehrenbezeugungen partout nicht gefallen lassen.

Übung in vollkommener Geduld

ES IST ETWA EIN JAHRHUNDERT HER, daß der Dzogchen-Meister Patrul Rinpoche in seinem zerfledderten alten Schafsfellmantel durch die Lande streifte, allein und von den wenigsten erkannt. Auf seinen Wanderungen hörte er einmal von einem Einsiedler, der schon jahrzehntelang in einer dunklen Höhle meditiert hatte und dabei besondere spirituelle Kräfte entwickelt haben sollte.

Patrul machte sich auf und stattete dem Yogi einen Besuch ab, um zu sehen, ob er ihm in irgendeiner Weise behilflich sein konnte, wie es seine Art war. Unangekündigt trat er in die Höhle des Yogis ein, setzte sich vor den Meditierenden und lächelte ihn wohlwollend an.

»Wer bist du denn?« fragte der Einsiedler. »Wo kommst du her, und wohin gehst du in dieser Einöde?«

»Ich komme von hinter meinem Rücken und gehe stets nach vorn«, antwortete Patrul.

Der Einsiedler schüttelte den Kopf. »Und wo bist du geboren worden?«

»Auf der Erde.«

Jetzt wurde es dem Yogi langsam zuviel. »Sag mir deinen Namen«, brummte er.

»Verschmolzenheit Jenseits Allen Tuns«, antwortete Patrul. Nachdem er dem Yogi diesen Hinweis gegeben hatte, erkundigte Patrul sich wie beiläufig, warum der Einsiedler sich in eine so unwirtliche Gegend zurückgezogen hatte.

Auf diese Frage hatte der Mann gewartet. Stolz sagte er: »Ich sitze seit zwanzig Jahren hier und meditiere auf die transzendentale Perfektion der Geduld.«

»Sehr beachtlich«, sprach der ungeladene Gast und

schnalzte anerkennend mit der Zunge. Dann beugte er sich vor, brachte seine furchigen Lippen an das Ohr des Yogis und raunte: »Aber zwei alte Schlitzohren wie wir wissen natürlich genau, daß das nie hinhaut, nicht?«

Erzürnt sprang der Yogi aus seinem Lotussitz auf. »Was fällt dir ein, meinen Frieden hier auf so unverschämte Weise zu unterbrechen?« rief er. »Für wen hältst du dich, daß du mir so wenig Respekt entgegenbringst?«

»Tja, *wer oder was sind wir*, du und ich«, entgegnete Patrul ungerührt, »… und wo ist die transzendentale Perfektion deiner Geduld geblieben?«

Der ›Alte Hund‹

IN SEINER JUGEND WAR PATRUL RINPOCHE EIN SCHÜLER mehrerer berühmter Lehrer des neunzehnten Jahrhunderts. Der würdige Gyalway Nyugu (Gjalwai Njugu) hatte den jungen Patrul bereits mit seiner innewohnenden Buddha-Natur vertraut gemacht, als der exzentrische Meister Doe Khyentse sich ihm eines Tages in den Weg stellte und ihm den Eintritt zum Haus eines Freundes verwehrte.

»He, du großer Dharma-Held«, stichelte Doe Khyentse. »Weißt du, wer ich bin?«

Patrul hatte schon viel von dem unberechenbaren Khyentse gehört, unter anderem, daß dieser mit einem Jagdgewehr durch die Dörfer und Einöden schlich, um geeignete Personen damit dermaßen zu erschrecken, daß sie mit einem Schlag aus ihrem geistigen Schlaf erwachten.

»Tritt näher, wenn du den Mut hast«, forderte Doe

Khyentse lauernd. Patrul trat gehorsam auf den schreckenerregenden Meister zu. Dieser packte die langen schwarzen Zöpfe des Schülers und schleuderte ihn mit einem gekonnten Ruck zu Boden.

»Doe Khyentses Atem stinkt nach Bier«, dachte Patrul heimlich bei sich. »Er ist betrunken, und so muß ich ihm seine Unflätigkeiten verzeihen.«

Der hellsichtige Doe Khyentse aber konnte jeden Gedanken lesen. »Du intellektueller Kopfmensch mit deinem unterscheidenden Verstand!« brüllte er. »Hast du noch nicht kapiert, daß alles vollkommen pur und untrennbar ist, du alter Hund?« Er zeigte Patrul seinen kleinen Finger, was bei den Tibetern ›Du kannst mich mal‹ heißt, spuckte Patrul an und stapfte davon.

In diesem Moment wurde dem Schüler eine Erleuchtungserfahrung zuteil. In einem jähen Geistesblitz erkannte er, daß sein eigener Verstand untrennbar vom leuchtend klaren Bewußtsein der Buddhas existiert und auf ewig eins ist mit dem angeborenen, immer schon vorhandenen Bewußtsein, das jeder Erscheinungsform der Welt unterliegt.

Ein maßloser Friede überkam den jungen Patrul. Er blieb einfach dort im Staub sitzen, wo der unübertreffliche Meister Doe Khyentse ihn hingeworfen hatte, ließ sich die Sonne auf den Kopf scheinen und die Passanten an sich vorüberziehen.

Später, als Patrul schon zum Rinpoche ernannt worden war, pries er die Geschicklichkeit seines Meisters oft und sagte: »Der einzigartigen Spontaneität und Nächstenliebe von Lord Khyentse ist es zu verdanken, daß einer meiner Ehrentitel nun ›Alter Hund‹ ist. Wunschlos und unterscheidungslos wandere ich über das Land. Frei wie ein räudiger Hund, den niemand mehr dressieren will.«

Drei Männer im Baum

DAS KLOSTER VON KATOK wurde im zwölften Jahrhundert von einem Abt namens Dampa Deshek gegründet. Dampa Deshek galt als einer der großen Lehrer seiner Zeit, und so strömten die Sucher von fern und nah herbei, wenn es hieß, daß der Meister einen öffentlichen Vortrag halten und die tantrischen Einweihungsrituale im Vorhof seines Klosters vollziehen würde.

Bei solchen Anlässen saß Meister Deshek immer auf einem niedrigen Podest auf der Veranda, während die ranghöchsten Lamas links und rechts von ihm auf Teppichen Platz nahmen. Der Klosterhof vor den Eingeweihten war oft dermaßen überfüllt, daß die Zuhörer in die Dachbalken des Klosters hinaufklettern mußten und selbst die Dächer der umliegenden Gebäude bis auf den letzten Zentimeter besetzten.

Einmal hatte Dampa Deshek bereits mit seinen Einweihungszeremonien begonnen, als drei Bettelmönche eintrafen und vom Torhüter zurückgewiesen wurden, da sie noch nicht einmal einen Stehplatz in der hintersten Ecke des Klosterhofes finden würden. Die drei Nachzügler waren zu Fuß aus dem fernen Gebirgsdorf Gayrong gekommen und sahen dementsprechend verwildert, staubig und müde aus. Eine Weile wanderten sie suchend um das Kloster herum, dann fanden sie einen Baum in einiger Entfernung, von dem sie zwar eine recht gute Sicht auf den Meister Deshek hatten, aber kaum ein Wort verstehen konnten.

In Windeseile kletterten die drei in die Zweige dieses Baumes, um die Ereignisse im Klosterhof zu verfolgen. Ein paar Bauern aus der Umgebung sahen die drei abgerissenen Gestalten mit lang vorgestreckten Hälsen im

Baumwipfel hängen und schüttelten die Köpfe. »Schaut euch die Lämmergeier da oben im Baum an«, tuschelten sie unter sich. »Da kommen sie von weit her, um am Ende nichts und wieder nichts davon zu haben.«

Aber in diesem Punkt hatten sie sich geirrt. Noch während er die Rituale vollzog, spürte Dampa Deshek mit seinem untrüglichen Feingefühl, daß drei Wesen jede seiner Gesten mit besonderer Aufnahmebereitschaft verfolgten. Fortan konzentrierte der Meister seine Kraft auf diese drei, ohne daß die Menge der Gläubigen im Klosterhof es merkte. Und so geschah es, daß die drei Bettelmönche dort oben im Baum, die doch kaum ein erklärendes Wort mitbekamen, spontan erkannten, was der tiefere Sinn jeder Geste des Meisters war.

Am Ende der Zeremonie hatte sich das Auge der Weisheit in allen drei Männern geöffnet, was bedeutet, daß sie selbst eine Stufe der Meisterschaft erreicht hatten. Vor Freude brach Dampa Deshek in einen Lobgesang aus:

> »Emaho!
> Die Erscheinungsformen der Wesen
> sind unzählig und trügerisch.
> Heute sind mir drei unscheinbare Wandervögel
>   zugeflogen,
> und unter all den erlauchten Adepten ringsumher
> haben sie die wahre Illumination erlangt…
> Draußen vor den Klostermauern,
> im Wipfel eines Baumes hockend,
> mit lang vorgestreckten Hälsen.
> Emaho!«

Geshé Ben, der Dieb

IN SEINER JUGEND ZOG GESHÉ BEN als Bettelmönch durch Tibet und hielt sich streng an die Gebote des Mahayana Buddhismus, eine Schule, die als das ›Große Transportmittel zur Erleuchtung‹ bezeichnet wird. Ben lebte im elften Jahrhundert unserer Zeitrechnung und war ein überaus gewissenhafter Praktikant in den Jahren, bevor er selbst vollends erwachte.

Einmal wurde der junge Ben von einem gläubigen Ehepaar zum Essen eingeladen, wie es überall in Tibet Sitte ist. Während die ganze Familie hin- und herlief, um die Vorbereitungen für das Mahl des ausgehungerten Novizen zu treffen, fand Ben sich plötzlich allein in der Küche wieder und stellte zu seinem eigenen Entsetzen fest, daß seine Hand soeben in einen Sack voller duftender Teeblätter gegriffen hatte.

»Du Dieb, du Dieb!« schrie Ben und schlug sich so lange auf die gierige Hand, bis die gesamte Familie in der Küche zusammengelaufen war. »Wo ist der Dieb?« brüllte der Familienvater und griff nach einem Knüppel, um seine Angehörigen zu verteidigen. »Hier, hier«, antwortete der schamrote Geshé Ben. »Ich habe mich gerade dabei ertappt, wie ich eure Gastfreundschaft mißbrauchen wollte.« Danach gelobte er, sich die Hand abzuschlagen, falls sie je wieder so hinterhältig greifen und irgend etwas an sich raffen wollte.

Die einfachen Leute lächelten gutmütig und winkten ab, aber zur selben Zeit wußten sie auch, daß der innere Guru des jungen Mönches aus ihm herausgesprochen hatte und daß sie Zeugen eines wichtigen Ereignisses geworden waren. Sie verneigten sich vor dem jungen Bettelmönch, so tief wie vor einem hohen Lama, und dankten ihm für seine unvergeßliche Demonstration der universellen Weisheitslehre.

Die beste Opfergabe
im ganzen Land

JAHRELANG LEBTE GESHÉ BEN in einer Berghöhle in den Himalajas. Generationen von Yogis vor ihm hatten sich schon an denselben entlegenen Platz zurückgezogen und die Höhle mit einer grobgeschnitzten Tür, einem steinernen Altar und einer Feuerstelle ausgestattet.

Am Ende einer langen Phase der vollkommenen Isolation und Meditation wurde Geshé Ben durch Gedankenübertragung darauf aufmerksam gemacht, daß eine kleine Truppe von Dorfleuten am nächsten Tag mit Proviant und Opfergaben bei ihm auftauchen würde, in der Hoffnung, seinen Segen dafür zu empfangen, denn der Segen eines Bodhisattvas oder echten Yogis hat heilende Kräfte, wie jeder Tibeter weiß.

Geshé Ben machte sich daran, seine armselige Höhle zu putzen, alle Gegenstände darin auf Hochglanz zu polieren und den Altar mit Opfergaben zu schmücken, so gut es eben in der kargen Einöde der Himalajas ging. Dann trat er zurück und betrachtete sein Werk mit einem gewissen Gefühl der Befriedigung.

Im nächsten Moment wurde ihm jedoch bewußt, was er in Wahrheit soeben getrieben hatte. »Was für ein unbewußter, eitler Tropf du bist«, murmelte er. Er ging vor die Tür, hob eine Handvoll Staub und Schmutz vom

Boden auf und warf sie über seinen makellos sauberen Altar.

»Laß die Leute sehen, wie ich in Wirklichkeit lebe«, sprach Ben. »Schließlich sollen unsere Opfer keiner heuchlerischen Fassade dargebracht werden, sondern dem lebendigen Buddha-Bewußtsein.«

»So, jetzt könnt ihr kommen«, dachte Geshé Ben bei sich.

Viele Jahre später kam ein erleuchteter Meister aus Indien nach Tibet und hörte diese Geschichte. Vor den versammelten Lamas und Tulkus (Wiedergeburten von hohen Lamas) rief Meister Padampa Sanjay aus: »Ha! Diese Handvoll Dreck war seit Menschengedenken die beste Opfergabe im ganzen Land.« Geshé Ben hatte sein Ego auf dem Altar in seiner Höhle geopfert.

Geshé Ben und sein Gewissen

Einmal Wurde Geshé Ben gemeinsam mit den angesehensten Mönchen seiner Schule zu einem Festmahl eingeladen. Die Gastgeber waren wohlhabende Leute und lebten in einem palastähnlichen Gebäude in Penyul, im Süden von Tibet. Sie hatten den Gebetssaal des Hauses festlich dekoriert und jedem Lama seinen Platz zugewiesen: die Ältesten saßen auf Teppichen am obersten Ende der Tafel, die Jüngsten am untersten. Geshé Ben saß seinem Alter entsprechend irgendwo in der Mitte und wartete auf sein Essen.

Im alten Tibet war es Sitte, die Speise- und Teeschalen

jedes Lamas gesondert zu füllen, denn die Nahrung wurde als symbolische Opfergabe an das erleuchtete oder erwachende Bewußtsein aufgefaßt, das von den Lamas verkörpert wurde.

Die Gastgeber und ihre Bediensteten waren gerade dabei, die Schalen der Ältesten am oberen Ende der Tafel mit köstlichem Yoghurt zu füllen, als Geshé Ben unruhig wurde. Er hatte mit einem Blick erfaßt, daß die Tontöpfe mit dem Yoghurt nicht besonders groß waren und höchstwahrscheinlich leer sein würden, wenn die Reihe endlich an ihn kam.

Kaum hatte er dies gedacht, brummte er laut vor sich hin: »O du Gierhals!« Er drehte die vor ihm stehende Holzschale um und verstummte dann unter den befremdeten Blicken seiner Ordensbrüder. Nachdem frische Tontöpfe mit Yoghurt in den Saal geschleppt worden waren und der Gastgeber seine Schale füllen wollte, legte Geshé Ben die Hand darauf und sagte: »Nein, danke. Meine gierigen Gedanken haben die mir zugedachte Portion bereits verschlungen.«

Auf diese Weise beobachten ernsthafte Praktikanten jeden Gedanken und jedes Gefühl, das in ihnen aufsteigt, und lassen alles, was sie tun, zu einem Schritt auf ihrem spirituellen Weg werden.

Die beste spirituelle Praxis

EIN MÖNCH PILGERTE IMMER IM KREIS um das Kloster von Peltring herum, weil irgend jemand ihm einmal gesagt hatte, daß es Menschen gibt, die auf diese Art zur Gotteserkenntnis gelangt waren. Tagein, tagaus zog der Mönch seine endlosen Kreise, bis der ehrwürdige Geshé Tenpa sich ihm eines Tages in den Weg stellte. Der alte Lehrer stemmte die Arme in die Hüften und sagte: »Es ist durchaus nicht verkehrt, eine heilige Stätte zu umkreisen, aber es ist natürlich viel besser, wenn man das subtile Dharma (die Essenz der Religiosität) praktiziert.«

Bescheiden nickte der Mönch und begann, die buddhistischen Sutras (lehrreiche Verse) auswendig zu lernen und sie zu rezitieren. Es dauerte nicht lange, da kam Geshé Tenpa wieder vorbei, stemmte die Arme in die Hüften und sagte: »Es ist durchaus nicht verkehrt, die Schriften zu studieren und die Sutras vor sich hinzumurmeln, aber viel besser ist es natürlich, wenn man das universelle Dharma praktiziert.«

Darüber dachte der Mönch lange und ernsthaft nach. Dann begann er sich in meditativer Selbstversenkung zu üben. Selbstverständlich fand Geshé Tenpa ihn eines Tages in einer Ecke hocken, wo er mit konzentrierter Willenskraft versuchte, an nichts zu denken. »Ah«, kommentierte der Alte. »Es ist sehr gut, daß du meditierst, aber echte Dharma-Praxis wäre natürlich noch viel besser.«

Jetzt war der Mönch vollkommen verwirrt. Es gab keine grundlegende Technik mehr, die er noch nicht praktiziert hatte. »Aber was soll ich denn nun genau machen?« rief er aufgebracht. »…Ehrwürdiger Lehrer«, fügte er vorsichtshalber noch hinzu.

»Gib einfach alles Festhalten auf«, sagte Geshé Tenpa. »Dann bist du, wie du bist, und dieses simple Sein ist der Ausgangspunkt und das Ziel.«

Der Dalai Lama und der Schafhirte

VOR ETWA DREI JAHRHUNDERTEN stieg Kelsang Gyatso, der siebente Dalai Lama, von seinem Elfenbeinturm im Potala-Palast herab und mischte sich unter sein Volk, um die wahren Gedanken, Wünsche und Bedürfnisse seiner Landsleute kennenzulernen.

In das Gewand eines gewöhnlichen Pilgers gehüllt, seine Kappe tief ins Gesicht gezogen, ging der König von Tibet, der inkarnierte Buddha des Mitgefühls, allein und unerkannt durch die Straßen von Lhasa und machte sich zu Fuß auf eine lange Wanderschaft.

Von Dorf zu Dorf wanderte er, bis er den Salzsee Yamdrok Tso in der Mitte des Landes erreicht hatte, wo er auf einen nomadischen Schafhirten stieß. Der Hirte freute sich über die unerwartete menschliche Gesellschaft und lud den Pilger ein, das Nachtmahl mit ihm zu teilen und inmitten all der wärmenden Schafsleiber unter dem nächtlichen Sternenhimmel zu schlafen.

Nach einem guten Frühstück an der Feuerstelle des Hirten verabschiedete sich der Dalai Lama und sagte: »Falls du je in die Heilige Stadt von Lhasa kommen solltest, dann frage dich bis zum Hause von Kelsang Gyatso durch, denn dort wirst du jederzeit freundlich aufgenommen.« Der Hirte entgegnete: »Wird ein einfacher Mensch wie ich, der weder lesen noch schreiben kann, sich in der maßlosen Fülle der Hauptstadt bis zu deinem Haus durchboxen können?« Der Pilger lachte und antwortete: »Das glaube ich wohl. Der Name von Kelsang Gyatso ist in Lhasa nicht ganz unbekannt. Versprich mir, daß du mich besuchst, damit ich deine Herzensgüte erwidern kann.«

Von diesen Worten angeregt, machte der Hirte sich einige Jahre später tatsächlich auf den Weg nach Lhasa. Wie viele Pilger betete er den meisten Teil der Zeit und verneigte sich immer wieder bis zum Boden vor der Richtung, in die er ging. So dauerte es mehrere Monate, bis er endlich auf dem großen offenen Platz ganz in der Nähe des Potala-Palastes stand. In seinem ungebildeten Yamdrok-Dialekt schrie er lauthals: »Also, wo ist das Haus von Kelsang Gyatso? Kennt ihr den? Wie, was? Wo steckt der Bursche? Ich bin gekommen, um ihn zu besuchen.«

Das Geschrei ließ zwei standesbewußte Wachmänner herbeieilen und den Schreihals zur Wache schleppen, wo er verhört und ob seiner Unflätigkeit gezüchtigt wurde. Dennoch wollte der Schafhirte sich nicht von seiner unglaublichen Geschichte abbringen lassen. Immer wieder brüllte er: »Kelsang Gyatso hat mich doch selber eingeladen! Seid ihr denn alle wahnsinnig geworden, ihr nichtsnutzigen Stadtleute?«

Auf diese Weise hörten viele von den Behauptungen des Yamdrok-Pa (buchstäblich: ›Bewohner von Yamdrok‹, aber auch ›Tölpel‹), und bald war die Kunde bis zum Palast und zum Dalai Lama vorgedrungen. Auf der Stelle veranlaßte das Landesoberhaupt, daß der Yamdrok-Pa zu ihm gebracht wurde.

Der Schafhirte wurde aus dem dunklen Verlies geholt, in das man ihn mittlerweile gesperrt hatte. Begleitet von zwei hohen Lamas stieg er die zahllosen Treppen zur

Potala hinauf, wurde durch das Labyrinth der inneren Wandelgänge und Gebetshallen geführt und schließlich in das königliche Audienzgemach geführt.

Dort saß Seine Heiligkeit, der siebente Dalai Lama von Tibet, auf einem ornamentalen Thron und begrüßte seinen Gast mit herzlicher Wiedersehensfreude. Dem Hirten hatte allein der Weg bis dorthin schon die Sprache verschlagen, und so fragte er nicht lange nach den Gründen für den plötzlichen Wohlstand des einstmals so bescheiden wirkenden Pilgers. Er verneigte sich nur dreimal, wie die Tibeter es vor jedem Lama tun würden, und legte Kelsang Gyatso den symbolhaften weißen Seidenschal als Opfergabe zu Füßen.

Dann hockte er sich auf den kalten Steinboden vor dem Dalai Lama und blickte treuherzig zu ihm auf. Dieser deutete lächelnd auf einen mit kostbaren Teppichen bedeckten Sitz, auf dem seine Besucher normalerweise Platz nehmen. Aber der Hirte winkte ab. »Nee, da setze ich mich nicht drauf. Das ist doch ein ganz feiner Teppich mit einem Mandalamuster aus Brokat und Seide und so. Das scheint mir der Thronsitz einer Gottheit zu sein. Nee, nee, da setze ich mich nun wirklich nicht drauf.«

Die Augen des Dalai Lama funkelten vor Liebe und Anerkennung. Davon ermutigt, fügte der Hirte hinzu: »Und du, mein lieber Kelsang, du sitzt auf einem ganzen Turm von Brokat und was-weiß-ich für'n Zeug. Du kommst mir vor wie manche meiner Schafe … die klettern auch gern auf die höchsten Gipfel, und dann kommen sie nicht heil wieder runter. Brauchst du Hilfe, um von dem Ding da runterzukommen?«

Nein, das schaffte der Dalai Lama allein. Er glitt von seinem Thron herab und stellte sich neben seinen Freund aus Yamdrok. Dieser fuhr gleich fort, ein paar Verbesserungen in dem imposanten, aber eisigen Palast seines Gastgebers vorzuschlagen. »Der Boden hier ist reichlich fußkalt«, meinte er. »Aber mach dir keine Sorgen. Sobald ich nach Yamdrok zurückkehre, fange ich an, die getrockneten Fladen meiner Schafherde zu sammeln, damit du deinen Fußboden gegen die Kälte isolieren kannst (ein altbewährtes und effektvolles Mittel gegen Insekten und Kälte). Kaum, daß ich einen ordentlichen Haufen zusammen habe, schicke ich dir ein vollbeladenes Yak mit Schafsdung, das verspreche ich dir.«

Dieses Angebot nahm der Dalai Lama dankbar an, und danach entließ er seine Kammerdiener und die ehrwürdigen Lamas, die stets an seiner Seite waren, um allein mit dem Schafhirten konferieren zu können.

Die beiden lachten und erzählten sich alles, was sich in den letzten drei Jahren an Wissenswertem zugetragen hatte, ohne daß der Dalai Lama seine Identität als das regierende Oberhaupt des Landes preisgab. Nachdem die beiden gemeinsam gespeist und köstlichen Tee getrunken hatten, stand der Yamdrok-Pa befriedigt auf und sagte: »Also, jetzt möchte ich zum Marktplatz runtergehen und mir die exotischen Auslagen anschauen, von denen man sich überall soviel erzählt. Und dann möchte ich herumlaufen und mir alle anderen Sehenswürdigkeiten von Lhasa anschauen. Sei mir nicht böse, Kelsang, aber dein Haus ist mir ein bißchen zu vornehm und ungemütlich. Ich schlafe am liebsten in einer Hütte oder bei meinen Schafen unter dem großen, weiten Himmel.«

»Bevor du gehst«, sprach der weiterhin unerkannte Dalai Lama, »mußt du dir eine Opfergabe unter all den von mir verwalteten Schätzen aussuchen. Das gehört sich so unter Freunden.« Anstatt sogleich zu verlangen, durch die Säle und Schatzkammern der Potala geführt zu werden, um sich eine goldene Buddha-Statue, ein uraltes Seidengemälde oder einen kostbaren Wandbehang auszusuchen, sagte der Hirte: »Also, Juwelen, silberne Töpfe und Jade brauche ich als Nomade nun nicht direkt, wie?« Die beiden lachten, und der Hirte fuhr fort: »Weißt du was? Ich hätte gern auch so einen Dutt auf dem Kopf wie du und genau so ein rotes Haarband, um das Ding da oben hochzuhalten.«

»Sollen wir dein Haar erst baden und mit frischen Kräutern spülen?« fragte der Dalai Lama vorsichtig. »Och, nicht nötig«, meinte sein Freund. Unverzüglich ließ Kelsang Gyatso sich einen Kamm bringen. Er öffnete seine eigenen, duftend parfümierten Haare und zog das rote Seidenband heraus. Dann machte Seine Heiligkeit sich daran, die verlausten Haare des Nomaden zu kämmen und kunstvoll zu flechten. »Das Protokoll schreibt vor, daß ich zwei Zopfknoten auf dem Kopf trage«, erklärte er dem Hirten. »Aber das bewerkstelligst du nicht allein ohne einen geübten Kammerdiener. Deshalb drehe ich dir nur einen einzigen Knoten, aber ich flechte mein eigenes Haarband hinein, damit er schön fest auf deinem Scheitel sitzen bleibt.«

»Mit einem Dutt werde ich wahrscheinlich alleine fertig«, verkündete der frisch Frisierte strahlend. »Du bist ein guter Kerl, Kelsang, aber nun muß ich Abschied nehmen und mich auf die Socken machen. Nimm's mir nicht übel, du verstehst schon, daß ich es hier nicht lange aushalte.«

Mit seinem erlauchten Dutt auf dem Kopf verließ der glückliche Yamdrok-Pa den eisigen Palast, aber nicht, ohne sich an der Zimmerschwelle noch einmal umzudrehen und seinem Freund zuzurufen: »Halte Ausschau nach meinem Yak. Es kann sich nur noch um Monate handeln, bis du ordentlichen Schafsdung in all deinen Sälen hast. Verlaß dich drauf!«

So kam es, daß Seine Heiligkeit, der siebente Dalai Lama, noch jahrelang von einem Schafhirten sprach, den er ›Kamerad Yamdrok-Pa‹ nannte und offenbar verehrte. Und so kommt es auch, daß die Schafhirten in der Gegend von Yamdrok bis zum heutigen Tag einen einzigen Zopfknoten und ein rotes Haarband tragen.

Der Abgang von Pferdenase

IN DER NÄHE EINES KLOSTERS in Ost-Tibet lebte einst ein älterer Bettelmönch mit dem Spitznamen ›Pferdenase‹. Weder sein Aussehen noch sein Verhalten machte ihn unter seinen Mitmenschen beliebt. Seine Hauptbeschäftigung bestand darin, streunenden Hunden und Bettlern die Läuse, Flöhe und Zecken abzupflücken, um die Tierchen dann allesamt lebend in die Freiheit zu entlassen. So war es nicht verwunderlich, daß es ihm nicht einmal für Geld gelang, eine Frau für die Nacht in irgendeine Hütte zu locken.

Die klösterliche Gemeinschaft hatte ihn ausgestoßen, weil Pferdenase nicht fähig zu sein schien, die heiligen Schriften zu studieren oder die weiterführenden Sutras zu lernen. So hockte er verlassen und bitterarm vor dem Klostertor, murmelte seine eigenen Gebete und kümmerte sich um die Entlausung von Hunden.

Dann wurde Ost-Tibet von einer grausamen Seuche heimgesucht, welche die Ärzte allenthalben auf das plötzliche Auftauchen von schwarzen Käfern zurückführten. Doch kein Arzt, kein hoher Lama und kein Geistheiler war imstande, die ständige Verbreitung der Seuche aufzuhalten.

Irgendwann wurde auch Pferdenase schwer krank, und zwar, nachdem die vorübereilenden Passanten beobachtet hatten, daß er Tag und Nacht an seiner Feuerstelle gehockt und ›Tonglen‹ praktiziert hatte. Tonglen ist eine Methode, bei der man sich mit unerschütterlicher Konzentrationskraft und Inbrunst vorstellt, daß das Leid und schlechte Karma anderer Wesen ins eigene Herz genommen und auf die eigene Person übertragen wird. Tonglen ist eine bis vor kurzem geheimgehaltene Praxis der Bodhisattvas – Menschen, die das Gelübde abgelegt haben, nicht nach persönlicher Erlösung zu streben, ohne alle anderen fühlenden Wesen ebenfalls zu befreien.

Bald verbreitete sich das Gerücht, daß Pferdenase die Tonglen-Praxis mit perfekter Selbstlosigkeit ausgeübt haben mußte, denn kaum war er krank geworden, zogen sich die schwarzen Käfer zurück – und mit ihnen die Seuche. Es hieß nun, daß Pferdenase das schlechte Karma der ganzen Region auf sich genommen hatte, und so bereitete das Volk dem sterbenden Bettler einen festlichen Abgang. Hohe Lamas lasen aus den Bardo-Schriften und beteten darum, daß der Geist des Verstorbenen in eines der paradiesischen Buddhafelder eingehen möge.

An bestimmten Zeichen erkannten die Lamas, daß Pferdenase im Augenblick seines Todes von einer Erscheinungsform des Guru Rinpoche Padma Sambhava begrüßt wurde. Auch erkannten sie mit ihrem Stirnauge, daß ihm der kupferfarbene Berg des südwestlichen Buddhafelds (ein paradiesischer Seinszustand) offenbart wurde und daß die Essenz aller Buddhas und Bodhisattvas der Liebe sich um den Geist von Pferdenase versammelte.

Padma Sambhava, der Lotusgleiche, richtete die ersten Worte an Pferdenases Seele und fragte: »Wie viele Wesen hast du zur Befreiung geführt, seit ich dich nach Tibet gesandt habe?«

Pferdenase öffnete seine Hände und zeigte dem Buddha Tausende von lebenden Insekten. Bei diesem Anblick strahlten alle Meister und Bodhisattvas wie liebevolle Sonnen, verwandelten sich in pures Licht und führten Pferdenase unverzüglich hinein in das unermeßlich selige Licht, wo er bis heute geblieben ist.

Der Yogi auf dem Fahnenmast

DRUKPA KUNLEY WAR EIN WILDER YOGI und göttlicher Narr, der einst aus der Drukpa Kagyu-Schule hervorgegangen war. Furchtlos demaskierte er Betrug und Heuchelei, wo immer er sie fand – nicht zuletzt in den alteingesessenen Klosterschulen und Tempeln. Schon zu seinen Lebzeiten wurde er in weiten Teilen des Landes als tantrischer Meister anerkannt, und es heißt, daß er vielen Suchern ohne besondere Mühe zur Erkenntnis verhalf.

Einmal kam Drukpa Kunley an einem Klosterhof vorbei, wo gerade eine der heiligsten buddhistischen Zeremonien vollzogen wurde. Mehrere hundert Mönche saßen in streng geordneten Reihen im Schneidersitz und rezitierten das Diamant-Sutra, eine Folge von Versen, in denen die letztendliche Leere aller Dinge erklärt wird. Offenbar hatte Drukpa Kunley an jenem Tag nichts anderes vor, und so beschloß er, sich ungebeten in den Klosterhof einzuschleichen und für etwas Abwechslung im eintönigen Klosterleben zu sorgen.

Obwohl Drukpa Kunley wie ein verwilderter Tramp durch die Gegend lief, hatte er eine unleugbar charismatische Ausstrahlung, die ihn von den meisten anderen Yogis unterschied. Eine brillante Geistesgegenwart und ein subversiver Humor wird von den Tibetern auch heute noch als ein Merkmal authentischer Spiritualität aufgefaßt, deshalb ist es nicht verwunderlich, daß man ihn damals gewähren ließ und auch im zwanzigsten Jahrhundert noch wie einen Heiligen verehrt.

Die Mönche im Klosterhof intonierten ihre Verse in einem feierlich verhaltenen Gebrummel, während Drukpa Kunley auf die Mitte des Klosterhofes zusteuerte und den Fahnenmast im Zentrum der Gemeinde erklomm – flink wie ein Wiesel und von keinem Anwesenden unbemerkt. Auf der Spitze des Mastes blieb er hocken, wedelte mit den Ellenbogen, als wollte er fortfliegen und stieß krächzende Vogelschreie aus. Die Mönche bemühten sich, ungestört mit ihrer Rezitation fortzufahren, aber nun begann die Krähe auf dem Fahnenmast, das feierliche Gebrummel nachzuäffen.

Mit mühsamer Beherrschung begannen die Mönche die traditionelle Formel zu wiederholen, mit der man sich vor Fremdeinflüssen schützt. »Durch die Kraft dieses Sutras wird der Störenfried von uns weichen«, brummelten sie ein ums andere Mal. Das Mantra schien eine Wirkung zu haben, denn der Yogi kletterte tatsächlich unter allerlei theatralischem Getue und mit schmerzverzerrtem Gesicht von dem Mast mit der Gebetsfahne herunter.

Ermutigt fuhren die Mönche fort: »Die geballte Kraft unserer Konzentration wird den Ignoranten aus unserer Mitte vertreiben.«

Kaum hatten sie diese Beschwörung intoniert, kletterte der Narr Gottes schnurstracks wieder auf die Spitze des Mastes hinauf und krächzte so laut, daß alle Leute vor den Klostertoren es ebenfalls hören mußten:

> »Papageien können sich nicht konzentrieren,
> denn, obwohl sie tausend Sutras rezitieren,
> kapieren sie doch nie, nie, nie
> ihren wahren Sinn!«

Der erleuchtete Koch

ES WAR EINMAL EIN KOCH mit Namen Ma-Tschen-La, der in einem der größten Klöster des alten Tibets lebte und Hunderten von Mönchen jeden Tag das Essen zubereitete. Jahr um Jahr verging; Ma-Tschen-La stand zu jeder Tageszeit unter dem trocknenden Yak-Fleisch, das von den rußschwarzen Balken der Küchendecke hing, und rührte in den riesigen Kesseln, in denen er die Mahlzeiten und den nahrhaften Buttertee für seine Klosterbrüder kochte.

Ma-Tschen-La war ein liebenswerter Mann, dessen Nähe von vielen gesucht wurde, aber niemand sah ihn jemals meditieren, studieren oder die komplexen Riten seiner Übertragungslinie vollziehen. Die gelehrten Lamas hatten es längst aufgegeben, sich darüber aufzuregen. Sie ließen Ma-Tschen-La in Ruhe in seiner Küche arbeiten und führten den zunehmenden Ruhm des Klosters auf die eigenen Bemühungen zurück.

So vergingen Jahrzehnte, in denen das Kloster im ganzen Land berühmt wurde, weil immer neue Meisterschüler daraus hervorgegangen waren. Dann starb Ma-Tschen-La, und nun meldete sich plötzlich eine ganze Reihe von Meisterschülern zu Wort, um bekanntzugeben, daß der Koch ihr eigentlicher Guru gewesen sei, nicht der Abt und auch keiner der weisen alten Lamas. Einige junge Mönche boten sich sofort als Ma-Tschen-Las Nachfolger an und erklärten, daß sie das Amt des Koches übernehmen wollten, damit sie sich jeden Tag in dem wundervollen Energiefeld von Ma-Tschen-Las Küche aufhalten konnten.

Jeder wußte, daß es Ma-Tschen-La vollkommen egal gewesen wäre, wenn man seinen Körper den Schakalen und Geiern zum Fraß vorgeworfen hätte, aber das Kloster gab ihm eine Bestattung, wie sie sonst nur den Größten unter den Rinpoches zustatten kommt.

Sie betteten Ma-Tschen-Las sterbliche Hülle auf einen hoch aufgeschichteten Scheiterhaufen, versammelten sich allesamt darum und steckten das Holz in Brand, während sie die letzten Anweisungen für den Geist des Toten rezitierten.

Als das Feuer den Schädel des Toten erreichte, ging inmitten der Flammen ein Regenbogen auf. Bald formte sich ein zweiter und dann ein dritter Regenbogen, bis niemand mehr zählen konnte, wie viele Regenbogen über dem langsam zerfallenden Scheiterhaufen des Koches tanzten. Durch solche und noch andere Zeichen wurde schließlich auch dem kritischsten Ordensbruder bewußt, daß ein heiliger Mann fast gänzlich unbeachtet in der Küche von hochverehrten, aber ignoranten Gelehrten existiert hatte – und das jahrzehntelang!

Sogleich verbreitete sich eine Fülle von Geschichten über den erleuchteten Koch und wie es kam, daß dieser, ausgerechnet dieser – nun ja – Einfältige verwirklicht hatte, wonach andere unter grausamsten Entbehrungen und Züchtigungen weiterhin nur streben.

Es hieß, daß Ma-Tschen-La irgendwann, vielleicht schon vor seinem Antritt als Koch, aufgegeben hatte, irgend etwas anderes zu begehren als das, was ohnehin vorhanden ist. Es hieß, daß er erkannt hatte, warum jede Mühe letztlich vergebens ist, und daß er sich eines Tages einfach vollkommen hingegeben und die Idee eines getrennten Selbst aufgegeben hatte, worauf er willenlos in seine Grundnatur gesunken und damit verschmolzen sei.

Die Leute sagten, daß Ma-Tschen-La sich weder an irgend etwas klammerte noch irgend etwas ablehnte und daher keinem Ritual folgen und keine weiterführenden Texte studieren mußte. Aber es dauerte nicht lange, bis dem widersprochen wurde und die gläubigen unter den

Lamas behaupteten, sie hätten gehört, wie Ma-Tschen-La die Namen von Chenrezig und der Urgöttin Tara murmelte.

Was auch immer es war, das den Koch eher als den Abt des Klosters erleuchtet werden ließ – soviel wissen wir: Noch heute wird Ma-Tschen-Las Geschichte erzählt. Ma-Tschen ist das tibetische Wort für ›Koch‹, und Ma-Tschen-La ist der Koch, der alle verpflegt, die ihn von Herzen darum bitten.

Die Bekehrung eines Diebes

PATRUL RINPOCHE VERBREITETE die mündlichen Lehren an jedem Ort, in den er auf seinen Wanderschaften kam, oftmals auch in Zamthang, wo ein armer Mann ihm einmal, von tiefer Dankbarkeit bewegt, einen silbernen Pferdehuf zu Füßen legte und darauf bestand, daß der Rinpoche das Geschenk auch tatsächlich annahm. Das Silber war der einzige Wertgegenstand, den der Mann auf dieser Welt besaß, aber er wußte, daß er sich durch diese Opfergabe ein Verdienst auf anderen, subtileren Ebenen erwerben würde.

Eine Woche später machte Patrul sich wieder auf den Weg von Dorf zu Dorf – in den dünner besiedelten Gegenden von Tibet manchmal sogar von Haus zu Haus –, doch nun wurde er von einem Dieb verfolgt, der beobachtet hatte, wie Patrul den kostbaren silbernen Pferdehuf entgegennahm.

Der Rinpoche wanderte in die Abendsonne hinein,

sorglos und ohne ein anderes Ziel, als in der kommenden Nacht in Frieden unter dem Sternenhimmel zu schlafen. In einer flachen Erdmulde fand Patrul einen geschützten Schlupfwinkel und schloß seine Augen. Der Dieb wartete ein Weilchen, dann kroch er vorsichtig aus seinem Versteck und begann, den Teetopf des Meisters zu untersuchen, dann seinen Schulterbeutel, und schließlich befingerte er sogar den langen Schafsfellmantel, in den Patrul sich wegen der nächtlichen Kälte gehüllt hatte.

»Ka-ho!« brummte der Meister. »Was kramst du da in meinen Manteltaschen herum?«

»Wo ist der silberne Pferdefuß?« zischte der Dieb. »Ich weiß, daß du ihn irgendwo bei dir hast.«

»O je«, seufzte Patrul. »Schau dich an ... Was hast du aus deinem Leben gemacht? Da läufst du meilenweit durch die Einöde, nur wegen einem Stückchen Metall! Hör gut zu: Geh den ganzen Weg zurück und finde die Feuerstelle, neben der ich in Zamthang gelehrt und übernachtet habe. Zwischen der Asche und den Steinen findest du das Silberstück. Ich habe es als Sockel für meinen Teetopf benutzt.«

Der Dieb traute dieser Rede keineswegs, aber da er das Silber auch nach gründlichem Abtasten nicht in Patruls Besitz fand, lief er wohl oder übel die ganze Strecke zurück, bis er den Hügel fand, auf dem Patrul zu den Bewohnern von Zamthang gesprochen hatte. Aus der Asche der Feuerstelle kratzte er das heißbegehrte Silber hervor und betrachtete es einen Augenblick. Aber nun, da er die Kostbarkeit in den Händen hielt, konnte er sich plötzlich nicht mehr so recht darüber freuen. »Ah-zi«, klagte er. »Offenbar ist dieser Patrul tatsächlich nicht an weltlichem Besitz interessiert und ein wahrer Lehrer. Ich hingegen habe mein ohnehin schon übles schlechtes Karma nur noch verschlechtert, weil ich einen wie ihn bestehlen wollte, und dafür werde ich in Zukunft schrecklich büßen müssen.«

Von Scham getrieben, machte der Dieb sich auf, um hinter Patrul herzulaufen. Als er den Rinpoche nach drei Tagen endlich in einer kargen Gebirgslandschaft wiederfand und gestikulierend hinter ihm hergelaufen kam, wirbelte Patrul herum und rief ihm entgegen: »Treibt die Gier dich weiterhin voran? Ich habe dir doch gesagt, wo du das Silber findest. Was willst du noch von mir?«

Der entkräftete Dieb brach in Tränen aus, sank vor dem Meister auf die Knie und sagte: »Ich ... ich habe dein Silber gefunden. Aber nun ...? Was soll ich damit? Ich habe etwas viel Wichtigeres dafür aufgegeben! Bitte höre dir meine Beichte an. Du bist kein falscher Guru, sondern ein wahrhaft Unschuldiger, und ich muß dich um Vergebung bitten.«

»Das ist nicht notwendig«, sprach Patrul. »Versenke dich nur in dein eigenes Herz und nimm Zuflucht in dem *Buddha* (urinnerstes Bewußtsein), nimm Zuflucht in dem *Dharma* (die Erkenntnislehre der Buddhas), und nimm Zuflucht in der *Sangha* (die Gemeinschaft aller nach Erkenntnis strebenden Geschöpfe).«

Dies tat der Dieb mit soviel Aufrichtigkeit, daß Patrul ihn auf der Stelle als Schüler annahm. Jahre später erzählten ein paar Gläubige jedoch in Zamthang weiter, was sie von der Geschichte mitbekommen hatten. Eine Truppe von empörten Eiferern lief mit Schlagstöcken bewaffnet zum Haus des Diebes und schleppte ihn zu Patrul, welcher sich zur Zeit gerade wieder in der Nähe aufhielt.

»Laßt ihn sofort los!« wetterte Patrul, als er sah, was die Gläubigen mit seinem Schüler vorhatten. »Wißt ihr nicht, daß alles, was ihr einem anderen Menschen antut, mir selbst angetan wird? Das Selbst ist in jedem Wesen dasselbe, auch wenn die Formen, die dieses Selbst annimmt, immer andersartig und neu sind. *Seht* ihr das denn nicht?«

Die Kraft von Patruls Klarheit verlieh seinen Worten

ein solches Feuer, daß viele der Anwesenden in jenem Moment von einem jähen Geistesblitz getroffen wurden und ein Stück der unfaßlichen Wahrheit erkannten.

Die drei Wünsche

ES WAR EINMAL EIN BAUERSMANN mit Namen Dorje, der dem kargen Boden seiner Felder mit unsäglicher Mühe das tägliche Brot abringen mußte. Wenn Dorje nach der Feldarbeit nach Hause kam, wurde ihm jedoch keineswegs dafür gedankt – im Gegenteil, er mußte die ständigen Nörgeleien und Beschwerden seiner Frau Pemala über sich ergehen lassen, denn Pemala wollte sich nicht mit ihrem Schicksal als arme Bauersfrau abfinden. Oft wünschte Dorje sich abends vor dem Einschlafen nichts sehnlicher, als daß es seiner Frau eines Tages die Stimme verschlagen würde, und darum betete Dorje wohl manches Mal, denn er hatte keine weiteren spirituellen Ziele.

Eines Morgens war Dorje wieder einmal damit beschäftigt, sein steiniges Weizenfeld im Schweiße seines Angesichts zu pflügen, als er sah, daß eine liebliche Frau ihm aus der Ferne entgegenkam. So göttlich und rein war ihre Ausstrahlung, daß Dorje instinktiv auf die Knie fiel und die Fremde um ihren Segen bat.

Aber sie gewährte dem armen Manne mehr als einen Segensspruch. »Drei Wünsche sollen dir heute erfüllt werden«, sprach die Göttin und löste sich vor Dorjes Augen in Nichts auf.

Zitternd legte Dorje seinen Pflug nieder und machte

sich schnurstracks auf den Nachhauseweg. Es war noch früh am Tag, und er wußte, daß seine Frau Pemala ihn beschimpfen würde, wenn er sich jetzt schon bei ihr blicken ließ, aber er konnte nicht anders, er mußte Pemala von der liebreizenden Deva (Göttin) und den drei Wünschen erzählen. Auf alle Fälle brauchte er Zeit, um sich mit seiner Frau zu beraten und darüber nachzudenken, wie er das Beste aus dieser einmaligen Gelegenheit machen konnte.

Dorje kam gerade in Sichtweite seines Hauses über den Hügel geschritten, als Pemala vor die Tür trat und zu keifen begann. »Was willst du hier, du Reissack (ein tibetisches Schimpfwort)? Deine Frau hat nichts zu essen, und du treibst dich schon wieder sonstwo herum, du faulige Kartoffelnase.«

Da Dorjes Nase in der Tat bemerkenswert knollig war, konnte er seinen Zorn nicht länger bezwingen. Beim Eintritt in seine Küche schrie er: »Kartoffelnase?! Ich wollte, meine Nase wäre groß genug, um deine ganze Küche zu füllen, dann würdest du wissen, was eine wirklich große Nase ist!«

Kaum hatte er diese Worte gesprochen, wuchs Dorjes Nase, wie man sich denken kann, ins Unermeßliche. Sie wurde größer, unaufhaltsam größer, wucherte ins Gigantische aus und drückte das hilflose Ehepaar schließlich platt an die Küchenwände.

»Hilfe, Hilfe«, kreischte Pemala, solange sie noch Luft bekommen konnte, bis Dorje endlich mühsam hervorstieß: »Ich wünschte, ich hätte überhaupt keine Nase mehr.« Was selbstverständlich auf der Stelle der Fall war. Jetzt klaffte ein schwarzes Loch an der Stelle, wo vorher das Wahrzeichen seiner männlichen Gesichtszüge geprangt hatte.

Pemala holte tief Luft und starrte ihren Mann ausnahmsweise einmal in wortlosem Entsetzen an. Dorje griff sich an die nicht mehr vorhandene Nase und langte ins Innere seines Schädels hinein, was ihn veranlaßte, laut brüllend zu verkünden: »Arrrrr, ich wünschte, ich wäre dieser verfluchten Deva überhaupt nie begegnet!«

Und damit hatte er seine drei kostbaren Wünsche vertan. Dorje und seine Frau lebten weiter, als sei nichts und wieder nichts geschehen, denn sie konnten sich nicht mehr an die sonderbaren Ereignisse dieses lehrreichen Tages erinnern. Die Deva aus der Götterwelt hatte auch den letzten Wunsch des armen Dorje erfüllt.

Sich haarfein einstimmen

DER INDISCHE MÖNCH SRONA gab sich jede erdenkliche Mühe, das Meditieren zu lernen. Tag für Tag versuchte er, sich in die Stille hinter allen Gedanken und Gefühlen zu versenken und ›leer‹ zu werden, ohne jedoch die geringsten Fortschritte dabei zu machen.

Je mehr er sich entspannen wollte, desto verkrampfter wurde er. Je länger er versuchte, an nichts zu denken, desto turbulenter wurden seine Gedanken. So ging es eine Weile, bis Srona eines Tages hörte, daß Gautam Buddha, der historische Weltlehrer und höchste Meister der Meditation, sich mit seinen Schülern in der Nähe aufhielt. Sogleich machte Srona sich auf, um Gautam Buddha um Hilfe zu bitten.

»Weißt du noch, wie du als junger Musiker die Saiten deiner Sitar gestimmt hast, bevor du ein Mönch geworden bist?« fragte der Buddha, dem die Vergangenheit jedes Menschen, der vor ihn trat, spontan offenbart wurde.

»Oh... natürlich«, stammelte Srona unter dem Blick des Buddhas.

Lächelnd fuhr der Buddha fort: »Waren die Saiten deiner Sitar straff gespannt oder locker in den Momenten, wo sie die süßesten Klänge von sich gab?«

»Weder – noch, ehrwürdiger Meister«, antwortete Srona. »Die Spannung lag irgendwo in der Mitte zwischen den Extremen.«

»Siehst du... genauso verhält es sich mit der Meditation«, sagte der Buddha. »Exakt in der Mitte zwischen straffer Konzentration und lockerer Entspannung liegt das Geheimnis der wachen Selbstversenkung, bei der du über die Aktivitäten deines Verstandes hinausgehst und in die unendliche Süße deines Grundbewußtseins hineinfällst. Vergeude deine Zeit nicht mit Gedanken an irgendwelche Fortschritte. Du mußt nur üben, üben, üben. So lange, bis du herausfindest, was der Weg der Mitte in deinem Fall ist.«

Als die tibetische Matriarchin Machig Labdrong von der berühmten Chöd-Schule (Messerscharfer Durchschnitt) diese Geschichte hörte, sang sie folgendes Lied:

> »Laß dich in den Naturzustand
> deines simplen So-Seins fallen;
> Was nützt es uns, wenn wir Knoten
> in den leeren Himmel binden?
> Zuerst übst du gespannte Lockerheit,
> dann locker gelöste Wachheit,
> und schließlich hältst du nichts mehr fest.
> Du läßt geschehen,
> was geschehen will
> und ruhst entspannt in dem,
> was du von jeher gewesen bist.«

Debatte über die
Wiedergeburt

ETWA TAUSEND JAHRE NACH GAUTAM BUDDHAS Ableben
hatte die buddhistische Lehre unter den Gelehrten Indiens bereits viele einflußreiche Anhänger gefunden.
Einer der bekanntesten war Meister Chandra, der die Gelassenheit eines Erleuchteten mit der Redegewandtheit
und messerscharfen Logik eines Intellektuellen verband
und deshalb von vielen bewundert, von Andersdenken-
den aber auch gefürchtet wurde.

Eines Tages ließ ein indischer Pandit sich auf eine öffentliche Debatte in einem Tempel mit Meister Chandra
ein, wie es zu jenen Zeiten unter den Vertretern der
verschiedenen Religionen Sitte war. Die versammelten
Oberhäupter aller Glaubensrichtungen, unter anderem
auch viele Atheisten und der König des Landes, erklärten
Meister Chandra zum Sieger jener Debatte, woraufhin
der indische Pandit meinte: »Allein die Tatsache, daß
Chandra eindeutig als Sieger aus unserem Streitgespräch
hervorgegangen ist, beweist die Überlegenheit der buddhistischen Lehre noch lange nicht. Es zeigt uns im besten Fall, wer der bessere Debattierer ist.«

Damit stimmten alle, auch Meister Chandra, sofort
überein. Der Pandit fuhr fort zu erklären, daß es keine
Beweise für die buddhistische Doktrin der Wiedergeburt
gäbe, und damit sei die gesamte Lehre von ›karmischen
Ursachen und Wirkungen‹ in Frage gestellt. »Solange wir
nicht unwiderruflich bewiesen haben, daß, es frühere
Leben gibt, können wir auch den Glauben an zukünftige
Leben nicht übernehmen«, sprach der Pandit. Dann
wandte er sich an Meister Chandra und forderte ihn heraus: »Wenn du über jeden Zweifel erhabene Beweise für

die Doktrin der Reinkarnation liefern kannst, konvertiere ich mitsamt meinen Anhängern zum Buddhismus.«

Einen Moment lang schloß der Meister die Augen, und es sah aus, als dächte er nach. Dann lächelte er und sagte: »Gut. Wenn der König sich als unbestechlicher Zeuge zur Verfügung stellt, werde ich heute noch sterben und mich bewußt in einer Weise reinkarnieren, die die Seelenwanderung und Wiedergeburt für alle Anwesenden unter Beweis stellt.«

Erstaunt und tief beeindruckt stimmte der Pandit zu, obwohl er bezweifelte, daß der Buddhist sein kostbares Leben hergeben würde, um diesen einen Punkt zu beweisen.

Meister Chandra bat den König und seine Ratgeber, einen luftdichten Kupfersarg in den Tempel zu tragen. Dann malte er sich ein purpurrotes Zeichen auf die Stirn, nahm eine Perle in seinen Mund und legte sich zum Sterben nieder. Minuten später verließ er seinen Körper, und der König versiegelte den Kupfersarg vor allen Anwesenden.

Da Chandra die Illusion von Geburt und Tod bereits vollkommen überwunden hatte, konnte er seine Wiedergeburt bewußt herbeiführen und noch in der selben Nacht in den Schoß einer gebärenden Frau nicht unweit von dem Tempel, in dem er eben noch debattiert hatte, eingehen. So wurde Meister Chandra bei sorgfältig ausgesuchten Eltern wiedergeboren und harrte nun der Dinge in der Gestalt eines Säuglings.

Schon wenig später hatte sich überall herumgesprochen, daß die Frau eines Brahmanen einen Sohn geboren hatte, der das rote Zeichen der Weisheit auf der Stirn trug und eine kostbare Perle im Mund hielt.

Der König eilte mit seinen Ratgebern herbei, um sich selbst von der Wahrheit dieser Gerüchte zu überzeugen. Nachdem sie den neugeborenen Sohn der Brahmanenfamilie inspiziert hatten, begaben sich allesamt in den

Tempel, und der König öffnete den Kupfersarg. Tatsächlich befand sich die Perle nicht länger im Munde des Leichnams, und das Purpurzeichen war ebenfalls verschwunden.

Wie versprochen, konvertierte der Pandit mitsamt seiner Gefolgschaft zum Buddhismus und verbrachte fortan viel Zeit mit dem heranwachsenden Knaben, den die Eltern, einer spontanen Eingebung folgend, gleich nach seiner Geburt ›Chandragomi‹ genannt hatten.

Wie zu erwarten, wurde Chandragomi zu einem der größten Meister, Philosophen und Redner seiner Zeit. In der legendären Universität von Nalanda vertrat er den buddhistischen Standpunkt in einer öffentlichen Debatte mit dem herausragendsten Logiker seiner Zeit, dem unschlagbaren Chandrakirti. Nachdem auch nach sieben Jahren kein eindeutiger Sieger aus dieser Debatte hervorgegangen war, gab Chandragomi zu, daß der unsterbliche Buddha Avalokiteshvara ihm seine überzeugendsten Antworten auf die Fragen von Chandrakirti eingegeben hatte. Da lachte Chandrakirti laut auf und gestand dem versammelten Publikum, daß seine eigenen Antworten von dem unsterblichen Avatar (Weltlehrer) Manjusri inspiriert worden waren.

Festhalten bindet uns
an Illusionen

IM ZEHNTEN JAHRHUNDERT hielt der Pandit Naropa einen Lehrstuhl an der Universität von Nalanda in Bihar (Indien) inne. Eines Tages wurde ihm jedoch klar, daß er über seinen Intellekt hinausgehen mußte, wenn er die wahre Essenz der von ihm bereits als korrekt erkannten Lehren verwirklichen wollte. Desillusioniert mit seinem Kopfwissen, so sehr es auch in ganz Bihar bewundert wurde, machte er sich auf die Suche nach einem Guru, was wörtlich bedeutet, einem Geschöpf, das die Dunkelheit vertreibt.

In Bengalen fand er Tilopa am Ufer eines Flusses hockend. Tilopa war ein ›wilder Weiser‹, der sich von Abfällen und lebenden Fischen ernährte, die er mit bloßen Händen fing. Naropa legte sich der Länge nach auf den Boden, um dem exzentrischen Meister seine Ehrerbietung zu zeigen. Dann näherte er sich vorsichtig und bat Tilopa um die mündlichen Anweisungen.

»Wonach suchst du?« fragte der Wilde und blickte Naropa aus seinen blutunterlaufenen Augen durchdringend an.

»Ich suche die Freiheit der vollkommenen Erleuchtung«, antwortete der Gelehrte.

»Und wovon willst du befreit werden?« brummte Tilopa. »Von allem, ehrwürdiger Meister.«

»Es sind nicht die Objekte der Außenwelt, die dich binden, Naropa«, sprach Tilopa. »Dein Festhalten bindet dich. Laß einfach alles los und sei frei!«

Bei diesen Worten wachte Naropa schlagartig auf und fiel in einen der universell erfahrbaren Erleuchtungszustände.

Voll Freude über die Wirkung seiner Worte brach Tilopa in einen Gesang aus:

> »Wo Bindung und Verstrickung ist,
> da ist auch Furcht und Leid.
> Wo Zuneigung und Ablehnung ist,
> da herrschen Limitierungen.
> Wo gedankliche Konzepte sind,
> da regiert die Dualität –
> denn jede Trennung impliziert Ignoranz.
>
> Alles Denken, Planen und Verstehenwollen
> wird letztlich als Spielerei erkannt.
> Alles Greifen und Zurückweisen
> macht dich zum Sklaven deines limitierenden
>   Verstands.
> Leuchtend klar und auf ewig unbefleckt
> bleibt das Grundbewußtsein, das den Intellekt
>   gebiert
> und wieder in sich aufnimmt –
> als sei rein gar nichts je geschehen.
>
> So ruhe schlicht im ewig Unberührten,
> im Ungeschaffenen und völlig Spontanen.«

Naropa mußte noch zwölf langwierige Eignungstests bestehen und eine Reihe von Techniken meistern, bevor Tilopa ihn eines Morgens urplötzlich von hinterrücks ansprang und mit seiner Sandale ins Gesicht schlug. Der Schock bewirkte, daß der mittlerweile mürbe gewordene Schüler die absolute Wahrheit erkannte und *Mahamudra* (wörtlich: die Große Geste) vollzog – die Geste des unwiederbringlichen Einsinkens in die All-Natur. Auf diese Weise wurde Naropa zum direkten Nachfolger von Tilopa und hatte später selbst das Glück, einen würdigen Nachfolger in Marpa, dem Übersetzer, zu finden, wel-

cher die Erkenntnis wiederum auf den Ekstatiker Milarepa übertrug.

Dieselbe ununterbrochene Kette der Übertragung lebt
bis heute fort – und da können wir alle von Glück sagen,
auch wenn wir nichts davon wissen.

Herzensgüte zählt mehr als alles Wissen

IN DER INDISCHEN STADT SCHRAVASTI lebte vor mehr als
fünftausend Jahren eine Brahmanenfamilie, aus der zwei
Söhne hervorgingen. Der Ältere war intelligent und ge-
lehrig, aber der Jüngere, ein Knabe namens Chunda, erwies sich als unfähig, auch nur das Lesen und Schreiben
zu lernen, geschweige denn die Aufgaben der Priester-
kaste zu erfüllen, in die er hineingeboren worden war.

Als der Vater starb, begegneten die Brüder einem
Schüler von Gautam Buddha, und danach dauerte es
nicht lange, bis der ältere Bruder in die illustre Gefolgschaft des damals auf Erden wandelnden Buddhas eingeweiht wurde, während der unbelehrbare Chunda sich
damit begnügen mußte, in der Nähe herumzustreunen
und sich mit den Hunden um ein paar Abfälle zu strei-
ten.

Der ältere Bruder wandte sich an Ananda, den engsten
Vertrauten des Buddhas, und fragte ihn, ob ein Mensch
mit begrenzten Verstandeskräften wie sein Bruder
Chunda nicht ebenfalls einen Platz in der Gefolgschaft
des Erleuchteten finden könnte.

Ananda sprach: »Bringe deinen Bruder zum Meister und frage ihn selbst.«

Erst wollte Chunda nicht vor die Augen des Buddhas treten, weil er sich zu unwürdig und dumm dafür hielt, aber sein Bruder überzeugte ihn davon, daß die Doktrin des grenzenlosen Mitfühlens eine der wichtigsten Kernlehren des Erhabenen sei.

Ehrfürchtig trat Chunda zur verabredeten Stunde vor den Buddha, der in einem Orangenhain Audienz hielt. Mit einem Blick erkannte Gautam Buddha die Bescheidenheit und Herzensgüte des jungen Mannes, der vor ihm kauerte, und beauftragte Ananda, den jungen Mann als Mönch einzuweihen.

Ananda unterwies Chunda mit folgenden Zeilen:

»Befreie dich von negativen Gedanken,
die zu negativen Taten werden.
Übe dich in selbstloser Hingabe und Dienstbarkeit.
Klammere dich nicht an deine Persönlichkeit.
Still und aufmerksam und rein, wie du von Natur
    aus bist,
kann kein Leid und Unheil dich befallen.
Dies ist die Lehre des Erleuchteten.«

Drei Monate vergingen, und noch immer gelang es dem armen Chunda nicht, dieses eine Sutra im Gedächtnis zu behalten, das jeder Schafhirte mühelos rezitierte, während alle anderen Novizen in drei Monaten ganze Stapel von heiligen Schriften wortgetreu auswendig lernten.

Entmutigt bat Chunda den klugen Ananda um seinen Rat. Ananda erklärte ihm etwas, nur um gleich darauf festzustellen, daß Chundas Auffassungsgabe so gering war, daß kein Satz in seinem Gehirn haften blieb. »Was soll's«, dachte Ananda bei sich. »Wie kann man jemanden einweihen, der weder begreifen noch irgend etwas im Gedächtnis behalten kann?« So segnete er Chunda nur und schickte ihn fort. Der Novize setzte sich allein in eine ferne Ecke des Orangenhains und weinte, bis der Buddha selbst vorüberwandelte.

Intuitiv erfaßte der Mitfühlende alles, was vorgefallen war, und ermunterte Chunda, das Wort an ihn zu richten. »Was ist bloß los mit mir?« schluchzte der Mönch. »Ich möchte dein Schüler sein und von dir lernen, aber ich kann die einfachsten Dinge nicht im Kopf behalten. Was für ein übles Karma macht mich so begriffsstutzig?«

Gautam Buddha erklärte ihm, daß er in seinem letzten Leben ein gelehrter Brahmane gewesen sei, der die Ansichten seiner Mitmenschen gnadenlos lächerlich gemacht hatte, weil er sich ihnen haushoch überlegen fühlte. In seiner Vermessenheit hatte er sogar vorgegeben, ein Meister zu sein, und Irrlehren verbreitet, die viele Hilfesuchende vom rechten Weg abbrachten. Wegen dieses Mißbrauchs seiner Geisteskräfte mußte Chunda in seiner jetzigen Inkarnation die andere Seite der Münze kennenlernen und sich als Dummkopf von allen anderen auslachen lassen.

Chunda sagte: »Von Kindheit an haben meine Lehrer mich wegen meiner Begriffsstutzigkeit beschimpft. Wie kann ich jemals über ein solches Hindernis hinwegkommen?«

Der Buddha antwortete in Versen:

> »Besser von Weisen zurechtgestutzt werden,
> als von Kindsköpfen gerühmt.
> Wer erkennt, daß er kindlich und unwissend ist,
> ist ein wahrlich weiser Mensch.
> Wer auch nur im stillen sich als Weiser dünkt,
> ist nicht mehr als ein Kindskopf.«

Danach wurde Chunda von Gautam Buddha persönlich unter die Fittiche genommen. Um seine geistige Umnachtung allmählich zu überwinden, trug der Buddha ihm auf, den Tempel und die umliegenden Sandwege jeden Tag aufmerksam zu fegen und dabei den Sinn von zwei einfachen Sätzen zu erkennen: »Entferne den Staub, entferne den Schmutz.« Außerdem sollte Chunda die Sandalen aller anderen Mönche täglich von Staub und Schmutz befreien.

Chunda machte sich sogleich an die Arbeit. Doch kaum hatte er zu fegen begonnen, da waren ihm die Worte des Buddhas schon wieder entfallen. Glücklicherweise fand er Ananda im Tempelhof sitzen und konnte sich die beiden Sätze noch einmal von ihm vorsagen lassen. Es dauerte eine geraume Weile, bis Chunda in der Lage war, sich die Sätze einzuprägen. Nach Monaten endlich gelang ihm dies, und von nun an murmelte er sie ohne Unterlaß vor sich hin, während er langsam fegte und fegte und fegte und die Schuhe der anderen Mönche putzte und putzte und putzte.

Der Buddha verfolgte die Anstrengungen des Novizen im Geiste und sorgte dafür, daß der Staub im Tempel nie nachließ und die Sandalen aller Schüler permanent schmutzig waren, damit Chunda von morgens bis abends beschäftigt sein konnte. Voller Respekt und Hingabe rang Chunda mit dem tieferen Sinn seines Mantras und begann sich schließlich zu fragen: »Meint der Meister den äußerlichen Staub und Schmutz oder den innerlichen? Was *ist* innerer Staub und Schmutz genaugenommen?« So kontemplierte der einfältigste unter Buddhas Schülern ohne Unterlaß, während er seinen Dienst an den Mitschülern verrichtete.

Er schwang seinen Besen und fegte den Tempel aus, als seine Selbstversenkung eines Tages eine solche Tiefe erreichte, daß ihm ein Vers des Buddhas spontan in den Sinn kam, ein lehrreiches Sutra, das er weder auswendig gelernt noch je zuvor bewußt gehört hatte:

»Staub ist Festhalten, Anhaften und Klammern,
nicht irdischer Staub;
die Weisen lassen davon ab.
Schmutz ist Wut, nicht irdische Befleckung;
die Weisen lösen sich davon.
Staub und Schmutz sind Ignoranz, mehr nicht;
die Weisen entfernen sich von den Schichten
solcher Überlagerungen
und sind frei.«

Chunda hörte sich diese Worte sprechen und erkannte plötzlich, daß die Illusion eines getrennt existierenden ›Ichs‹ durch die drei Gifte des Festhaltens, der Wut und der Selbsttäuschung erzeugt wird. Wie jemandem, der aus einem langen Alptraum erwacht, ging ihm mit einem Mal auf, daß er sich mit einem ›Ich‹ identifiziert hatte, das bei genauerem Hinsehen nichts anderes als eine Schmutzschicht war, die er soeben hinweggefegt hatte.

»Es ist alles klar – alles vollkommen klar«, brach es aus Chunda hervor. »Dem Erleuchteten sei Dank!« Da stand er, noch immer mit dem Besen in der Hand, und hatte die Staubschichten der Illusion durchdrungen!

Nach diesem ersten Erwachen meditierte Chunda noch jahrelang, bis der Buddha ihm den Auftrag gab, von Dorf zu Dorf zu ziehen, um andere Sucher zu erwecken. Der ›unbelehrbare Chunda‹ ging als ›Arhat Chundaka, der Besenmeister‹ in die Geschichte ein, und es heißt, daß er Tausende von einfachen Leuten, selbst Skeptiker und völlig Unvorbereitete, mit wenigen simplen Bemerkungen auf verschiedene Stufen der Erleuchtung transportieren konnte.

Gautam Buddha bezeichnete den Besenmeister Chundaka unter all seinen Schülern als den Geschicktesten, wenn es um die Transformation des Bewußtseins anderer ging. Auch heute heißt es deshalb, daß alle, die ihre Geisteskräfte weiterentwickeln wollen, aus tiefstem Herzen um Chundakas Hilfe bitten sollen, selbst wenn sie die Worte aller anderen großen Lehrer weder verstehen noch im Gedächtnis halten können. Chundaka ist ein historisches Beispiel für die Tatsache, daß Herzensgüte und aufrichtige spirituelle Praxis wichtiger sind als jede intellektuelle Brillanz.

Einführung in die Dinge, wie sie sind

PATRUL RINPOCHE, DER ERLEUCHTETE WANDERER, ließ kaum einen Sonnenuntergang vorübergehen, ohne sich lang ausgestreckt auf den Rücken zu legen, wo auch immer er sich gerade befand, und in den Himmel hinaufzublicken. Auf diese altbewährte Weise verschmolz er seinen Intellekt mit dem grenzenlosen All, wie schon so viele Meditierer vor und nach ihm.

Eines Abends lag Patrul auf einem freien Feld in der Nähe einer Einsiedelei, wo sich einige seiner Schüler aufhielten, und starrte in den Himmel hinein. Unvermittelt rief er seinen Meisterschüler Nyoshul Lungtok zu sich und fragte ihn: »Hast du die fundamentale Beschaffenheit des erweckten Bewußtseins erkannt, Nyoshul?«

»Nein, Meister«, war die ehrliche Antwort.

»Keine Sorge«, sprach der Rinpoche. »In Wahrheit gibt es nichts Verborgenes. Aber denk nicht darüber nach, sei einfach nur offen.« Eine Weile lagen die beiden nebeneinander auf dem Feld und blickten gemeinsam in den

Himmel. Die Sonne ging unter. In der Ferne bellten ein paar Hunde.

»Hörst du die Hunde bellen?« fragte der Rinpoche.

»Ja«, sagte Nyoshul.

»Das ist es!« rief der Meister mit tief bewegter Stimme. Leise fügte er hinzu: »Siehst du die Sterne am Firmament erscheinen?«

»Ja, Meister. Ich sehe sie.«

Wieder rief Patrul Rinpoche: »Das ist es! Genau das! Alles, was es gibt, ist erwecktes Bewußtsein, pures Buddha-Bewußtsein, genau wie das, was dir selber innewohnt! Höre auf, es irgendwo zu suchen. Es ist überall!«

In dem Moment ging dem Schüler die Wahrheit jenseits aller Unterscheidungen auf. In jenem Augenblick sah Nyoshul keinen Unterschied mehr zwischen seinem eigenen Bewußtsein und dem Urgrund allen Seins. In jenem Moment gab es nichts mehr, das er erkennen oder erreichen mußte, denn er hatte sich als das erkannt, was von jeher alles ist, alles hervorbringt, erkennt und erreicht.

Vor Freude brach Nyoshul in Tränen aus. Vor kurzem noch hatte er sich Sorgen darüber gemacht, daß er des Nachts oft von ein und demselben Traum heimgesucht wurde – einem Traum, in dem Patrul Rinpoche ein gigantisches schwarzes Knäuel vor ihm aufrollte, um ihm eine goldene Buddhafigur im Zentrum des Knäuels zu zeigen, von der sämtliche Fäden ausgingen. Jetzt begriff Nyoshul endlich, daß auch dieser Traum und jeder Gedanke und alles, was er oder irgend jemand sonst wahrnahm, von nichts anderem als dem goldenen Buddha-Bewußtsein im Zentrum aller Dinge ausging.

Lang war der Weg gewesen, der ihn bis zu diesem Punkt gebracht hatte, aber nun wußte er aus eigener Erfahrung, wovon die tantrische Weisheitsschrift spricht, in der es heißt:

»Auf dem lehrreichen Sutra-Weg
wird dir beigebracht, daß alle
fühlenden Wesen das Potential haben,
die Erleuchtung eines Tages zu erlangen.

Auf dem tantrischen Reife-Weg
erkennst du, daß die essentielle Grundnatur
deines jetzigen Bewußtseins
von jeher erleuchtet ist.«

Jahre später erzählte Nyoshul Lungtok die Geschichte
seiner Erweckung vor einer Versammlung der eigenen
Schüler und endete, indem er Meister Longchenpa
zitierte:

»Alles ist, was es von Anfang an war:
dem Wesen nach pur – und damit Buddhaschaft.
Wer dies erkennt, ist aufgewacht.
Wer seine sechs Sinne im Naturzustand beläßt,
sieht sie überall:
die Allgegenwärtige Vollkommenheit.

Höre nicht auf deinen ruhlosen Verstand,
sei still und lasse alles einfach, wie es ist …
immer schon gewesen ist.«

Ein rauhes Erwachen

IM NEUNZEHNTEN JAHRHUNDERT LEBTE ein bedeutender Lama in Ost-Tibet, ein Meister namens Jamyang Khyentse Rinpoche. Viele seiner Schüler waren Wiedergeburten (Tulkus) von verstorbenen Lamas und zeichneten sich daher durch ihre extrem rasche Auffassungsgabe aus. So auch Neten Chöling, ein Junge, der sich das Grundwissen und seine Talente bereits in früheren Leben erworben hatte. Schon als Kind war Neten Chöling dermaßen altklug und eigenwillig, daß seine Eltern ihn in die Obhut von Jamyang Khyentse gaben, damit er bei einem erleuchteten Meister in die Schule gehen und seine Ausbildung fortsetzen konnte.

Unter der persönlichen Leitung des Rinpoches entwickelte Chöling sich zu einem herausragenden jungen Mann, aber, wie viele Tulkus, bildete er sich natürlich auch viel auf seine Intelligenz und seine Bildung ein.

Eines Tages beschloß der etwa zwanzigjährige Neten Chöling, nach Lhasa zu reiten, um an einer der großen Debatten mit den Experten der vier Hauptzweige des tibetischen Buddhismus teilzunehmen. Lhasa, die Hochburg der Geistigkeit, war zwar mehrere Tagereisen entfernt, aber Neten Chöling meinte, daß der lange Ritt sich lohnen würde, da er den verknöcherten Kapazitäten von Lhasa schon zeigen würde, wo es in Wirklichkeit langging!

Er begann, die Vorbereitungen für seine Reise zu treffen und ging zu seinem Meister, um ihn um die förmliche Erlaubnis und seinen Segen zu bitten. Jamyang Khyentses Antwort war: »Sehr gut. Geh nach Lhasa, aber warte noch ein paar Tage länger.«

Wenige Tage später fand eine Einweihungszeremonie

statt, bei der Jamyang Khyentse seinen Schülern weiterführende Einsichten vermitteln wollte. Alle Schüler, selbst die höchsten Lamas des Klosters, hatten sich in der Gebetshalle versammelt. Jeder wartete gespannt auf den Augenblick, an dem der Meister das Wort an ihn richten oder sich in irgendeiner Weise speziell mit ihm beschäftigen würde, denn authentische Erleuchtete wie Jamyang Khyentse sind unberechenbar und können jederzeit zu irgendeinem, ihnen geeignet scheinenden Mittel greifen, um einen Menschen zu erwecken oder eine bereits vorhandene Erleuchtungserfahrung zu vertiefen. Insofern sind erleuchtete Lehrer mit geübten Diamantschleifern vergleichbar – sie mögen aus einer bestimmten Schule hervorgegangen sein und ihr auch weiterhin angehören, aber bei jedem einzelnen Diamanten müssen sie den Meißel neu und anders ansetzen, um nur das Unnötige zu entfernen, nur das, was die natürliche Brillanz des Juwels verdeckt.

Der junge Chöling hatte ausgerechnet an diesem Tag Magenbeschwerden und litt unter heftigen Krämpfen. Als der alte Khyentse Rinpoche gemessenen Schrittes an der langen Reihe seiner Lamas und Tulkus vorüberwandelte, blieb er vor Neten Chöling stehen und setzte das goldene Zeremoniengefäß mit einer segnenden Gebärde direkt auf seinen Kopf. Kaum hatte er Chöling auf diese Weise ausgezeichnet, versetzte er ihm jedoch zur Verblüffung aller Anwesenden einen kräftigen Hieb in den aufgeblähten Bauch.

Dem erschrockenen Chöling entfuhr ein krachender Furz, der von keinem Lama weit und breit ignoriert werden konnte. Im nächsten Moment hielt Khyentse Rinpoche dem puterrot angelaufenen Schüler seinen Zeigefinger ins Gesicht und rief: »Das ist es!«

Chölings Verstand war vollkommen zum Stillstand gekommen. Er war in die ursprüngliche Leere seines einfachen So-Seins gefallen und hatte den ursprünglichen

Naturzustand erlangt, der die Erleuchtung ist, wenn man ihn eine Zeitlang bewußt erfährt.

In den Jahren nach diesem vielbelachten Ereignis erzählte Chöling Rinpoche die Geschichte seiner Erleuchtung ohne jede Scham weiter und ließ seine eigenen Schüler wissen, daß er die Tiefe der Erkenntnis, die ihm damals durch den jähen Schock zugänglich gemacht worden war, nie wieder verloren hatte. Er pries den göttlichen Einfallsreichtum von Khyentse Rinpoche und fügte hinzu, daß er danach nie mehr die geringste Lust verspürte, an den öffentlichen Debatten der Experten in Lhasa teilzunehmen. Warum sollte er auch? Er mußte keiner Seele mehr irgend etwas beweisen.

Die Frau von
Patrul Rinpoche

AUF DER HOCHEBENE VON GOLOK im Osten von Tibet begegnete Patrul Rinpoche einmal einer herzzerreißend weinenden Frau, die mit ihren drei Kindern auf dem Weg nach Dzatschuka war.

Der erleuchtete Vagabund fragte die Wehklagende, was ihr fehlte, und hörte geduldig zu, wie sie erzählte, daß ihr Mann von einem Bären zerrissen worden war und die ganze Familie nun in die Stadt ziehen mußte, um auf den Straßen um Almosen zu betteln, denn sonst würden alle verhungern.

Patrul setzte sich eins der Kinder auf die Schultern, nahm ein anderes bei der Hand und sprach: »Es ist ein weiter Weg bis nach Dzatschuka. Deshalb ist es besser, wenn ich dich begleite und unterwegs für euch sorge.«

Dankbar nahm die Witwe dieses Angebot an und wanderte mit Patrul durch die menschenleere Gegend. Die Frau trug den Säugling in ihren Armen, während Patrul sich die anderen Kinder abwechselnd auf die Schultern setzte, und so marschierte der kleine Trupp langsam gen Süden. Des Nachts hüllte Patrul die beiden älteren Kinder in die Falten seines langen Schaffellmantels, damit sie unter dem eisklaren Sternenhimmel nicht erfroren. Jeden Morgen und Abend kochten die Erwachsenen Tee über einem Lagerfeuer und verteilten Bissen von Patruls kärglicher Wegzehrung.

Unterwegs begegneten sie vereinzelten Hirten und Pilgern und wurden von ihnen für eine ganz gewöhnliche tibetische Familie auf der Pilgerreise gehalten, denn niemand, am allerwenigsten die junge Witwe, konnte ahnen, wer der unscheinbare Nomade mit dem Kind auf seinem Rücken in Wirklichkeit war. Als sie in etwas dichter besiedelte Gegenden kamen, ging die Frau mit Patrul Rinpoche zum Betteln, um geröstete Graupen, Mehl, Butter, Yoghurt und Yakkäse für ihr Überleben zusammenzutragen.

Immer fröhlicher wurde der kleine Trupp auf seinem langen Marsch, denn dem sanften Frieden eines erleuchteten Geistes kann kein aufgewühltes Herz für alle Zeit widerstehen. Als sie die Ausläufer von Dzatschuka erreichten, sang die ›arme Bettlerfamilie‹ ein frohes Lied, und die Frau begab sich in eine Richtung zum Betteln, während Patrul in die andere Richtung davonmarschierte.

Nach seiner Rückkehr war Patrul zwar mit Lebensmitteln beladen, aber er wirkte ungewohnt mürrisch. Besorgt fragte die Witwe ihn nach dem Grund für diese untypische Laune. »Es ist nicht wichtig«, antworte Patrul. »Ich wollte etwas erledigen, aber der Klatsch verbreitet sich leider in Windeseile in dieser Stadt.«

»Warum sollte ein armer Bettler wie du sich um die Klatschmäuler hier scheren?« fragte die Frau erstaunt.

»Ach … ist ja auch egal«, entgegnete Patrul. »Laß uns weitergehen.«

Wenig später hatten sie das nördlichste Kloster von Dzatschuka erreicht. Am Fuße des Hügels, auf dessen Spitze die Klostergebäude lagen, hielt Patrul inne, wandte sich an die Frau und sagte: »Ich muß ein paar Tage hier verbringen, das läßt sich nicht ändern. In drei Tagen wirst du mich wiedersehen und alles zum Besten bestellt finden.«

Die junge Witwe hatte andere Pläne. Mittlerweile war ihr der neue Weggefährte sehr ans Herz gewachsen, und sie führte die relative Mühelosigkeit, mit der sie ihren furchtbarsten Schmerz überwunden hatte, auf seine harmonische Ausstrahlung zurück. »Rede keinen Unsinn«, sagte sie schnell. »Es ist dir doch die ganze Zeit mit uns ausgesprochen gut gegangen! Bleib bei mir. Wenn du willst, können wir uns vermählen oder wenigstens zusammen durch dieses Leben gehen. Ich bitte dich, laß uns nicht einfach im Stich!«

Aber der Meister hatte einen unwiderruflichen Entschluß gefaßt. »Ich bin nur einer der vielen Helfer auf deinem Weg«, entgegnete er sanft. »Vertraue darauf, daß alles gut ausgehen wird. In drei Tagen kannst du kommen und mich wiederfinden.« Damit wandte Patrul sich zum Gehen und erklomm den Hügel, auf dem das Kloster lag. Die Frau blieb mit den Kindern und dem erbettelten Proviant im Tal zurück.

Am nächsten Tag verbreitete sich die frohe Kunde im ganzen Tal: »Der erleuchtete Patrul Rinpoche ist von weit her gekommen und wird in Kürze zu uns sprechen!« Von fern und nah kamen die Leute herbeigeeilt, um Zelte vor dem Kloster zu errichten und für einen geordneten Ablauf der Veranstaltung zu sorgen.

Die junge Witwe schöpfte ein wenig Hoffnung und

dachte bei sich: »Die Anwesenheit eines so bedeutenden Meisters ist sicher ein gutes Omen. Ich werde zu ihm gehen und ihm eine Opfergabe im Namen meines verstorbenen Mannes zu Füßen legen.« Sie raffte ihren gesamten erbettelten Proviant zusammen, nahm ihre Kinder und begab sich hinauf in das Kloster.

Mittlerweile hatte Patrul Rinpoche, der bekannt dafür war, daß er Geschenke entweder nicht annahm oder sie irgendwo liegenließ, den Lamas des Klosters aufgetragen, sämtliche Opfergaben zu horten und für ihn aufzubewahren. »Ich warte auf jemanden«, sagte er, »dem diese Dinge zugedacht sind.«

Die Lamas wunderten sich, aber es blieb ihnen nichts anderes übrig, als den Befehl des Buddhas auszuführen und alle ihm zugedachten Opfergaben in einem Nebenzimmer zu horten.

Die Witwe und ihre Kinder betraten den Klosterhof, in dem Patrul in Kürze einen Vortrag halten sollte. Die kleine Familie fand einen Stehplatz weit hinten in der Menge, wo die Stimme des Meisters noch hörbar war, aber die Köpfe der anderen Sucher blockierten die Sicht. Am Ende seines Vortrags, nachdem das Schlußgebet und der letzte Segen gesprochen worden waren, defilierten einzelne Gläubige an dem Sitz des Meisters vorbei, um ihm persönlich in die Augen blicken zu können.

Als es der Witwe endlich gelungen war, in Sichtweite zu gelangen, erkannte sie, wer sie den ganzen Weg nach Dzatschuka begleitet hatte. Sie stieß einen kleinen Schreckenslaut aus und schlug sich die Hände vor den Mund. Patrul schmunzelte gutmütig und winkte sie herbei, um die Hand auf ihren Kopf zu legen.

»Vergib mir«, stammelte die Witwe. »Ich habe dich die ganze Zeit nicht erkannt. Ah zi! Und meine Kinder hast du auf deine Schultern geladen ... und dann habe ich dir, einem Unbezahlbaren Lehrer, einen Heiratsantrag gemacht!«

Lachend erklärte der Rinpoche ihr, daß die Verwechslung seine eigene Schuld gewesen sei, weil er es sich nun einmal nicht nehmen lassen wollte, frei und unerkannt durch die Lande zu ziehen wie ein wilder Vogel. Dann wandte er sich an die Lamas des Klosters und sagte: »Hier ist der ›Jemand‹, auf den ich gewartet habe. Dieser Frau habt ihr meine Anwesenheit zu verdanken. Gebt ihr alles, was mir zugedacht war, und sorgt für ihre Familie. Behandelt sie, als sei sie ich selbst.«

Die Lamas verstanden sehr wohl, was Patrul Rinpoche mit diesen Worten meinte: Er meinte sie buchstäblich.

Der Korbflechter

IM ALTEN INDIEN, NUR WENIGE HUNDERT JAHRE nach Gautam Buddhas folgenreichem Leben, legte ein junger Mann die Gelübde eines buddhistischen Mönches ab und wurde zum *Bikkhu,* einem heiligen Bettler, der allen weltlichen Bestrebungen entsagt und seinen Geist unverwandt nach Innen kehrt.

Der Bikkhu lebte allein im Wald, aber hin und wieder ließ er sich im nächstgelegenen Dorf blicken, um die Almosen der Dorfleute entgegenzunehmen und die Kraft seiner Konzentration auf das Wohlergehen der Gemeinde zu richten.

Allein der Anblick des jungen Bikkhus mit seiner schlanken Gestalt, seinem aufrechten Gang und seinen leuchtenden Augen verdrehte einem jungen Mädchen im Dorfe dermaßen den Kopf, daß sie sich, ohne es zu wollen, auf der Stelle in den Mönch verliebte.

Zögernd begann das Mädchen, sich ihm anzunähern, worauf der Bikkhu sich gezwungen sah, ihr liebevoll, aber unmißverständlich zu erklären, daß er das Gelübde der Enthaltsamkeit abgelegt hatte und niemals heiraten würde. Die Zeit verging, aber anstatt die junge Frau von ihrer unglücklichen Liebe zu heilen, wurden ihre Gefühle nur immer leidenschaftlicher. Bald kannte die Frau kein Maß mehr und erging sich in gewaltsamen Gefühlsausbrüchen, denn ihr Verlangen nach dem Bikkhu wuchs, je mehr er sich ihren Annäherungsversuchen entzog.

Die Verwandten und Freunde der Verliebten versuchten, sie mit allerlei Tricks zur Vernunft zu bringen; die Dorfältesten und der Bikkhu selbst gaben sich alle Mühe, ihr die Aussichtslosigkeit ihres Verlangens verständlich zu machen, aber es half alles nichts. Niemand konnte die junge Frau von ihrer verzweifelten Sehnsucht nach der Liebe des Bikkhus heilen.

Eines Tages hörte der Bikkhu dann, daß die von ihm verschmähte Frau beschlossen hatte, sich das Leben zu nehmen. Er eilte in das Dorf und fand die Frau in einem dermaßen kläglichen Zustand vor, daß er nicht anders konnte: Er gab dem Flehen des Mädchens und den Bitten ihrer Eltern nach und willigte in die Heirat ein. »Ich habe das Gelübde abgelegt, mich von weltlichen Begierden abzukehren«, sagte er. »Zugleich habe ich aber auch den Bodhisattva-Schwur geleistet, demzufolge ich allen fühlenden Wesen nach bestem Vermögen helfen und ihr Leid nach Möglichkeit mittragen werde. Der Bodhisattva-Schwur ist in einer ausweglosen Situation wie dieser ausschlaggebend für mich.«

Die Heirat wurde bekanntgegeben und bald darauf vollzogen. Während der Trauzeremonie dachte der Mönch im stillen: »Was auch immer man tut, sollte so gut wie irgend möglich getan werden.«

Der bereits weitgehend selbstlos gewordene Bikkhu erwies sich als traumhaft guter Ehegefährte. Er las seiner

Frau die Wünsche von den Augen ab und wurde mit ihrer tiefsten Liebe dafür belohnt. Die beiden übernahmen das Geschäft der Korbflechterei von ihren Vorfahren, und in den kommenden Jahrzehnten bildeten sie ihre eigenen Kinder in der Kunst des Korbflechtens aus. Der Bikkhu verrichtete jede Handlung mit der meditativen Aufmerksamkeit eines Eingeweihten, ohne sich jedoch von seinen Mitmenschen abzusondern oder sich äußerlich von ihnen zu unterscheiden.

Das Wohlbefinden des Ehepaars machte sich schon bald auf der materiellen Ebene bemerkbar, und es dauerte nicht lange, bis sich in der ganzen Region herumgesprochen hatte, daß die handgeflochtenen Waren des ehemaligen Bikkhus von hervorragender Qualität waren und ihren Eigentümern mehr Glück als die Erzeugnisse anderer Korbflechter bringen würden.

So vergingen Jahrzehnte, in denen die Familie sich immer größeres Ansehen erwarb und der Korbflechter zum Ratgeber der Hilfesuchenden von fern und nah wurde. Die Kinder und Kindeskinder des ehrwürdigen alten Korbflechters führten das Geschäft weiter und trugen ihrerseits dazu bei, daß das kleine Dorf berühmt für seine ausgezeichneten Korbwaren wurde.

Als der Korbflechter im hohen Alter starb, folgte seine geliebte Frau ihm wenig später in die nächste Welt. Die beiden Liebenden wurden im westlichen Paradies wiedergeboren, einem glückseligen Seinsbereich von lotusgleicher Reinheit, das dem Buddha Amitabha untersteht.

Amitabha, der Strahlende und Lichterfüllte, begrüßte die Auferstandenen und ließ den Korbflechter wissen, daß er recht daran getan hatte, seine mönchischen Gelübde zu brechen, um einem Menschen das Leben zu retten. »Mit deiner selbstlos hingebungsvollen Liebe hast du den wahren Sinn der Lehren von der Entsagung demonstriert«, sprach der Buddha. »Deshalb wirst du und alle, die karmisch mit dir verbunden sind, nicht mehr lange brauchen, um in das Nirvana der endgültigen Verschmelzung einzugehen.«

Der erleuchtete Geist ist frei

Zu den Lebzeiten von Gautam Buddha, zweitausendfünfhundert Jahre vor unserer Zeit, gab es einen indischen Guru namens Khenpo, dem es gar nicht gefiel, daß so viele seiner Anhänger sich plötzlich von ihm abkehrten, um Schüler von Gautam Buddha zu werden.

Als Khenpo hörte, daß die Frau eines seiner besten Schüler ebenfalls zu der neuen Erkenntnislehre übertreten wollte, beschloß er, sich nach besten Kräften zu wehren. Er rief seinen Schüler zu sich und sagte: »Mein lieber Pelbay, du schwebst in höchster Gefahr. Dieser ehemalige Königssohn Gautam Siddharta, der sich seit neuestem Gautam Buddha nennt und tut, als ob er erleuchtet sei, ist in Wirklichkeit nur ein egoistischer Scharlatan, und wenn es einem wie ihm gelingt, deine Frau in die Irre zu führen – ja, dann ist auch dein eigenes Seelenheil nicht länger garantiert.«

Der verunsicherte Pelbay lief zu seiner Frau, um sie vor diesen Gefahren zu warnen, aber sie wollte sich nicht von ihrer Überzeugung abbringen lassen und sagte: »Ich werde den Buddha und seine Mönche zum Mittagsmahl in unser Haus einladen, dann kannst du dich selbst von seiner Aufrichtigkeit und Seelengröße überzeugen.«

Pelbay berichtete seinem Guru davon, woraufhin Khenpo ihm eifrig ins Gewissen redete und sagte: »Du wirst schon sehen, was du davon hast, wenn du deiner Frau erlaubst, diesem neuen Modeguru zu folgen. Nichts als Unheil wirst du über dich und deine Familie bringen! Überall läßt der gewissenlose Gautam das Gerücht verbreiten, daß er vollkommen hellsichtig, grenzenlos mitfühlend und allwissend sei! Aber das läßt sich doch ganz leicht widerlegen, mein lieber Pelbay. Laß deine Frau ruhig gewähren und diesen sogenannten Buddha zum Essen einladen. Wir werden inzwischen dafür sorgen, daß seine allwissende Voraussicht vor aller Öffentlichkeit auf die Probe gestellt wird.«

Zögernd ließ Pelbay sich überreden, eine gut verdeckte Fallgrube vor der Türschwelle seines Hauses auszugraben, in die der Scharlatan mitsamt seinen safrangelb gewandeten Mönchen hineinstolpern würde, um sich vor aller Augen lächerlich zu machen. Zur Sicherheit sollte Pelbay auch das angebotene Essen vergiften und seine Frau in den Lagerraum sperren, damit sie nicht etwa hinging, um den Buddha vor der Heimtücke seiner Gastgeber zu warnen.

Gesagt – getan. Pelbays Frau wurde eingesperrt, und der Buddha nahm die Einladung zum Mittagsmahl an. Bevor er sich auf den Weg zu Pelbays Haus machte, versammelte Gautam Buddha seine Mönche und erklärte ihnen, daß niemand die Türschwelle vor ihm übertreten sollte. Mehr sagte er nicht.

Pelbay stand wartend hinter seiner Türschwelle, als die erlauchte Gesellschaft sich dem Hause nahte. Der Buddha ging allen voran und trat auf die Strohmatte, welche die Fallgrube verdeckte. Aber zu Pelbays größtem Erstaunen gab sie nicht etwa nach, sondern schien sich plötzlich in einen blühenden Seerosenteich zu verwandeln, auf dem der Buddha leichtfüßig und unbeschadet dahinglitt. Selbst der Raum hinter der Schwelle schien sich nun bis ins Unendliche zu erweitern und die schwebende Lichtgestalt mit ihrer Gefolgschaft in sich aufzunehmen.

Bei diesem Anblick sank Pelbay auf die Knie und rief: »Vergib mir. Ich habe eine unverzeihliche Sünde begangen!« Der Buddha hörte sich die Beichte des zerknirschten Pelbay an und antwortete mit einem Sutra:

> »Der erleuchtete Geist ist über
> alle Zweiteilung hinausgegangen –
> wie kann Gut und Böse ihn so noch betreffen?
> Der erwachte Geist ist frei von den Leidenschaften
> der drei Gifte (Gier, Haß und Täuschung) –
> wie kann gewöhnliches Leid ihn so noch betreffen?«

Gautam Buddha wies seine Mönche an, sich an dem gedeckten Tisch in Pelbays Wohnzimmer niederzulassen. Dann trug er Pelbay auf, seine Frau aus dem Lagerraum zu befreien und sie ebenfalls an den Tisch zu führen. Pelbay tat, wie ihm geheißen worden war, dann kniete er sich wieder vor dem Buddha auf den Boden, schlug sich auf die Brust und schrie: »Meister, ich bitte dich, warte mit dem Essen, bis deiner Gefolgschaft ein neues Mittagsmahl gekocht worden ist! Ich weiß jetzt, daß du hellsichtig bist und mich bis zum Grunde meines Wesens durchschaust. Dein Mitgefühl ist maßlos, wie du eben bewiesen hast, aber ich werde es mir nie verzeihen können, wenn meine vergifteten Speisen dir oder einem deiner Schüler auch nur den geringsten Schaden zufügen!«

Wieder antwortete Gautam Buddha mit einem Sutra:

> »Der erleuchtete Geist ist vollkommen frei
> von jeder Anhaftung an Richtig oder Falsch –
> wie kann ihm so etwas Gutes oder Schlechtes
>   widerfahren?
> Der erwachte Geist hat die schädlichen Einflüsse

91

der drei inneren Gifte überwunden –
wie kann das äußerliche Gift ihn so noch
   tangieren?«

Unter dem Protestgeschrei des armen Pelbay nahm der
Buddha das vergiftete Mittagsmahl zu sich, und seine
Gefolgschaft tat es ihm nach, ohne den geringsten Schaden davonzutragen. Nachdem Gautam Buddha sich für
die Gastfreundschaft des Ehepaars bedankt hatte, verließ
er das Haus und trat wieder als erster auf die Strohmatte,
als wandele er über einen blühenden Seerosenteich. Der
gedemütigte Khenpo aber, der die ganze Zeit im Hinter-
halt gehockt und alles mitbekommen hatte, schlich zur
Hintertür hinaus, um sich nie wieder in der Gegend
blicken zu lassen.

Ein Dieb nimmt Zuflucht
unter einer Brücke

ES WAR EINMAL EIN LAMA, der am Ufer des Dzachu-Flusses in Ost-Tibet lebte und sich sein Leben lang in Selbstversenkung übte. Die Gläubigen legten jeden Tag Opfergaben auf seinen unscheinbaren steinernen Altar am
Uferrand, aber der Lama nahm nur die Nahrungsmittel
an und ließ die anderen Dinge unbeachtet herumliegen.
   Dies sah ein Dieb und dachte sofort bei sich: »Kaum
glaublich, wie leicht diese Lamas mir das Geschäft
machen!« Er schlenderte herbei und ergriff ein paar kostbare Kunstgegenstände, die von den Gläubigen auf den

Altar des Lamas gelegt worden waren. Der Lama meditierte gerade und hatte sein Gesicht dem Fluß zugewandt. Dennoch spürte er eine dunkle Kraft in seinem Rücken und wußte intuitiv, daß ein übelwollender Geist sich hinter ihm zu schaffen machte.

Er sprang auf, packte den Dieb am Kragen und schüttelte ihn. Ein Blick in das Gesicht des erschrockenen Räubers genügte, um den Lama davon zu überzeugen, daß dieser Mensch zwar allerlei dunkle Mächte an sich gezogen hatte und von ihnen bis zu einem gewissen Grad beherrscht wurde, aber dem Bösen nicht hoffnungslos ergeben war.

Blitzschnell ergriff der Lama ein Gebetsbuch, schlug es dem Dieb auf den Kopf und wiederholte mehrfach im Namen des Diebes: »Ich nehme Zuflucht in dem Buddha. Ich nehme Zuflucht in dem Dharma. Ich nehme Zuflucht in der Sangha. Ich nehme Zuflucht im Dreifachen Juwel.« Dann ließ er den Dieb ohne ein weiteres Wort gehen und seiner Wege ziehen.

Während der so Behämmerte sich unter einem Brückenbogen verkroch, um sich von der Demütigung zu erholen, richtete der Lama seinen ungetrübt klaren Geist auf die Vorstellung, daß der Dieb ein Stückchen weiter aufwachen und sich von seinen Zwängen befreien würde.

Mitten in der Nacht wachte der Dieb aus einem Alptraum auf und sah zum erstenmal, daß er auch im Wachzustand von übelwollenden Geistern umringt war. In panischer Angst begann er zu schreien, doch dann fielen ihm die Zeilen des Lamas ein, die ihm vor Stunden noch so eindringlich ins Hirn gehämmert worden waren. Im Geiste begann er, die Worte des Dreifachen Juwels zu wiederholen und Zuflucht in dem Buddha, in seinen Lehren und in seiner Gefolgschaft zu nehmen. Noch während er um Zuflucht flehte, sah er, wie die hungrigen Gespenster und Dämonen sich von ihm zurückzogen, denn nun fanden sie in ihm keinen willigen Gastgeber mehr.

In den nächsten Tagen und Wochen konnte der Dieb nicht mehr aufhören, die Worte der Zuflucht zu wiederholen, und irgendwann faßte er sogar den Mut, den Lama am Ufer des Dzachu-Flusses um Einweihung als Schüler zu bitten.

Wie jeder weiß, ist das Dreifache Juwel der Beginn des spirituellen Weges, auf dem die Tore der stets wachsenden Gotteserkenntnis geöffnet werden. Wer die Worte der Zuflucht mit aufrichtigem Vertrauen in ihre Wirksamkeit wiederholt, wird unweigerlich von negativen Energien befreit und von Innen her gereinigt. So auch der Dieb, der unter der Brücke Zuflucht nahm und später eine ganze Reihe von eigenen Schülern von ihren Illusionen befreien konnte.

Karmische Schulden

IN KASCHMIR LEBTE VOR LANGER ZEIT ein buddhistischer Mönch mit dem Namen Mirathi. Im Lauf seiner Meditationspraxis hatte Mirathi viele außergewöhnliche Fähigkeiten entwickelt. Zum Beispiel erzählten seine Schüler, daß Mirathi die Kunst der Levitation beherrschte und an zwei verschiedenen Orten zur selben Zeit erscheinen konnte. Mit einem Blick erkannte er, was andere insgeheim dachten, beschrieb Einzelheiten aus ihren früheren Leben und sagte zukünftige Ereignisse akkurat voraus.

Mirathi hielt sich strikt an die Vorschriften der buddhistischen Lehre, die Gewaltlosigkeit und eine rein vegetarische Ernährung von ihren Anhängern fordert. Mirathi ging sogar so weit, daß er nach der Mittagsstunde keinen Bissen mehr zu sich nahm und bis zum nächsten Morgen fastete.

Eines Tages entfachte Mirathi ein Feuer in der Lichtung vor seiner Hütte im Wald, setzte einen Kochtopf mit Wasser darauf und schüttete rote und gelbe Tonerde hinein, um seine verblichenen Mönchsroben in frisches Ockergelb zu tauchen. Der stille alte Mann rührte friedlich in seinem Kochtopf, als eine Schar von Bauern aus dem Dickicht hervorbrach und Mirathi mit aufgeregten Fragen nach einer entlaufenen Kuh bestürmte.

Einer der Bauern blickte in Mirathis Kochtopf und schrie: »Seht euch die roten und gelben Stücke in dieser Brühe an! Dieser Heuchler hat meine Kuh gestohlen und heimlich geschlachtet, und jetzt will er sich eine Suppe davon kochen!« Die anderen Bauern fragten nicht lange, sie ergriffen den schweigenden Mirathi, der sich gegen keine ihrer Anschuldigungen verteidigte, und schleppten ihn ins Dorf.

Die Dorfältesten erklärten Mirathi für schuldig, ohne weitere Nachforschungen anzustellen, und verurteilten ihn noch am selben Abend. Der Mönch wurde in Ketten gelegt und in ein finsteres Erdloch gesperrt, wo er tagelang hocken blieb. So sehr seine Schüler sich auch um seine Freilassung bemühten, die Tatsache, daß Mirathi kein Wort zu seiner eigenen Verteidigung hervorbrachte, galt als eindeutiger Beweis für seine Schuld.

Wenige Tage darauf fand ein Hirte die entlaufene Kuh wohlbehalten am anderen Ende des Waldes wieder. Eine lärmende Menschenmenge versammelte sich vor dem Haus des Dorfältesten, um ihn zu bewegen, den unschuldigen Mönch auf der Stelle freizulassen. Aber der hohe Beamte gab die unbequeme Aufgabe an einen Untergebenen weiter, und dieser erklärte in den kommenden

Tagen und Wochen stets, daß er nicht für die Freilassung eines einmal Verurteilten zuständig sei, weshalb man sich an dritte und vierte Personen wenden müßte, die jedoch ebenfalls anderweitig beschäftigt waren und keine Befugnisgewalt in der Angelegenheit hatten.

Mirathi blieb in dem finsteren Erdloch sitzen, während seine Schüler alle Hebel in Bewegung setzten und schließlich sogar ein Audienzgesuch beim König des Landes einreichten.

Es dauerte sechs Monate, bis sie vom König empfangen wurden und ihm erklären konnten, daß ein Unschuldiger in Ketten schmachtete, weil sich niemand finden ließ, der für seine Entlassung aus dem Kerker zuständig war.

Der König erschrak zutiefst, als er die Geschichte hörte, denn er glaubte an das Gesetz von Ursache und Wirkung, das die Inder ›Karma‹ nennen. Im Geiste sah er den ehrwürdigen alten Mönch schon im Kerker sterben, wofür alle Beteiligten sicherlich hundertfach büßen mußten – sein ganzes Land sah der König schon von Plagen und Naturkatastrophen heimgesucht! Auf der Stelle veranlaßte er, daß Mirathi freigelassen und von Lakaien in einer Sänfte in den Palast getragen wurde.

Der bis zum Skelett abgemagerte Mirathi mußte von zwei Schülern gestützt werden, als er vor den Thronsitz des Königs trat. Fürsorglich ließ der König einen Polstersitz hereintragen, damit der Greis nicht vor ihm knien mußte wie ein gewöhnlicher Bittsteller. »Wie kann das Unrecht, das wir dir wissentlich oder unwissentlich angetan haben, jemals wieder gutgemacht werden?« rief der König. »Wie sollen wir dich um Vergebung bitten? Reicht es aus, wenn ich dieselbe Strafe über alle unmittelbar Beteiligten verhänge?«

»Nein, Königliche Hoheit«, entgegnete Mirathi mit einer erstaunlich festen Stimme. »Ich bitte Euch, niemanden zu bestrafen. Ich habe mein Leid selbst zu verantworten und daher auch willig ertragen. Niemand kann seinem Karma entrinnen. Und wie Ihr wißt, ist alles Leid das unvermeidliche Ergebnis der eigenen Missetaten.«

Erstaunt rief der König: »Was könnte ein ehrwürdiger Mönch wie du verbrochen haben, um so viel Leid zu verdienen?«

Mirathi erklärte dem versammelten Hofstaat, daß er in einem längst vergangenen Leben ein Verbrecher gewesen sei. Unter anderem hatte er einmal eine Kuh gestohlen und sie auf der Flucht vor den wütenden Dorfbewohnern hinter der Hütte eines weisen alten Mannes stehengelassen, während er sich selbst schleunigst in Sicherheit brachte. Der Weise wurde an seiner Statt bestraft und sechs Tage lang ohne Nahrung in ein düsteres Erdloch gesperrt.

»Zahllose Leben sind seither vergangen«, sprach Mirathi, »zahllose Inkarnationen habe ich gebraucht, um diese Schuld abzubezahlen. Erst in diesem Leben ist es mir gelungen, die Position des weisen alten Mannes einzunehmen und am eigenen Leib zu spüren, was es heißt, unschuldig verurteilt zu werden. Mein ungünstiges Karma ist damit endgültig erschöpft, und so werdet Ihr verstehen, daß ich nichts als Dankbarkeit für alle Beteiligten empfinde und mich niemals irgendwelchen Rachegedanken hingeben werde.«

Nach diesen Worten verbeugte Mirathi sich vor seinen Zuhörern und ging in den Wald zurück, aus dem man ihn vor sechs Monaten verschleppt hatte. Er war ein *Arhat* geworden – ein Mensch, der über karmische Zwänge hinausgegangen ist und nichts mehr auf dieser Welt erledigen oder vervollkommnen muß.

Zwei böse Geister

ES WAREN EINMAL ZWEI HEUCHLERISCHE BRAHMANEN, die nach außen hin fromm taten, aber in Wirklichkeit von Gier und Haß bewegt wurden. Der eine hieß Pana, der zweite Nava, und die beiden lebten in dem indischen Königreich von Magadha, nur wenige Jahrhunderte nach Gautam Buddha.

Immer übermütiger wurden die zwei, immer herrschsüchtiger und einflußreicher; schon bald wurde das räuberische Duo von der gesamten Bevölkerung von Magadha gefürchtet. Sie stifteten ihre Handlanger zum Raub, zum Mord, zur Folterung von Menschen und Tieren an und bereicherten sich jeden Tag an den Schätzen ihrer Opfer. Erst als die berittenen Truppen des Königs eingriffen und die beiden Quälgeister ins Gefängnis geworfen hatten, konnte die Bevölkerung aufatmen und langsam wieder aufbauen, was Pana und Nava in wenigen Jahren zerstört hatten.

Bald war die Schreckensherrschaft von Pana und Nava nur noch eine düstere Erinnerung im Gedächtnis der Leute, denn niemand dachte daran, daß Verbrecher wie Pana und Nava ihr Unwesen auch vom Gefängnis aus forttreiben können. Aber in der Einsamkeit ihrer Kerkerzellen hatten die beiden mehr Zeit als je zuvor, die Kräfte des Bösen nach allen Regeln der Kunst zu beschwören und voller Inbrunst darum zu beten, nach ihrem Tode als mächtige Yakschas (Dämonengeister) wiedergeboren zu werden. Die Schätze von ihren Raubzügen ließen sie von ihren Handlangern an die bekanntesten Mönche und Yogis verteilen, mit der Bitte, für die anonymen Spender zu beten und jedes Gebet mit den Worten abzuschließen: »Mögen sich die Wünsche unserer unbekannten Gönner erfüllen.«

Wie viele Gebete, erfüllten sich auch diese. Pana und Nava starben in ihren Kerkerzellen, und danach gingen ihre freigewordenen Seelen sogleich in das Reich der Dämonen ein. Nun, da sie unsichtbar und unhörbar für die Mehrheit ihrer Opfer geworden waren, konnte die Gewaltherrschaft von Pana und Nava erst wirklich beginnen. Frei von den Behinderungen einer materiellen Existenz drangen die beiden Yakschas in jedes Haus ein, flüsterten ihre Befehle in jedes geneigte Ohr und stifteten anfällige Einwohner von Magadha zur Korruption an. Bald hatten Pana und Nava dafür gesorgt, daß eine Seuche nach Magadha getragen wurde und ehrbare Menschen die Gegend fluchtartig verließen.

Dies ging so lange, bis ein Hellseher die Ursache für den zunehmenden Verfall seines Heimatlandes erkannte und den erleuchteten Meister Sanavasika um Hilfe bat.

Sanavasika war der dritte Patriarch des Buddhismus und damals bereits ein älterer Mann, aber er machte sich unverzüglich auf den Weg nach Magadha, setzte sich im Lotussitz in eine Berghöhle, die von den beiden Yakschas gelegentlich heimgesucht wurde, und zitierte die Dämonen herbei.

Diese ließen nicht lange auf sich warten. Schon von weitem fühlten sie sich dermaßen von der Ausstrahlung des Meisters abgestoßen, daß sie nicht anders konnten, als seinem Ruf zu folgen und den Gegenstand ihrer Abneigung zu untersuchen. Je näher sie kamen, desto größer wurde ihr Haß und der Wunsch, sich auf einen Machtkampf mit dem Licht einzulassen, das wie ein Heiligenschein von Sanavasika ausging. Mit einem Gegner wie diesem konnten sie ihre Kräfte tatsächlich nicht alle Tage messen.

Vor dem Eingang der Berghöhle hielten die Dämonen inne, sammelten ihren geballten Haß, konzentrierten ihn auf die Höhle und bewirkten auf diese Weise, daß die Höhlendecke über dem Kopf des Meisters einstürzte.

Sanavasika blieb unversehrt zwischen den Trümmerhaufen sitzen und strahlte den Frieden vollkommener Selbsterkenntnis aus. Unsicher geworden, entfesselten die Yakschas ihre Zerstörungsgewalt ein zweites und ein drittes Mal, aber der Meister zeigte sich weiterhin unbeeindruckt und blieb seelenruhig zwischen den herumfliegenden Steinen und Felsbrocken sitzen.

Die Dämonen setzten ein Stück Holz in Brand, schleuderten dem Meister schließlich ganze Baumstämme entgegen, die sie aus dem umliegenden Dschungel zusammengetragen und in Brand gesetzt hatten, doch anstatt sich zu fürchten und zurückzuziehen, erfüllte Sanavasika den Himmel bis zum Horizont mit einem feurigen Glühen, als stünde alles Land ringsum in lodernden Flammen, und rief: »Das Wesentliche bleibt immer unberührt: von keiner Gewalt vernichtet, keiner Flamme versengt, keiner Form behindert.«

Doch Pana und Nava fühlten den Schmerz der Flammen, die nun an ihren ätherischen Gestalten emporzüngelten um ein Hundertfaches verstärkt, und jede Sekunde kam ihnen wie eine Ewigkeit vor. Kreischend und um Gnade flehend, gestanden sie Sanavasika ihre Verbrechen ein und baten ihn um die Einführung in das Wissen, das ihnen den Weg aus dem Teufelskreis der Gewalt und Gegengewalt weisen würde.

Während die beiden Yakschas den Schmerz fühlten, den sie anderen vor kurzem noch mitleidslos zugefügt hatten, löste sich das Flammenmeer allmählich in das All-Nichts auf, aus dem Sanavasika es mit der Kraft seiner Gedanken hervorgeholt hatte. Dann begann der Meister mit seiner Einführung in die Grundregeln des Dharma, und von diesem Moment an folgten die beiden Yakschas ihrem Lehrer wie zwei reumütige Schatten.

Wie jede Erscheinungsform der Welt, starb auch die dämonische Form von Pana und Nava eines Tages und ging erneut für einen Augenblick in das Reich der vollkommenen Gotteserkenntnis ein. In diesem absolut seligen Seinsbereich konnten die beiden sich noch nicht halten, aber da sie mittlerweile Buße getan hatten und sich aufrichtig zum Licht hingezogen fühlten, wurden sie in einer helleren Welt wiedergeboren.

Der Traum eines Prinzen

IM NORDEN INDIENS EXISTIERTE vor zweitausendfünfhundert Jahren ein Königreich, das von dem noblen Herrscher Udayi und seiner Königin Vajra Devi regiert wurde. Das Paar hatte einen Sohn, den sie Vajriputra tauften und zum Thronfolger ernannten, im Falle, daß König Udayi sterben sollte.

Vajriputra war ein bezaubernd hübscher und gelehriger Junge und das verhätschelte Lieblingskind seiner Eltern. Schon bald stellte sich jedoch heraus, daß der Kleine weit mehr an der Entfaltung geistiger Kräfte interessiert war als an den Regierungsgeschäften, mit denen man ihn beizeiten vertraut machen wollte. Mit neun Jahren stellte der kleine Prinz bereits Fragen, die überall Stirnrunzeln und Sorgen auslösten, denn keiner der Gelehrten am Königshof konnte derartige Fragen mit der gebührenden Autorität beantworten.

Wie das Schicksal spielt, wurde der Arhat Katyayana eines Tages in den Palast gerufen, um einen Vortrag über das Dharma zu halten. Als der junge Vajriputra den Klang von Katyayanas Stimme hörte, beschloß er, daß dieser alte Mann der Meister war, nach dem er sich sein Leben lang schon gesehnt hatte.

Mit der Zustimmung des Königspaares ging der Prinz bei Katyayana in die Lehre. Nach Ablauf der Prüfungszeit wurde der inzwischen Halbwüchsige zum Mönch geweiht und tauschte seine Seidenkleider gegen die safrangelben Roben eines Bikkhus ein. Kurz darauf wanderten beide, der Meister und der kahlgeschorene Prinz, zu Fuß in das benachbarte Königreich – und dies aus gutem Grund. Nicht umsonst heißt es, daß man die erste Hälfte des spirituellen Weges zurückgelegt hat, wenn man die Familie und das Heimatland hinter sich läßt.

An einem sonnigen Morgen machte Vajriputra seinen täglichen Rundgang als Bettelmönch. Er wanderte durch die Gassen der fremden Landeshauptstadt und begegnete dabei einer jungen Frau, die ihn in einen blumengeschmückten Innenhof hereinwinkte. Zögernd folgte Vajriputra ihrem Aufruf. Nach wenigen Schritten fand er sich in einem versteckten Innenhof des Palastes von König Prakanda wieder, was er als Neuling in der Gegend jedoch nicht ahnen konnte. Auf marmornen Terrassenstufen, umgeben von Blumen, Bäumen und zwitschernden Vögeln, saßen Prakandas Gepielinnen mit ihren Hofdamen bei einem Frühstück in der Morgensonne. Beim Anblick des edlen jungen Bikkhus brachen sie in perlendes Gelächter aus und riefen ihm zu, daß sie noch ein Plätzchen in ihrer Mitte für ihn freigelassen hätten.

Nach langer Zeit wurde der hungrige Bettler wieder einmal königlich bewirtet, umschmeichelt und mit Anekdoten vom Palastleben unterhalten, und dies gefiel ihm so ausnehmend gut, daß er länger verweilte, als nötig gewesen wäre. Als Gegenleistung für die Aufmerksamkeit der Damen gab Vajriputra ein paar lehrreiche Verse über den Sinn und Zweck der Abkehr von allen Illusionen zum besten und bemühte sich, selbst die spöttischsten Fragen mit Würde zu beantworten.

Mittlerweile hatten Kammerdiener den König von dem Treiben im Damenflügel seines Palastes unterrichtet. Zornschnaubend war König Prakanda herbeigeeilt, um sich selbst von der Flatterhaftigkeit seiner Konkubinen zu überzeugen. Er baute sich unter einem Torbogen auf und beobachtete alles mit Argusaugen, doch keine der Damen bemerkte seine Anwesenheit, denn jede einzelne hatte sich dem wohlgestalteten jungen Mönch zugewandt und hing an seinen Lippen. Schweratmend wandte Prakanda sich an den alten Minister, welcher stets an seiner Seite stand, und sagte: »Jedem Emporkömmling erweisen sie ihre Gunst – als könnte ich ihnen nicht tausendmal mehr an Weisheit und Lebenserfahrung bieten! Aber das läßt sich recht schnell ändern.«

Laut, daß alle es hören mußten, verkündete der König: »Ein Mönch, der sich mit Weibervolk abgibt, ist verlogen und unrein! Gebt dem Bürschlein zwanzig Peitschenhiebe, damit ihm die Hirngespinste ausgetrieben werden.«

Die Befehle des Herrschers wurden unverzüglich ausgeführt. Wenig später fand Vajriputra sich vor Schmerzen krümmend in der Gosse vor den Toren des Königspalastes wieder. Von einer maßlosen Wut erfüllt, schwor er, sich zu rächen. Noch heute würde er in sein Heimatland zurückkehren, ein Heer von Soldaten mobilisieren und zurückkehren, um Prakandas Palast in Grund und Boden zu stampfen.

Dann humpelte er zu seinem Lehrer und erzählte ihm die Geschichte seiner schmachvollen Entwürdigung. »Ich kann nicht länger wie ein Mönch leben«, erklärte er wildentschlossen. »Ich bitte dich, Meister, nimm mein gelbes Ordensgewand zurück und entbinde mich von meinen Gelübden.«

Katyayana nickte gutmütig, riet dem Schüler jedoch, sich gerade an diesem Punkt in seinem Leben in Geduld zu üben, anstatt ein Unrecht eilfertig mit einem zweiten zu vergelten. »Erinnere dich an die Lehren unseres gemeinsamen Meisters Gautam Buddha«, sprach der Arhat und zitierte:

> »Freude und Schmerz
> Verlust und Erfolg
> Schande und Ruhm:
> Nimm alles mit der gleichen Gelassenheit hin,
> ohne Gier und ohne Widerstand.
> Dies ist der Ausweg
> aus dem Reich der Illusionen.«

Der heißblütige Prinz wollte nichts davon hören. »Nein, mein Entschluß ist gefaßt«, brummte er trotzig. »Ich habe zuviel von mir verlangt, als ich das Gelübde abgelegt habe, von nun an in jeder Lebenslage gewaltlos und mitfühlend zu handeln. Hiermit breche ich den Schwur, denn Verbrechern muß man heimzahlen, was sie anderen in ihrer Selbstherrlichkeit angetan haben.«

Katyayana nickte ergeben, wies den zornigen jungen Mann aber darauf hin, daß es mittlerweile Abend geworden war. »Wie du weißt, ist der Weg durch den Dschungel in der nächtlichen Dunkelheit ungleich viel gefährlicher als tagsüber«, fügte er hinzu. »Warte bis zum Sonnenaufgang, bevor du mit meinem Segen in dein Land zurückkehrst und tust, was du nicht lassen kannst.«

Vajriputra mußte zugeben, daß Katyayanas Rat vernünftig war, und so legte er sich zur Nachtruhe auf den Boden, noch immer angetan mit seinen blutbefleckten gelben Mönchsroben.

Während der Erschöpfte schlief und sich im Traum hin- und herwälzte, übertrug der mitfühlende Arhat seine Gedanken auf den Geist des Schülers und schickte ihm einen lehrreichen Traum. Im Schlaf sah Vajriputra sich nach Hause zurückgehen und nach dem Tode seines Vaters zum König gekrönt werden. Er mobilisierte seine

Truppen und ritt aus, um seinen Erzfeind zu töten und Prakandas Palast dem Erdboden gleichzumachen.

Doch plötzlich nahmen die Ereignisse eine unvermutete Wende: Die feindlichen Truppen gingen siegreich aus dem Kampf hervor; er selbst wurde gefangengenommen, gefoltert und vor aller Öffentlichkeit auf einen hohen Turm in Prakandas Palast getrieben, wo ein Scharfrichter soeben mit beiden Händen ein Schwert hob, um ihm den Kopf abzuschlagen. Eine johlende Menschenmenge unten auf dem Schloßhof wartete bereits darauf, die blutige Trophäe aufzufangen und durch den Dreck zu schleifen. Im letzten Augenblick sah Vajriputra seinen runzligen alten Lehrer ganz hinten in der Menge stehen und voller Liebe zu ihm aufblicken. Aus tiefster Seele entfuhr Vajriputra ein Hilfeschrei: »O Katyayana, vergib mir! Rette mich!«

Schreiend erwachte der Träumende. Er sah seinen Meister im dunklen Zimmer neben sich knien und hörte die geliebte Stimme, die ihm eindringlich zuraunte: »Fürchte kein Bild, das dir je im Leben erscheint, mein Sohn. Es ist alles nur ein Traum. Du bist vollkommen unversehrt ... hier ... bei mir.«

Da begriff Vajriputra, daß alles, was ihm am Tag zuvor widerfahren war, die gleiche traumhaft unwirkliche Qualität hatte wie der eben durchlittene Schreckenstraum. Sein Haß und alle Rachegedanken verflüchtigten sich mit dieser Einsicht, nicht anders als Wolken beim Hervorbrechen des ewig strahlenden Sonnenlichts. Dreimal verneigte er sich vor Katyayana, aber er wußte, daß er seinem Meister nie genug für die Vision danken konnte, die ihn gerade noch davor bewahrt hatte, seinem Leben eine katastrophale Wendung zu geben und unzählige andere Menschen gleichfalls ins Unglück zu stürzen.

Katyayana vertiefte die Erkenntnis seines Schülers durch gezielte Lehren von der Substanzlosigkeit aller Dinge, bis Vajriputra ebenfalls erleuchtet wurde und in jeder Faser seines Seins verwirklicht hatte, was er in dieser schicksalhaften Nacht begriff.

Später wurde Vajriputra einer von den sechzehn Arhats, denen wir es zu verdanken haben, daß Gautam Buddhas Erleuchtung auch heute noch lebendig ist. Die Tibeter sagen, daß ein Mensch, der von Rachegefühlen, Eifersucht und Haß geplagt wird und sich nicht ohne Hilfe bis zum Stadium der Vergebung durchringen kann, zum Arhat Vajriputra beten soll, denn der einst so stolze, selbstherrliche Prinz weiß, wie man sich von solchen Gemütsregungen distanziert.

Milarepa, der Langschläfer

HIN UND WIEDER VERLIESS MILAREPA, der erleuchtete Sänger und Dichter, die Einsamkeit der Berge, um durch die Dörfer von Tibet zu streifen. Einmal verbrachte er die Nacht in einem Kloster, aber da er wie ein verwilderter Asket aussah und offensichtlich keiner anerkannten Tradition angehörte, wiesen die Lamas ihm eine windige Ecke vor der Türschwelle einer Mönchszelle zu und kümmerten sich nicht weiter um das Wohlergehen des unbedeutenden Gastes.

Im Inneren der Zelle legte ein Mönch sich zur Nachtruhe nieder, während Milarepa draußen vor der Tür hockte und seinerseits die Augen schloß. Der Mönch konnte in jener Nacht nicht schlafen, denn er war der Finanzverwalter des Klosters und fühlte sich für die Profite der Ordensgemeinschaft verantwortlich. Die ganze

Nacht dachte er darüber nach, wieviel Gewinn er aus einer Kuh herausschlagen könnte, die am kommenden Morgen geschlachtet werden sollte. Im Geist machte er eine Inventur, führte sich jedes brauchbare Einzelteil der Kuh vor Augen und kalkulierte den eventuellen Erlös, von dem dann wiederum die Unkosten abgezogen werden mußten.

Beim Morgengrauen hatte der Mönch jede Eventualität kalkuliert, ohne jedoch genau zu wissen, wieviel er am kommenden Tag für den Schwanz der Kuh verlangen konnte. Ermattet und unwirsch sprang er von seiner Pritsche auf, murmelte die obligaten Gebete, zündete die Butterlampen und den Weihrauch auf seinem Hausaltar an und trat vor die Tür, wo er aus Versehen über Milarepa stolperte.

Kopfschüttelnd betrachtete der Mönch die zerlumpte Gestalt des Yogis, der lang ausgestreckt und offenbar selig schlummernd auf seiner Schwelle lag. »Die Sonne steigt mit jedem Augenblick höher, und du Langschläfer liegst hier immer noch untätig herum, ohne zu meditieren oder für das Wohlergehen des Volkes zu beten, das dich so selbstlos ernährt und für dein leibliches Überleben sorgt«, brummte er indigniert. »Und so was will sich ein Yogi nennen ... ein spiritueller Lehrer?! Hast du denn keinerlei Sinn für Geben und Nehmen?«

»Normalerweise schlafe ich nicht auf diese Art«, entgegnete Milarepa. »Aber letzte Nacht habe ich weder Ruh' noch Rast finden können, weil ich die ganze Zeit damit beschäftigt war, den Profit für eine ahnungslose Kuh auszurechnen, die heute früh für mich sterben soll.«

Der Mönch verstummte betroffen. Die Schamröte stieg ihm ins Gesicht, aber er verneigte sich vor Milarepa und dankte ihm, denn er erkannte ihn als einen Botschafter des Erhabenen Buddhas, der gekommen war, um ihm eine wichtige Lektion zu erteilen.

Ein See voller Goldstücke

TASCHI WAR EIN JUNGE, DER GESCHICHTEN LIEBTE. Als er hörte, daß ein See ganz in der Nähe seiner armseligen Berghütte voll von Gold und anderen wundersamen Dingen sein sollte, beschloß er, sich auf die Suche zu machen und den Tatsachen auf den Grund zu gehen.

Der See lag hoch oben in den Bergen zwischen Gletschern und eisverkrustetem Gestein und war nicht leicht zu erreichen. Außerdem hieß es, daß das Gold am Grunde des Sees von einer mächtigen Schutzgöttin bewacht wurde, die zwar nicht menschenfeindlich gesinnt war, aber andererseits auch nicht wegen ihrer Großzügigkeit angebetet wurde. Neugierig und unerschrocken, wie er war, machte Taschi sich eines Morgens auf den Weg zu diesem sagenumwobenen See, wohlweislich ausgerüstet mit einem Sack, in dem er seine Beute davonschleppen konnte.

Außer Atem vom langen gefahrvollen Klettern, erreichte Taschi den See und stellte zu seiner Freude fest, daß das Wasser nicht königsblau war wie die meisten Seen in Tibet, sondern einen goldglänzenden Schimmer hatte – jedenfalls an diesem Tag.

Voller Hoffnung eilte Taschi die letzten Schritte dem Seeufer entgegen, während sich eine große dunkle Wolke über dem Wasser zusammenballte und sich in die Gestalt einer furchterregenden weiblichen Gottheit verwandelte, die nun dräuend über Taschis erhobenem Antlitz schwebte.

Taschi hatte nichts Besseres erwartet. Er schluckte, faßte sich und rief mit seiner lauten, klaren Stimme: »Geisterfrau, wieviel darf ich mir von deinen Schätzen nehmen?«

Die Schutzgöttin schwankte, waberte und schimmerte in allen Regenbogenfarben über dem See. Dann antwortete sie mit einem rätselhaften Vers: »Die Würdigen erhalten, auch ohne zu fragen. Die Unwürdigen fragen, ohne zu erhalten.«

»Das verstehe ich nicht«, gab Taschi ungerührt zurück. »Ich wollte mir nur holen, was ich wirklich unbedingt brauche.«

»Nur zu«, rief die gespenstische Frau. »Nimm hin – und sieh!« Damit löste sie sich im glasklaren Himmel auf und war verschwunden.

Taschi fischte mit beiden Händen in dem eisigen Wasser am Seeufer herum und fand in kurzer Zeit drei Goldklumpen. »Juhu!« brüllte er und führte einen kleinen Freudentanz auf. Er steckte die Goldstücke in seinen Lederbeutel, doch dann besann er sich eines besseren. »Die Fischerei in diesem See ist dermaßen lohnenswert«, dachte der schlaue kleine Junge bei sich, »daß ich mir gar nicht erst die Mühe machen muß, diesen mickrigen Beutel nach Hause zu schleppen. Ich werde meinen Vater holen. Der kann einen viel größeren Sack den Berg heruntertragen – oder sogar zwei Säcke auf einmal!« Er verbarg seinen Beutel mit dem Gold unter einem Stein am Uferrand und machte sich auf den Rückweg nach Haus.

Es kostete ihn mehr Kraft, seinen Vater von der Wahrheit seiner Geschichte zu überzeugen, als mit dem schreckenerregenden Schutzgeist fertigzuwerden. Aber Taschi lag seinem Vater so lange in den Ohren, bis beide sich aufmachten, um dem See auf der Bergspitze einen zweiten Besuch abzustatten.

Am Seeufer angekommen, erschien die Schutzgöttin wie zuvor und schwebte dräuend über den Häuptern von Vater und Sohn. »Was willst du nun wieder von mir?« verlangte die Gespenstische von Taschi zu wissen. »Waren drei Goldstücke nicht genug für dich?«

»Äh ... mein Vater wollte sich selbst von der Wahrheit

meiner Erzählung überzeugen«, antwortete der schlagfertige Taschi. Verstohlen um sich blickend stellte er fest, daß sein Lederbeutel mitsamt dem Stein, unter den er ihn gelegt hatte, spurlos verschwunden war. »Kann mein Vater denn nicht auch ein bißchen von deinem Gold abhaben?« fragte er vorsichtig. »Meinen Beutel und mein Gold habe ich dir ja letztes Mal hiergelassen – wahrscheinlich hat der See meinen Anteil wieder verschluckt. Können wir uns nicht darauf einigen, daß jeder von uns ein paar Goldstücke bekommt und wir dich dafür nie wieder um irgend etwas bitten?«

Mit einer majestätischen Gebärde hob die Schutzgöttin ihren Arm und zog sich mit einem bedeutungsvollen Kopfnicken zurück. Vater und Sohn faßten dies als Zustimmung auf und begannen, den Seeboden mit ausgestreckten Händen abzutasten.

Keine Minute verging, da hatte jeder schon drei glänzende Goldstücke in der Faust. Mit funkelnden Augen blickten sie sich an. Der eine sprach aus, was der andere dachte: »Wir brauchen mindestens ein Yak und den Rest der Familie, wenn wir auch nur halbwegs vernünftige Mengen den Berg herabtransportieren wollen. Was wir hier machen, ist Kleckerkram. Wir müssen in völlig anderen Dimensionen denken!«

Kurzerhand warfen die beiden Schatzsucher ihre Säcke ins Wasser und machten sich auf den mühevollen Rückweg in ihr winziges Dorf. Die gesamte Familie wurde im Hauptzimmer versammelt und von dem Plan der beiden Helden unterrichtet. Mittlerweile war es Abend geworden – zu spät, um den Berg nochmals mit Sack und Pack zu besteigen. Nun wurde es Zeit, einen festlichen Umtrunk zu veranstalten und sich gegenseitig zu dem unerwarteten Goldsegen zu beglückwünschen. Was sich an Bier und sonstigen Säften in den Vorratskammern befand, wurde restlos ausgetrunken, während die Familie Zukunftspläne schmiedete und der Vater seinen hölzernen Pflug im Feuer verbrannte, denn er hatte sich geschworen, nie wieder als Bauer zu arbeiten.

Am nächsten Morgen klagten die meisten über entsetzliche Kopfschmerzen, und so dauerte es eine Weile, bis der Trupp fähig und willens war, die Bergspitze zu erklimmen. Selbst das Yak, das man im Dorf aufgetrieben hatte, wollte sich nicht freiwillig über die Klippen führen lassen. Das störrische Tier entwich über einen Bergkamm und ward nicht mehr gesehen. Sogleich brach ein Streit zwischen den einzelnen Parteien des Clans aus, und danach dauerte es nicht mehr lange, bis sich die Geister vollends voneinander schieden und eine Partei diesen Weg zum Bergsee wählen wollte, während eine andere es vorzog, einen weniger gefahrvollen Weg zu nehmen.

Was dann geschah, läßt sich nicht mit absoluter Sicherheit sagen, weil jedes Mitglied von Taschis Familie eine andere Version der Geschichte erzählte. Auf jeden Fall fand keiner den sagenhaften Bergsee wieder – und wenn er gefunden wurde, dann war es nicht mehr derselbe See… nicht der kristallklare mit den Goldklumpen und der wundersamen Schutzgottheit, die ihr rätselhaftes Versteckspiel mit den Menschen treibt.

Die Kunst der Visualisation

EINE GEWALTIGE MENSCHENMENGE HATTE SICH in einem Tempel versammelt, um die weiterführenden Instruktionen eines Lamas zu empfangen. In Tibet werden solche Instruktionen ›Einweihungen‹ oder auch ›Ermächtigungen‹ genannt, und es ist Sitte, dem Lehrer nach der Zeremonie einen weißen Seidenschal zu Füßen zu legen, als ein Symbol der inneren Empfänglichkeit. Oft bringen die Gläubigen den Lamas auch Nahrungsmittel oder Kunstgegenstände von spiritueller Bedeutung mit, denn es heißt, daß man genauso viel empfängt, wie man zu geben bereit ist.

Inmitten der Menge saß eine alte Frau, die ein Kilo frischer Yak-Butter in einer Tasche unter ihrem Umhang verborgen hielt, denn sie hatte sich vorgenommen, diesen Schatz am Ende der Zeremonie zu opfern und den Segen des verehrten Lamas dafür zu empfangen.

Normalerweise endet eine Ermächtigung damit, daß der Vorsitzende die Köpfe aller Anwesenden mit einem Goldgefäß voller Nektar berührt – ein Akt, der die Übertragung der Erkenntnis des Meisters auf die Schüler symbolisiert. An diesem Tag war die Versammlung jedoch zu groß, um das Ritual in gewohnter Weise zu vollziehen. Deshalb rief der Lama die Gemeinde auf, sich einfach im Geiste vorzustellen, daß er jedem einzelnen das Goldgefäß auf den Kopf setzte und die Einweihung damit vollzog. Diese Technik wird ›Visualisation‹ genannt und von vielen tibetischen Buddhisten beim Meditieren benutzt. Fortgeschrittene Praktikanten können die visuell imaginierten Dinge genauso realistisch wahrnehmen wie wir die handgreifliche Welt ringsumher, und manche Meister sind imstande, ihren visuellen Vorstellungen sogar körperlich sichtbare Realität zu verleihen.

Alle Anwesenden im Tempel visualisierten nach bestem Vermögen, daß der Lama ihre Köpfe mit dem Goldgefäß berührte und sein erwachter Geist in ihren eigenen Schädel strömte. So auch die alte Frau, die dank ihrer langjährigen Übung fähig war, die tieferen Weihen jenseits aller Konzepte und Worte zu empfangen.

Nach Beendigung der Zeremonie defilierten Gläubige mit allerlei Opfergaben an dem Lama vorbei. Als die

112

Reihe an die alte Frau gekommen war, hielt sie dem Lama ihr Kilo Yak-Butter entgegen und sagte mit einer tiefen Stimme, die der des Lamas überraschend ähnlich klang: »Und nun, hochverehrter Lama, visualisiere im Geist, daß du das Kilo Butter entgegennimmst, das du hier in meinen Händen siehst.«

Der Lama lächelte, und die Frau steckte ihre gute Butter zufrieden schmunzelnd wieder in die Tasche und machte sich in jeder Hinsicht bereichert auf den Nachhauseweg.

Ein wiedergeborener Lama

Ein Jahrhundert, nachdem der Erste Dodrup Chen das Kloster von Golok gegründet hatte, das seinen Namen trug, wurde ein vierjähriger Junge entdeckt, der allem Anschein nach die Wiedergeburt des verstorbenen Dodrup Chen war. Die vorsitzenden Lamas brachten den Knaben in das Kloster zurück und setzten ihn auf den hohen Thronsitz, der allein dem höchsten Meister vorbehalten bleibt, während sie eine wichtige Festtagszeremonie vollzogen.

Der kleine Junge blickte zunächst nur mit großen Augen um sich, denn sämtliche Ordensbrüder hatten ihren Festtagsornat angelegt und sich ehrerbietig vor seinem Thron versammelt. Zum Entzücken aller stellte der Kleine sich jedoch plötzlich auf seinen Thronsitz, so daß er den Erwachsenen direkt in die Augen blicken konnte, und krähte die Hymne auf Guru Rinpoche mit seiner niedlichen Kinderstimme. Dazu vollführte er die Gesten der tantrischen Gottheiten in einem spontanen Tanz. Aber als er merkte, mit welcher Faszination er von den greisen Lamas und Äbten in den vordersten Reihen betrachtet wurde, schlug er die Augen nieder und setzte sich verlegen lächelnd wieder auf sein Kissen.

Die Ordensbrüder strahlten und nickten befriedigt, denn niemand hatte dem Kleinen vorher die sieben Zeilen der geheimen Beschwörungsformel für Guru Rinpoche beigebracht, und so bestand kein Zweifel mehr daran, daß er ein echter *Tulku* war – die Wiedergeburt eines erleuchteten Lamas. Der Reihe nach verneigten sie sich vor ihm, jeder dreimal bis zum Boden, und legten ihm Bündel von Weihrauch, weiße Seidenschals und andere Gaben zu Füßen.

Danach wurde der Junge durch das Kloster geführt. Um zu sehen, an wie viele Einzelheiten er sich spontan erinnern würde, erklärte man ihm lediglich, daß der erste Dodrup Chen das Kloster vor hundert Jahren gegründet hatte und seither zwei weitere erleuchtete Meister gekommen und gegangen waren. Ob der vierjährige Tulku die Wiedergeburt des ersten Dodrup Chen war oder nicht, ließen die Lamas dahingestellt sein.

Mittlerweile waren sie an einem Gebäude im innersten Sanktum des Klosters angekommen, einem streng gehüteten Tempel, der von Kräften beseelt war, die das Geheimwissen vor dem Zugriff falscher Hände schützen sollen. Im Inneren des Tempels saß zu jeder Tages- und Nachtzeit ein Mönch, der aus den ältesten Weisheitsschriften rezitierte und dazu eine kleine Trommel schlug. Der Vierjährige wanderte schnurstracks in diesen Tempel hinein und setzte sich mit einem strahlenden Lächeln neben den Alten. Während das Gefolge sich vor den Pforten des Tempels drängte und jede seiner Handlungen beobachtete, ergriff der Kleine, der weder lesen noch schreiben konnte, die losen Blätter eines vergilbten Gebetsbuches und wandte eine Seite nach der anderen um, als suche er nach einer bestimmten Stelle.

Erwartungsvoll verstummte der Gesang und das Trommeln des alten Tempelhüters, denn nun schürzte der Winzling die Lippen und rezitierte eine Beschwörung der Schutzmächte, welche der erste Dodrup Chen vor hundert Jahren verfaßt hatte. Nur eine einzige Zeile der komplexen Gebetsformel ließ der Knabe aus.

Alle Anwesenden gaben sich mit diesem Beweis zufrieden: Das Kloster hatte seinen geliebten Gründer wiedergefunden! Aber der Älteste unter den gelehrten Lamas war mehr als zufrieden. Er erinnerte sich nämlich noch an einen Kommentar in den Geheimschriften, in dem es hieß, daß Dodrup Chen eine Zeile der Gebetsformel in späteren Jahren für überflüssig erklärte – und genau diese Zeile hatte der Vierjährige ausgelassen.

Es wunderte niemanden, daß Dodrup Chen, der Vierte Rinpoche des Klosters von Golok, schon in seiner Kindheit im ganzen Land berühmt wurde, denn er konnte Gedanken lesen, die Zukunft voraussagen und allerlei Wunder tun, und die Lamas seines Klosters ließen ihn vorerst auch gewähren. Mit zunehmendem Alter demonstrierte der Erleuchtete solche Kräfte jedoch nur ungern und daher immer seltener.

Drukpa Kunley segnet
ein Gemälde

IN TIBET IST ES ÜBLICH, neu angefertigte Kunstgegenstände von einem hohen Lama mit Reiskörnern besprenkeln zu lassen, um sie zu segnen und den Göttern zu weihen. Eines Tages machte eine alte Frau sich mit einer frisch gemalten *Thangka* auf den Weg in das nächstgelegene Kloster, um den Abt zu bitten, das herrliche Seidengemälde vorschriftsmäßig zu segnen. Es stellte die Schutzgottheit Sri Heruka dar und konnte wie eine Schriftrolle entfaltet werden.

Das Kloster lag auf einem Hügel, den die Frau zielstrebig erklomm, während sie darüber nachdachte, daß der Abt ein höchst vertrauenswürdiger Mensch war, was man jedoch leider nicht von seinem Bruder, dem unberechenbaren Drukpa Kunley, behaupten konnte, der sich ebenfalls oft in der Gegend herumtrieb. Kaum hatte sie dies gedacht, da tauchte Drukpa Kunley, der legendäre wilde Meister, wie ein Spuk hinter einem Felsen auf und stellte sich der Frau in den Weg.

In einem unerwartet höflichen Ton erkundigte er sich, warum die Frau das Kloster besuchen wollte. »Da oben hockt mein Bruder wie ein Fürst mit seinen Kammerdienern«, meinte er. »Aber ansonsten passiert kaum etwas Nennenswertes.«

Wie jeder Mensch in Tibet, wußte die alte Frau sehr gut, was Drukpa Kunley von religiösen Organisationen hielt. Sie zögerte, aber etwas in Drukpa Kunleys Ausstrahlung zwang sie dazu, ihm den Zweck ihres Besuchs zu erklären. Sie rollte ihre Thangka auf und zeigte das Gemälde von Sri Heruka vor.

»Und dieses Abbild willst du segnen lassen?« rief Drukpa Kunley, als sei er begriffsstutzig.

»Selbstverständlich«, entgegnete die Frau spitz, und sie hätte auch noch weitere Ausführungen von sich gegeben, wenn der Yogi sein Gewand nicht plötzlich gelüpft hätte, um das Gemälde mit einem gezielten Strahl seines Urins zu besprenkeln. »Hiermit segnet einer wie ich alle Bildnisse von irgendwelchen Dingen«, verkündete er und stapfte davon.

Entsetzt rollte die Frau ihre kostbare Thangka wieder zusammen und floh den Hügel hinan. Völlig außer Atem eilte sie dem Abt entgegen und erzählte ihm von der unerhörten Freveltat seines Bruders.

Der Abt lachte laut auf. Er konnte sich nicht helfen, denn er kannte sein anderes Ich, verkörpert von dem unkonventionellen Bruder, gut genug, um zu wissen, was ihn veranlaßt hatte, genauso und nicht anders zu handeln.

»Rolle deine Thangka auf«, sprach der ehrenwerte Abt in einem besänftigenden Ton. Die Frau gehorchte mit einem kläglichen Schniefen. Und siehe da: Das Innere der Seidenrolle war über und über mit schimmerndem Goldstaub bedeckt.

»Sri Heruka selbst hat dein Gemälde gesegnet«, meinte Drukpa Kunleys Bruder. »Einen wie mich brauchst du nicht mehr.«

Nachdenklich sinnend stieg die Frau wieder ins Tal hinab und hängte ihr goldgetränktes Gemälde über dem Hausaltar auf, wo es vom ganzen Dorf wie eine Reliquie verehrt werden konnte.

Der böse Blick

EIN MANN HATTE SICH IN DIE EINSAMKEIT der Berge im Osten von Tibet zurückgezogen, um sich in der tantrischen Praxis des ›Abschneidens‹ zu üben. *Chöd* nennen die Tibeter diese Praxis, was buchstäblich ›schneiden‹ bedeutet, denn hierbei geht es darum, sich von allen gedanklichen Projektionen abzuschneiden, die das ungetrübt klare Sein und Bewußtsein überlagern.

Der Mann hatte seine Hütte verlassen, um auf einem Felsvorsprung zu meditieren, als seine Schwester mit einem Topf Yoghurt und einem Reisgericht vorbeikam. Die Schwester wartete bis zum Abend auf seine Rückkehr, dann verlor sie die Geduld, setzte den Topf mit dem Yoghurt auf einen Holzschemel vor den Altar ihres Bruders, und begab sich ins Dorf, bevor es Nacht werden konnte.

Als der Eremit in seine Hütte zurückkehrte, war es so dunkel geworden, daß er kaum etwas im Inneren seiner Stube erkennen konnte. Nur weiter hinten auf dem Altar glühte eine winzige Butterlampe und warf einen schwachen Schein auf einen rundlichen Gegenstand, den der Mann noch nie im Leben gesehen hatte.

»Das ist das Riesenauge eines Dämonengeistes«, durchfuhr es ihn. Doch im selben Moment faßte er sich wieder und rief: »Halt! Sämtliche Erscheinungsformen sind von Grund auf leer und unwirklich.« Vorsichtshalber riß er sich seinen Umhang von den Schultern und schlug damit auf das Auge mit dem bösen Blick ein, während er sich immer wieder vorsagte, daß ein guter Chöd-Praktikant nichts in dieser oder irgendeiner anderen Welt zu fürchten hat.

Der Schemel stürzte zur Seite, der Yoghurttopf splitterte mit einem Krachen und verspritzte seinen Inhalt in alle Richtungen. Die weißen Flecken schienen im flackernden Lampenlicht wie hundert dämonische Augäpfel zu glänzen. Wie wild schlug der Mann um sich, aber nun hingen die Augäpfel schon in seinem Umhang und verteilten sich bald überall im Raum. »Jetzt hilft mir nur noch eins«, durchfuhr es den Yogi: »Abschneiden!« Im Handumdrehen schnitt er sich von seinen mentalen Projektionen ab und fühlte plötzlich überdeutlich, daß Yoghurt an seinen Händen klebte. Der Blick seiner eigenen Augen änderte sich – und der Eremit begann wiehernd zu lachen, denn die Wahrheit ist ungeheuer befreiend.

Ein mysteriöses Pferderennen

VOR HUNDERTDREISSIG JAHREN fand ein höchst merkwürdiges Ereignis in der Region von Kham statt, von dem die Leute heute noch erzählen. Selbst in Tibet kommt es nicht alle Tage vor, daß drei erleuchtete Meister sich an einem Ort treffen und dem Volk vorher Bescheid sagen, damit alt und jung sich rechtzeitig einfinden und an dem Vergnügen teilhaben kann. Aber damals lebten drei Freunde in Kham, die keiner traditionellen Schule angehörten und doch wie die höchsten Lamas des Landes verehrt wurden. Der erste wurde schlicht Großer Khyentse genannt; der zweite hieß Jamgon Kongtrul, und der dritte Meister war Chögyur Lingpa. Jeder einzelne war ein Hüter des ältesten Wissens, darin glichen sich die drei, doch jeder hatte eine unverkennbar eigene Art, die

Leute zu erwecken, zu heilen und immer tiefer einzuweihen.

Als sich eines Tages herumsprach, daß die drei illustren Freunde ein Pferderennen am Flußufer von Derge veranstalten wollten, wunderten sich die Leute zwar sehr über den Sinn und Zweck einer solchen Veranstaltung, aber sie eilten von fern und nah herbei, um zuzuschauen und dabei zu sein, falls etwas Außerordentliches geschehen sollte.

Das Rennen fand tatsächlich statt. Die drei Erleuchteten jagten auf den Rücken ihrer Mustangs am Ufer entlang; die Menge jubelte, ohne sich recht entscheiden zu können, wem man den Sieg am allermeisten wünschte und ob es überhaupt um Sieg oder Niederlage bei diesem Rennen ging – bis sich herausstellte, daß Jamgon Kongtruls Pferd als letztes ins Ziel gegangen war.

Zum Erstaunen sämtlicher Zuschauer brach der Verlierer in Tränen aus und weinte in aller Öffentlichkeit, was nahezu unvorstellbar war, denn ein Erleuchteter hängt sein Herz nicht an Ergebnisse und schon gar nicht an das Ergebnis eines Pferderennens! Aber Jamgon Kongtrul war der Älteste von den dreien und wurde wegen seines außergewöhnlichen Zartgefühls ›Der Sanfte Rinpoche‹ genannt, und so begannen die Leute, sich einen Reim auf sein sonderbares Verhalten zu machen. Die drei Reitersmänner verließen den Schauplatz, ohne ein Wort der Erklärung abzugeben, und ließen sich nicht mehr blicken.

Alle Welt erging sich in Spekulationen über die Bedeutung von Kongtrul Rinpoches Tränen, bis der Meister endlich, nach drei Tagen der Isolation, aus seinem Versteck herauskam und seine eigene Erklärung abgab.

»Ich habe geweint, weil ich wußte, daß das Pferderennen eine symbolische Handlung war. In einer Vision wurde mir gezeigt, daß der Verlierer als letzter stirbt und auch als letzter in das Buddhafeld von Guru Padma Sambhava eingeht.« Auch jetzt wurden die Augen des

Sanften Rinpoches feucht: »Ich werde den selbstlosen Khyentse und den unvergleichlichen Chögyur Lingpa überleben, und das ist ein trauriges Los.«

Es geschah, wie Jamgon Kongtrul vorausgesagt hatte. Der Rinpoche starb erst im hohen Alter, lange nach seinen jüngeren Kollegen, und mußte bis zum Jahre 1899 warten, bevor er seine Freunde in dem glückseligen Buddhafeld von Padma Sambhava wiederfand.

Wer sich an Tara hält ...

IN BODH GAYA, DER URALTEN HEILIGEN STADT, lebte einst ein Mönch, dem die Lehren des Mahayana-Buddhismus grundsätzlich suspekt vorkamen. Jedem, der ihm zuhören wollte, erklärte er lang und breit, daß das ›Große Vehikel‹, wie der Mahayana-Buddhismus genannt wird, viel zu viele erleuchtete Meister und Gottheiten und Schutzgeister beinhaltet, um glaubwürdig zu sein. Er selbst folgte den orthodoxeren Lehren des ›Kleinen Vehikels‹ – ein anderes Wort für den Hinayana-Buddhismus –, und so riet er seinen Mitmenschen ebenfalls, sich schleunigst von der verwirrenden Fülle des unüberschaubaren ›Großen Vehikels‹ abzukehren.

Wie zu erwarten war, wurde seine Überzeugung eines Tages auf die Probe gestellt. Bei einem morgendlichen Bad wurde der Mönch von den tosenden Fluten des Niranjana-Flusses mitgerissen und fortgeschwemmt. Er kämpfte um sein nacktes Überleben, als ihm ein geradezu frevlerischer Gedanke in den Kopf kam: Er dachte an die Mahayana-Göttin Tara, die sogenannte Mutter aller Buddhas aller Zeiten. Er schluckte Wasser, drohte zu ertrinken und hörte sich ihren Namen rufen und um ihren Beistand flehen.

Untergehend und jäh wieder auftauchend, schrie er Taras Namen, im Geiste nur, denn er brauchte jede Sekunde über Wasser, um nach Luft zu schnappen. Er war bereits halbtot, als er eine riesenhafte Sandelholzfigur neben sich hertreiben sah. Schon oft hatte er genau diese Statue im Vorhof des Haupttempels von Bodh Gaya gesehen und ihren Sandelholzduft geatmet. Die Schnitzerei stellte Tara in ihrer Funktion als Retterin untergehender Seelen im unaufhörlichen Strom der Illusionen dar, soviel wußte der Mönch, denn er hatte sie früher gern öffentlich lächerlich gemacht und ein Götzenbild genannt.

Doch jetzt klammerte er sich mit letzter Kraft an die rettende Holzfigur und hielt seinen Kopf damit so lange über Wasser, bis er in eine stille Bucht des Flusses getrieben wurde.

Stunden später fand man ihn dort liegen. Der Niranjana-Strom hatte ihm die Mönchsroben vom Leib gerissen. Nackt und zitternd lag der Hinayana-Buddhist im Schlamm des Uferrands und umklammerte die überlebensgroße Tara wie ein Säugling die Mutter.

Selbstverständlich wurde der Mönch fortan zum eifrigsten Vertreter der Mahayana-Lehren, in denen jede Bewußtseinsstufe berücksichtigt wird – auch die des Glaubens an die rettende Kraft von Heiligenfiguren.

Der gute Rat einer
alten Frau

JIGTEN SUMGON WAR EIN BERÜHMTER GELEHRTER des zwölften Jahrhunderts – berühmt, weil der große Denker eines Tages über sein intellektuelles Wissen hinausgegangen war und die Wahrheit hinter allen Worten und Konzepten erkannte. Er verbreitete die Mahamudra-Lehren in Tibet und war der Begründer einer Übertragungslinie, aus der zahllose Erleuchtete hervorgingen.

Jigten Sumgon hielt sich gerade bei seiner Familie im Osten von Tibet auf, als der Mann der Nachbarsfrau starb. Weinend kam die Frau aus ihrem Haus gelaufen, um Jigten Sumgon um Trost und Beistand zu bitten.

Zuerst begegnete die herzzerreißend schluchzende Witwe jedoch der alten Mutter des Meisters. »Setz dich erstmal ruhig hin«, sagte Jigten Sumgons Mutter und drückte die Nachbarin auf einen Schemel in ihrer Küche. Dann fuhr sie fort: »Dein Leid ist verständlich, liebe Schwester, aber nicht notwendig. Alles, was geschaffen wurde, zerfällt irgendwann in seine Bestandteile und kehrt zurück in das, was alles unaufhörlich schafft. Unabwendbar ist der Tod von Dingen, die vergänglich sind – und das ist ein großes Glück, wenn du es recht bedenkst.«

Die Witwe wollte nicht aufhören, ihre Klageschreie auszustoßen und sich die Haare in Büscheln vom Kopf zu reißen. Also nahm Jigten Sumgons Mutter einen zweiten Anlauf: »Hör zu«, sagte sie, »weine eine Zeitlang nach Herzenslust und raufe dir die Haare, aber danach mußt du zur Einsicht gelangen und von deinem Schmerz ablassen. Vergiß nicht, daß auch diese Erfahrung flüchtig ist – substanzlos wie Wolken und Wind – und daß sie vorübergeht wie alles andere in dieser Welt. Ich bin eine alte Frau und habe viel Leid und viele geliebte Menschen kommen und gehen gesehen. Mein Rat ist: Nimm dir nichts, absolut nichts zu Herzen.«

Bei diesen Worten kehrte ein plötzlicher Friede in das aufgewühlte Herz der Witwe ein. Sie vergaß, daß sie eigentlich gekommen war, um Jigten Sumgons Rat zu hören, und ging gefaßt in ihr Haus zurück. Während der traditionellen Trauerphase mußte sie fortwährend an den Rat der alten Frau denken, und so konnte sie den Verlust ihres Ehemannes überwinden, ohne sich in den Extremen des Leids und der Verzweiflung zu ergehen. Dem ganzen Dorf fiel auf, daß sie ruhiger geworden war, einsichtiger auch als zu den Lebzeiten ihres Mannes, und bald liefen die Dorfleute zu der Witwe, wenn sie Schwierigkeiten hatten und Trost brauchten.

Ein halbes Jahr später war Jigten Sumgon nach Zentraltibet zurückgekehrt, um die Mahamudra-Lehren zu verbreiten: die direkte Erkenntnis der innewohnenden Buddha-Natur. Er hatte eine Reihe fortgeschrittener Schüler um sich versammelt und führte einen Dialog mit ihnen, bei dem es um das ›Samsara‹ ging – den Kreislauf von Leben, Tod und Wiedergeburt.

Ein gelehrter älterer Lama fragte den Meister: »Wie kann ich die Vorstellung überwinden, daß ich dem Samsara entrinnen muß, bevor ich in das glückselige Nirvana (die alles-transzendierende Dimension) eingehen kann?«

Spontan sprang Jigten Sumgon von seinem Sitz auf und sang:

> »Ich existiere in sorgloser Einheit,
> denn ich habe die untrennbare Verschmolzenheit
> des Buddhas und Gurus mit
> meinem eigenen Wesen erkannt.
> Glückselig bin ich!
> Es ist nicht nötig, irgend etwas künstlich
> hervorzuheben oder zu verehren.

Es ist, wie das Hevajra Tantra sagt:
›Samsara und Nirvana,
Gut und Schlecht, Diesseits und Jenseits
sind unwirklich, substanzlos – weil ausgedacht.‹
Nur in Relation zum einen ist das andere
    vorhanden,
seht ihr das nicht?
Wer die wahre Natur des Samsara durchschaut,
ist im Nirvana angelangt.«

Am nächsten Tag nahm Jigten Sumgon den Dialog erneut auf und erzählte seinen Schülern von dem Rat, den seine alte Mutter einer untröstlichen Witwe gegeben hatte: »Für mich«, sagte der Meister, »gibt es keine erhabenere Lehre als dieser mütterliche Ratschlag: ›Erkenne die Vergänglichkeit und Substanzlosigkeit aller Dinge, und nimm dir nichts, absolut nichts zu Herzen!‹«

Die Wahrnehmung eines Arhats

DER BETTELMÖNCH KATYAYANA WAR EIN SCHÜLER von Gautam Buddha und lebte im fünften Jahrhundert vor Christi Geburt. Katyayana wurde von Gautam Buddha persönlich eingeweiht und im Lauf seines langen Lebens als ›Befreiter Arhat‹ in Indien berühmt – als ein weiser Mann, der über die endlosen Zyklen von Geburt und Tod hinausgegangen und frei von Illusionen ist. Wie viele Erleuchtete, entwickelte der Arhat Katyayana außergewöhnliche Kräfte, die er jedoch nur zu Lehrzwecken benutzte und ansonsten, so gut es ging, vor uneingeweihten Menschen verbarg. Es heißt, daß Katyayana seinen Gedanken und Wünschen materielle Gestalt verleihen konnte, wenn er gewollt hätte. Aber anstatt nach weltlicher Macht zu streben, zog er es vor, frei und meistens unerkannt von Ort zu Ort zu ziehen und sich von den Abfällen seiner Gesellschaft zu ernähren, wie schon sein Meister vor ihm.

Auf einer seiner Bettelrunden begegnete Katyayana einmal einer Frau, die auf einem niedrigen Schemel vor ihrer Haustür saß und gerade dabei war, einen gekochten Fisch zu verzehren. Die Frau hatte einen Säugling an der Brust und wurde von einem Hund umkreist, dem sie die abgenagten Reste des Fisches zuwarf. Aber der Hund wollte mehr und bestürmte die Frau so lange mit seinen kläffenden Bitten, bis sie ihn mit einem kräftigen Fußtritt zur Seite trat.

Im Angesicht dieser Szene brach der ehrwürdige alte Arhat in amüsiertes Gelächter aus.

»Was findest du so lustig?« fragte die Frau stirnrunzelnd.

Aus unerfindlichen Gründen bedeutete ihr die Meinung dieses alten Bettelmönches plötzlich mehr als jede andere.

Katyayana antwortete mit einem Vers:

> »Da sitzt es und nagt seinem Vater die Gräten ab,
> tritt seine Mutter mit dem Fuß beiseite
> und nährt den Feind an seiner Brust.
> Oh, welch ein plastisches Melodrama –
> welch ein phantastisches Spiel treibt das Eine,
> das die Gestalten aller beseelt.«

Der Arhat hatte mit der unfehlbaren Weitsicht seines Stirnauges erkannt, daß das Baby der Frau die Wiedergeburt ihres einstigen Erzfeindes war. Der gekochte Fisch war in einem früheren Leben ihr Vater gewesen, und der Hund war niemand anderer als die unlängst verstorbene Mutter der Frau, deren Tod sie heute noch betrauerte. In ihrer Unbewußtheit hatte sie das Fleisch ihres Vaters verzehrt und die abgenagten Reste ihrer verehrten Mutter zugeworfen, während sie einen einst verhaßten Menschen erneut zur Welt gebracht hatte und nun mit Muttermilch ernährte.

Ob die Frau eine Lehre aus den Worten des weisen Mannes zog, weiß man nicht, aber seinen Schülern erzählte Katyayana die Geschichte noch häufig – und daß viele von ihnen die Befreiung vom Rad des Samsara erlangten, ist gewiß.

Weisheit kann
ansteckend sein

DIE REGION VON KHAM IM OSTEN TIBETS war bis vor kurzem noch eine Wildnis, in der nur wenige, meist weit verstreute Familienclans lebten, welche sich allerdings immer wieder bis aufs Blut bekämpften. Paradoxerweise herrschte einerseits das Faustrecht zwischen den streitenden Clans, und andererseits war die Gegend ein Zentrum der Spiritualität, denn in der majestätischen Stille der Himalajas fiel so manch einer spontan in den Zustand der Meditation.

Auch Patrul Rinpoche, der große Dzogchen-Meister, hielt sich oft in Kham auf. Hoch oben in den Bergen bei Markhong meditierte er, und zwar mitten auf dem rauhen Trampelpfad, welcher zwei tiefe Talmulden miteinander verband und deshalb häufig von zwei feindlichen Familienclans bei ihren Überraschungsangriffen benutzt wurde.

Der Meister hatte eigentlich vorgehabt, die Gegend still für sich zu durchwandern, aber als er die Intensität der feindlichen Energien spürte, die beide Täler und die herrlichen Gipfel ringsumher zu vergiften schien, beschloß er, sein erwachtes Bewußtsein zu dem Potpourri der haßerfüllten Gemütsregungen hinzuzufügen und zu sehen, was dabei herauskam.

Patrul richtete sich ein Lagerfeuer auf der Bergstraße ein, kochte Tee, aß seine mitgebrachte Wegzehrung, und wenn er spürte, daß jemand den Berg erklomm, legte er sich quer über den Trampelpfad, so daß jeder Passant über ihn hinwegtreten oder wenigstens über ihn stolpern mußte.

Bald hatten die beiden kriegerischen Clans von dem verrückten Verhalten des Vagabunden gehört, der dort oben auf ihrem Schleichweg lag und offenbar vorhatte, sich dort häuslich einzurichten. Drei schwerbewaffnete Reiter wurden ausgesandt, um den Bergpaß von dem unerwünschten Element zu befreien.

Patrul hatte sein Lagerfeuer entfacht und sich der Länge nach davorgelegt, als der bewaffnete Säuberungstrupp heranpreschte. Die Reiter sprangen von ihren Pferden und schrien: »Bist du von Sinnen – oder etwa krank? Du bist doch nicht etwa leprakrank? Was fällt dir ein, dich mitten auf den Weg zu legen und uns womöglich noch anzustecken?«

»Keine Sorge«, erwiderte der Rinpoche augenzwinkernd. »So, wie ich euch kenne, werdet ihr nicht ohne weiteres angesteckt. Mein Zustand heißt *Bodhichitta* (sprich Bodi-Tschitta – ›erwachtes Bewußtsein‹) und wird normalerweise nicht auf gesunde junge Krieger übertragen.«

Kopfschüttelnd stiegen die drei wieder auf ihre Pferde und ritten davon. Es war ihnen nicht möglich, dem Lumpengesell mit den gütigen Augen etwas zuleide zu tun.

Wie durch ein Wunder wurde die jahrzehntelange Blutfehde zwischen den Clans in Markhong bald darauf mit einem Friedenspakt beendet, auf den niemand auch nur zu hoffen gewagt hätte. Es sprach sich eine Geschichte herum, in der es hieß, daß drei blutrünstige junge Krieger von einem erleuchteten Vagabunden angesteckt worden waren und den Bazillus von nun an auf alle übertrugen, mit denen sie in Kontakt kamen.

Keiner sah den Mann, der die Gegend mit dem Friedensvirus angesteckt hatte, jemals wieder. Aber es heißt, daß Patrul Rinpoche später selbst davon berichtete und zu einer großen Versammlung von Wahrheitssuchern sagte: »Vielleicht ist das erwachte Bewußtsein tatsächlich ansteckend … obwohl man zugeben muß, daß die Symptome des Zustands nicht häufig bis zur vollen Blüte entwickelt werden.«

Seine Zuhörer wußten, was Patrul unter den ›Symptomen‹ verstand: Einfühlungsvermögen in alle Dinge und eine Liebe, die im Herzen sämtlicher Wesen das eigene Herz erkennt.

Danach schloß der Rinpoche das Gespräch mit diesem Segensgebet ab: »Mögen alle Wesen ausnahmslos mit grenzenlosem Bodhichitta infiziert werden.«

Die Gespensterburg

NICHT WEIT VON NYARONG stand eine alte Festung, in deren Nähe sich kein Mensch wagte, weil man dort auch am hellichten Tage die höllischen Klagerufe von gespenstischen Wesen vernahm.

Patrul Rinpoche hörte von der Geschichte, als er sich einmal in Nyarong befand und erklärte, daß die unseligen Geister befreit werden könnten, wenn jemand den Mut hätte, in die Festung zu gehen und das berühmte ›Bodhicharya-Avatara‹ von Shantideva einhundertmal vorzutragen.

Das ›Bodhicharya-Avatara‹ ist ein umfangreicher Sanskrit-Text, den normalerweise nur die Schriftgelehrten und weisen Lamas beherrschen, doch im neunzehnten Jahrhundert kam Patrul Rinpoche und kommentierte die Texte auf so einleuchtende und bewegende Weise, daß die Tibeter ihn eine Wiedergeburt von Shantideva nannten.

Einer von Patruls Schülern, ein junger Lama namens Tsanyak Sherab, meldete sich und sagte: »Ich gehe sofort in die Festung und trage den Geistern das ›Bodhicharya-Avatara‹ so lange vor, bis alle von ihren Wahnvorstellungen befreit worden sind.« Die Dorfbewohner schüttelten ihre Köpfe und versuchten, den Lama zur Vernunft zu bringen, denn sie fürchteten um seinen Verstand und meinten, daß keiner den liebenswerten jungen Mann unversehrt wiedersehen würde, aber Sherab kümmerte sich nicht um ihre Warnungen.

Nach seiner Ankunft in der Gespensterburg rollte Tsanyak Sherab seine Sitzmatte auf dem Boden eines leeren Zimmers aus und setzte sich darauf. Dann begann er, intensives Mitgefühl und Herzensgüte zu verströmen. Er meditierte auf die Leere hinter sämtlichen Erscheinungsformen und fing schließlich an, alle zehn Kapitel des ›Bodhicharya-Avatara‹ der Reihe nach laut vorzutragen.

Tag für Tag setzte er seinen Vortrag fort. Hin und wieder entfachte er ein Lagerfeuer, um sich Tee und Reis darauf zu kochen. Wenn die Dorfleute die Rauchfahne des Feuers aus der Ferne erblickten, riefen sie jedesmal erleichtert: »Gottlob, der furchtlose Tsanyak Sherab ist wenigstens noch nicht tot!«, denn sie glaubten felsenfest daran, daß niemand den Schrecken der Gespensterburg heil überstehen konnte.

Eines Tages nahm der vorwitzigste unter den Dorfleuten all seinen Mut zusammen und ging hin, um zu sehen, was aus dem Lama und seinen unsichtbaren Zuhörern geworden war.

Zu seinem Erstaunen fand er Sherab friedlich auf seiner Matte sitzen und so eindringlich zu den bröckelnden Wänden der alten Festung sprechen, daß der Dorfbewohner sich still in eine Ecke setzte und ebenfalls zuhörte. Nach seiner Rückkehr ins Dorf erzählte er den anderen davon, und dann dauerte es nicht mehr lange, bis das Volk sich in kleinen Gruppen auf den Weg zur Festung machte, um ebenfalls von dem Vortrag des jungen Lamas zu profitieren. Als Tsanyak Sherab bei der hundertsten Wiederholung des Textes angelangt war, saß ganz Nyarong mucksmäuschenstill um ihn versammelt und lauschte seinen Worten.

Wunderbarerweise hat man seither nie wieder gespenstische Laute und unheimliche Klageschreie in der Burg gehört. Im Gegenteil, viel Volk versammelte sich von nun an in der Gespensterburg, um zu beten, zu meditieren und Patrul-Shantidevas erleuchtete Energie zu spüren, genauso deutlich, als wären die Meister persönlich anwesend.

Der Esel singt am lautesten

MEHRERE DUTZEND MÖNCHE hatten sich in einem tibetischen Tempel versammelt und ließen den dröhnenden Singsang ertönen, mit dem sie ihre Gebetsformeln intonieren. Der Vorsänger und Zeremonienmeister trug seine gelbe gefiederte Krone auf dem Kopf und war wie die meisten seiner Brüder in eine weinrote Robe mit goldenem Überwurf gehüllt. Die ganze Kongregation saß auf schweren, kunstvoll gewirkten Teppichen oder Brokatkissen und schwenkte vergoldete Ritualgegenstände, als Drukpa Kunley zur Tür hereinkam.

Es wunderte niemanden, daß der rebellische Meister hereinschlenderte, ohne sich dreimal bis zum Boden zu verneigen, wie es sich gehört, aber man ahnte Schreckliches, als er sich in der Mitte des Raumes auf den Boden setzte und das Ohr zur Seite neigte, als höre er wie gebannt zu.

Die Mönche setzten ihre Rituale fort, obwohl der Vorsänger plötzlich abgelenkt wirkte und stimmlich ein wenig ins Schwanken geriet. Auf alle Fälle hieß es jetzt, sich in Duldsamkeit zu üben und dem Störenfried mit Nachsicht zu begegnen.

Nach einer Weile des angestrengten Zuhörens stand Drukpa Kunley auf und stapfte leise brummelnd wieder zur Tür hinaus. Er hatte offenbar genug gehört – oder er brummte tatsächlich eine Gebetsformel in sich hinein, was natürlich wünschenswert gewesen wäre. Schon hoffte man, ihn losgeworden zu sein, aber nach zehn Minuten kehrte Drukpa Kunley leider wieder zurück, und diesmal trieb er einen Esel in den Tempel hinein.

Jetzt wurde es noch schwieriger, sich auf das Sangesritual zu konzentrieren, denn nicht nur, daß der Ungläubige einen Esel mitten durch die betenden Reihen trieb, er hatte dem Esel auch eine hohe gelbe Federkrone über die Ohren gestülpt. Und nun führte der erleuchtete Rebell das Tier hinüber zum Vorsänger, welcher, wie gesagt, einen nahezu identischen Hut auf dem Kopf trug.

Während alle sich bemühten, nicht hinzusehen, ließ Drukpa Kunley den Esel neben dem Vorsänger niederknien. Dieser übte sich in Gelassenheit und betete unausgesetzt weiter, selbst nachdem Drukpa Kunley begonnen hatte, dem Esel rhythmische Rippenstöße zu versetzen, damit das Tier im Zweitakt mit dem Vorsänger aufschreien konnte.

Es war natürlich ein Skandal, und irgendwann warfen die Mönche den vor Lachen wiehernden Yogi mitsamt seinem Esel aus dem Tempel hinaus, um endlich in Ruhe fortsetzen zu können, was Exzentriker wie Drukpa Kunley so idiotisch finden.

Shantidevas
wundersame Lehre

SHANTIDEVA WAR EIN KÖNIGSSOHN, der vor zwölfhundert Jahren im Norden Indiens lebte. Was wir heute ›Indien‹ nennen, wurde damals noch in viele kleinere Königreiche aufgeteilt, und so waren königliche Nachfahren keine Seltenheit. Außergewöhnlich war es jedoch, daß ein Thronfolger seinen Anspruch aufgab und sich lieber zum Meditieren in die Einsamkeit zurückzog.

Als Shantideva noch ein Junge war, erschien ihm die

Göttin Tara im Traum und warnte ihn vor einem Leben, bei dem er seine Intelligenz an unwichtige Dinge verschwenden und unerleuchtet sterben würde. In der Nacht, bevor Shantideva zum König seines Landes gekrönt werden sollte, erschien ihm Manjusri, der Vermittler der Weisheit, und zeigte ihm dieselbe qualvolle Vision. Daraufhin gab Shantideva sein Thronrecht auf und ging in den Dschungel, wo er wie ein Yogi lebte und täglich meditierte.

Nach mehreren Jahren in der Einsiedelei ging er an die Nandala-Universität in Bihar und legte die damals obligaten Mönchsgelübde ab. Er hielt sich fern von den anderen Studenten an der Universität und zog sich meistens allein auf sein Zimmer zurück, wo er – wie seine Mitschüler und die Professoren bald herausfanden – fünfmal am Tag gekochten Reis aß.

Bald wurde er hinter seinem Rücken ›Busuku‹ gerufen, was in der korrekten Übersetzung ›Er, der ausschließlich ißt, schläft und scheißt‹ bedeutet. Er wurde mit Spitznamen wie ›Fetter Reissack‹ bedacht, denn er wirkte in der Tat völlig desinteressiert, sprachfaul und kauzig. Wie so oft, ahnte damals kaum jemand, was in diesem trägen jungen Mann steckte.

Einige von Shantidevas Kollegen meinten sogar, daß er dem Ansehen der berühmten Lehrstätte schade, und so begannen sie nach einem Vorwand für seine vorzeitige Entlassung zu suchen. Nach einigem Überlegen schmiedeten sie folgendes Komplott: Sie würden eine öffentliche Vortragsrunde veranstalten, bei der jeder Universitätsstudent eine ellenlange heilige Schrift auswendig vortragen sollte. Da Shantideva dazu sicher nicht imstande war, hoffte man, daß er Nandala freiwillig verlassen würde, nachdem er sich vor der versammelten Körperschaft lächerlich gemacht hatte.

Am Anfang weigerte Shantideva sich, an der Vortragsrunde teilzunehmen. Erst als er einsah, daß es kein Entrinnen gab, stimmte er schließlich zu, wenngleich auch nur unter einer Bedingung: Er verlangte, daß man ihm für seine Rezitation einen hohen Thronsitz bereitstellte, wie er sonst allein den Meistern vorbehalten bleibt. Seine Widersacher waren, gelinde gesagt, erstaunt über diese unziemliche Forderung. Aber da der königliche ›Busuku‹ sich auf seinem Thron höchstens noch lächerlicher machen würde als ohnehin schon, wurde seine Bedingung erfüllt.

Am Tage seiner öffentlichen Entwürdigung eilte Shantideva schwungvollen Schrittes durch die atemlos gespannte Menge, ließ sich mit einer löwenhaften Majestät auf dem bereitgestellten Thron nieder und erkundigte sich, ob die Gelehrten eine bereits bekannte heilige Schrift zu hören wünschten oder etwas, das noch nie auf dieser Welt gelehrt worden war.

Seine verblüfften Widersacher entschlossen sich sofort für das Letztere, denn damit würde der Bursche sich sicher noch schneller am eigenen Strick aufhängen.

Da begann Shantideva, die Buddhas und Bodhisattvas der Vergangenheit, Gegenwart und Zukunft herbeizurufen, und zwar in einer wundervoll zwingenden, poetischen Sprache, die ihm spontan in dem Moment in den Sinn kam. Nach dieser Invokation schien es, als sprächen die Buddhas aller Zeiten tatsächlich aus ihm heraus, denn nun redete er ununterbrochen fließend und rhythmisch weiter und gab in den kommenden Stunden das gesamte unvergleichliche Meisterwerk von sich, das später das ›Bodhicharya-Avatara‹ genannt wurde.

Shantideva war bereits beim neunten Kapitel angelangt und ließ sich über die grundlegende Substanzlosigkeit aller Dinge aus, als sein Körper unversehens levitierte und über dem Thron zu schweben begann. Nach einer Weile löste der Körper sich vollends auf, und die versammelte Gemeinde hörte lediglich die Stimme, die hinreißend poetisch weitersprach und das Meisterwerk vollendete.

Jedem Anwesenden war inzwischen klar geworden, daß Shantideva selbst ein Buddha war, aber nun, da man ihm den gebührenden Respekt erweisen wollte, hatte der Knabe sich in Nichts aufgelöst und ließ sich auch nach seinem Vortrag nie wieder in Nandala blicken. Shantidevas Widersacher hatten ihr Ziel erreicht, obwohl sie es jetzt langsam bereuten. Sie durchsuchten sein Zimmer und fanden hinter dem Türrahmen versteckt zwei Schriftrollen mit Texten, für die der entschwundene Meister ebenfalls berühmt wurde.

Noch heute bezeichnet man den löwengleichen Shantideva als einen der größten erleuchteten Lehrer des Buddhismus. Sein Klassiker, das ›Bodhicharya-Avatara‹, wird weiterhin studiert und von zahllosen Wahrheitssuchern in aller Welt Wort für Wort auswendig gelernt.

Der Yogi mit der Pockennase

ES WAR EINMAL EIN ARMER, EINFÄLTIGER KUHHIRTE, der stets beim Vieh auf der Weide blieb, während der Rest seiner Familie zum Lama ging und sich mit spirituellen Dingen beschäftigte. Alle nannten ihn nur ›Pockennase‹, denn als Kind war der junge Mann an Windpocken erkrankt und hatte davon eine dunkelrot angelaufene, tief vernarbte Nase zurückbehalten.

Obwohl er wußte, daß jeder ihn für geistig minderbemittelt hielt, erkundigte Pockennase sich stets eifrig, was seine Angehörigen bei dem Lama gelernt hatten und was der weise Lama im einzelnen getan und gesagt hatte. Meistens wurde er nur brüsk zurückgewiesen, indem man ihm erklärte, daß die Lehren des Lamas geheimgehalten werden müßten, aber manchmal, wenn Pockennase in seiner Unschuld fragte: »Wie viele Dinge habt ihr heute gelernt?« hieß es: »Nur drei Dinge – die Lehre bestand aus drei Worten, in denen aber alles Wissenswerte auf der Welt enthalten ist.«

So trieb die Familie ihren Schabernack mit dem dümmsten Mitglied ihres weitverzweigten Clans, denn jeder wußte, daß Pockennase nach dem Wissen dürstete, das ihn den anderen ebenbürtig machen würde, und alle meinten, daß er es nie im Leben in seinem unterentwickelten Hirn speichern könnte.

Es dauerte mehrere Jahre, bis Pockennase begriff, daß er sich selbst auf die Suche nach dem heilsbringenden Wissen machen mußte, das offenbar aus drei geheimen Worten bestand, die ihm niemand verraten wollte. Von diesem Augenblick an sparte er sich den notwendigen Reiseproviant vom Munde ab und schmiedete einen streng gehüteten Fluchtplan. Mit einem dicken Sack voller Wegzehrung machte er sich eines Nachts auf den Weg zu dem Lama und ließ seine Angehörigen zurück, ohne ein Wort der Erklärung abgegeben zu haben.

Pockennase hatte keine Ahnung, wie der Lama hieß, noch wußte er, in welche Richtung er gehen mußte, denn er hatte sein heimatliches Gehöft noch nie zuvor verlassen. Aber da er auf der Suche nach drei simplen Worten war, zweifelte er nie daran, daß er einen lebenden Meister finden und die drei Worte schon bald höchstpersönlich vernehmen würde.

Wohlgemut wanderte Pockennase von einem Dorf ins nächste und wurde unterwegs mehrfach auf eine Gruppe von Yogis hingewiesen, die in Hütten auf einer entlegenen Bergwiese lebten. Ein gelehrter Lama unterwies die Yogis jeden Tag mit einem Vortrag und einer anschließenden Meditation, und als der wißbegierige Kuhhirte über den Hügel geschritten kam, wurde er sofort freundlich willkommen geheißen. Aber was er hier zu hören bekam, klang furchtbar kompliziert und beeindruckte Pockennase keineswegs. Dieser Lama sprach ellenlange Sätze über esoterische Praktiken und alle möglichen Arten, die Erleuchtung zu erlangen, während jeder Kuhhirte doch genau wußte, daß das Wesentliche in drei allumfassenden Worten ausgedrückt werden konnte!

Schon nach einem einzigen Vortrag gelangte Pockennase zu dem Schluß, daß der Lama ein Scharlatan sein mußte, und traf die Vorbereitungen für seinen eilfertigen Rückzug. Der engste Vertraute des Lamas bemerkte, daß der Neuankömmling sich bereits wieder aus dem Staub machen wollte, und lud Pockennase ein, sich am kommenden Morgen persönlich mit dem Hauptlama zu unterhalten. »Endlich«, dachte Pockennase erleichtert bei sich. »Morgen früh werde ich den Meister dazu bringen, mir die drei Worte zu verraten, und dann hat die liebe Seele endlich Ruh'.«

Die Sonne war kaum aufgegangen, da stand Pockennase schon vor dem erlauchten Lama und verlangte, in das alleinschließliche Drei-Wort-Wissen eingeweiht zu werden, von dem alle intelligenten Leute dauernd redeten, ohne das Geheimnis jedoch preiszugeben. Der Lama wußte sehr wohl, daß reife Menschen mit einem einzigen Wort vollends erweckt werden können und unreife Menschen nicht in hundert Leben. Nachsichtig lächelnd fragte der Lama: »Ich bewundere deinen Eifer, aber was verstehst du denn unter dem ›Drei-Wort-Wissen‹, mein junger Freund?«

Das war zuviel für den armen Kuhhirten. »Jetzt willst du mich ebenfalls an der Nase herumführen, wie?«

schrie er aufgebracht. »Entweder du bist bloß ein wandelndes Wörterbuch, das in Priesterkleidern steckt, oder du willst mir die wundertätigen Worte aus purer Gemeinheit vorenthalten, und in beiden Fällen kannst du mich mal ...«

Pockennase stieß einen Schwall von Unflätigkeiten aus, bis der Lama schließlich genug davon hatte. Er riß sich seinen hölzernen Rosenkranz vom Hals, schwang ihn wie ein Lasso in der Luft und rief: »Pockennase, was soll das? *Hung Benzar Phet!*« Der Rosenkranz traf Pockennase am Kopf, worauf dieser vor Schmerzen aufheulte, und der wütende Lama den Raum verließ.

Die anderen Sucher hörten dem morgendlichen Vortrag des Lamas zu, während Pockennase sich den angeschlagenen Kopf hielt und darüber nachdachte, was der Vorfall wohl zu bedeuten haben mochte. »Ich habe nach dem Drei-Wort-Wissen gefragt, und der Lama hat mich mit dem Rosenkranz verhauen und ein merkwürdiges Mantra dabei gerufen. Womöglich waren das die Worte, nach denen ich seit Jahren schon vergeblich suche ... *Hung Benzar Phet* ... Ja, ja, das muß es sein!«

Immer wieder ließ Pockennase sich durch den Kopf gehen, was der Lama gesagt hatte, und bald wiederholte er die mystische Formel unablässig im Kopf, und das schien ihm gut zu tun, woraufhin er den ersten Satz auch noch hinzufügte und sich nun ständig vorsagte: »Pockennase, was soll das? Hung Benzar Phet!«

Selig lächelnd machte Pockennase sich wieder auf den Heimweg, denn nun hatte er gefunden, was manch einer nicht nach Jahrzehnten der Wanderschaft und Suche erlangt. Bei seiner Familie angekommen, wurde er gefragt, wo er gewesen sei und warum er plötzlich so merkwürdig still in sich hineinlächele, anstatt wie ein getretener Hund durch das Haus zu schleichen.

»Tja ...«, war die Entgegnung. »Ihr werdet es nicht glauben, aber ich bin bei einem Lama gewesen und habe alles erfahren, was ein Mensch braucht, um seinen Lebenszweck zu erfüllen.«

»Wirklich?« fragten seine ungläubigen Verwandten. »Wie kann das sein? Was hat der Lama denn gesagt oder getan, daß du plötzlich wie verwandelt bist?«

»Drei Worte haben genügt«, gab Pockennase zurück. »Drei kleine geheime Worte, die man nicht verraten darf, denn solche Worte muß man nur im tiefsten Herzen bewegen und täglich praktizieren.«

Wie vorher, zog Pockennase sich in die Scheune zu seinen Kühen zurück und richtete sich einen Meditationssitz zwischen den Strohballen ein, wo er nach getaner Arbeit im Schneidersitz hockte und sein Mantra mit vollster Konzentration übte. Auch auf der Weide mit den Kühen wiederholte er seine Zauberformel, sobald er merkte, daß seine Gedanken abwandern und mit ihm durchgehen wollten: *Hung Benzar Phet*.

Nie fragte er sich, was die Formel eigentlich bedeuten sollte, denn für Pockennase war es selbstverständlich, daß diese drei Worte alles, aber auch alles auf der Welt bedeuten mußten, wenn sie tatsächlich allumfassend sein sollten. Mit absoluter Hingabe und vollem Vertrauen gab der Kuhhirte sich seiner Praxis hin und wurde damit allmählich zu einem fortgeschrittenen Yogi, auch wenn er sich selbst nie als Yogi bezeichnet hätte.

So vergingen viele Jahre, bis sich eines Tages ein Dienstbote in Pockennases Scheune einfand und ihn bat, sogleich mit ihm ins nächste Bergtal zu reiten. »Mein Auftraggeber ist ein reicher Mann«, sagte der Dienstbote, nachdem er sich dreimal vor Pockennase verbeugt hatte. »Aber kein Gut und kein Geld kann seine Frau von der schrecklichen Geisteskrankheit heilen, die sie so plötzlich befallen hat, als sei sie von einem bösen Geist besessen. Du bist unsere letzte Hoffnung, nachdem alle Ärzte und Lamas versagt haben. Es heißt, daß du ein Yogi bist, dessen Mantras und Gebete selbst in hoffnungslosen Fällen helfen.«

Pockennase wunderte sich über diese Rede, denn er hatte noch nichts von den Gerüchten gehört, die inzwischen über ihn verbreitet wurden. Dennoch machte er sich auf den Weg ins nächste Tal, um der Kranken zu helfen, so gut er es eben vermochte.

Im fernen Bergtal angekommen, begab Pockennase sich sofort an das Krankenbett, auf dem die Frau sich wie im Fieberwahn hin- und herwälzte. Ohne auch nur eine Sekunde zu zögern, tat Pockennase, was sein begnadeter Meister seinerzeit getan hatte: Er riß sich seinen hölzernen Rosenkranz vom Hals, schwang ihn über seinem Kopf wie ein Lasso, schlug ihn der Geistesgestörten auf den Kopf und brüllte dabei: »Pockennase, was soll das? Hung Benzar Phet!«

Zum höchsten Erstaunen aller wurde die Frau damit aus ihrem Fieberwahn gerissen. Sie blickte um sich, als hätte man sie soeben aus einem furchtbaren Alptraum erweckt, und war geheilt.

Man kann sich vorstellen, daß sich Pockennases Ruhm als Wunderheiler wie ein Lauffeuer in der Region verbreitete. Seine Einfalt trug dazu bei, daß man ihn als charismatischen Exzentriker verstand, und so dauerte es nicht lange, bis ganze Scharen von Gläubigen von seinem einzigartigen Wundermantra schwärmten.

Als der ältliche Lama, von dem Pockennase sein Mantra empfangen hatte, eines Tages erkrankte, wurde ein feierlicher Geleittrupp zu dem berühmten Yogi mit der unvergeßlichen Nase geschickt, um ihn an das Krankenbett des Meisters zu holen. Die Boten marschierten zu Fuß über Berg und Tal und trugen Standarten mit dem Banner des Meisters, denn sie wollten Pockennase in allen Ehren zu seinem alten Guru geleiten. Aber der hilfsbereite Pockennase hatte keine Zeit für langwierige Prozessionen; er wetzte allen voraus und erreichte den Kranken lange vor seiner Eskorte.

Er preschte in das Zelt hinein, in dem sein Meister lag,

und war schon dabei, sich den Rosenkranz vom Hals zu reißen, um das Heilverfahren einzuleiten, als der Meister das Wort an einen Kammerdiener richtete und fragte, wer der Verrückte sei, der ungebeten an sein Krankenlager gedrungen war und jetzt einen Rosenkranz in bedrohlicher Nähe über dem Kopf schwang. Die Stimme des Meisters war nur mehr ein qualvolles Krächzen, denn er litt unter der Krankheit, die in Tibet ›Weißes Blut‹ genannt wird, einem Wundschorf in der Kehle, der sich fortwährend weitervermehrt.

»Ja, erkennst du mich denn nicht?« rief Pockennase ganz erschüttert. Nein, der Meister hatte Hunderte von Schülern eingeweiht und Tausende mehr zu seinen Vorträgen kommen sehen. »O geliebter Meister«, schrie der verkannte Nasenyogi. »Ich bin hier, um die heilige Methode zu praktizieren, die du mir selbst in deiner unendlichen Güte verraten hast und mit der ich seither soviel Gutes in diesem Land bewirkt habe!«

Langsam dämmerte es dem Lama – jawohl, dies war der Einfaltspinsel, der ihn vor langer Zeit tatsächlich einmal zu einem kleinen Wutausbruch hingerissen hatte, was äußerst selten vorkam. Dem Meister fiel nun auch wieder ein, daß er seinen Rosenkranz geschwungen und den Frechdachs damit am Kopf getroffen hatte, während er das Mantra ausstieß, mit dem Eingeweihte ignorante Kräfte und dämonische Geister vertreiben: *Hung Benzar Phet!*

Der Meister brach in unkontrollierbare Lachsalven aus, während er sich die unabsehbaren Folgen seiner damaligen Handlung vor Augen führte. Und dann, nachdem auch der Nasenyogi und die Kammerdiener mit eingestimmt hatten und eine Lachsalve der anderen folgte, lockerte sich der Wundschorf in der Kehle des Meisters und wurde im hohen Bogen ausgespien.

Jetzt war der ehrwürdige Meister auf eine nie gekannte Weise geheilt worden. Kopfschüttelnd dachte er bei sich:

»Dieser verrückte Kuhhirte hat sich trotz allem als lern-
fähig erwiesen … Wer weiß, vielleicht ist er mittlerweile
empfänglich geworden für die geheimsten Lehren des
Schneelöwen mit der türkisfarbenen Mähne – die Dzog-
chen-Lehre der direkten Gotteserkenntnis.«

Zu Pockennase sagte der Meister: »Zum Dank für dein
einmaliges Heilverfahren möchte ich dir ein ganz besonderes Geschenk machen: Ich werde dich in das tiefste
und höchste Geheimwissen einweihen.«

»Wie bitte?« war die rüde Antwort. »Du hast mir das
kostbare Drei-Wort-Wissen vermittelt, in dem alles enthalten ist, und nun soll es plötzlich noch was Höheres
und Tieferes geben? Nein, das kannst du dir sparen!«

Glücklicherweise war der Meister ein Experte im Umgang mit Menschen auf allen möglichen Bewußtseinsstu-
fen. Er erklärte dem Nasenyogi, daß es sich in Wirklichkeit um einen *Kommentar* zu dem unvergleichlichen Drei-
Wort-Wissen handelte, eine Ausschmückung sozusagen,
die dem heiligen Mantra, »Pockennase, was soll das?
Hung Benzar Phet!«, nur noch etwas mehr Höhenglanz
und Tiefenwirkung verleihen würde.

Den Sinn dieser Übung sah Pockennase ein, und so begann der Meister, den dümmsten unter all seinen Schülern
in das Dzogchen-Wissen einzuweihen und ihn mit seiner
eigenen, innewohnenden, naturgegebenen, absolut unan-
tastbaren Vollkommenheit vertraut zu machen.

In den Jahren darauf begriff Pockennase, daß Vollkommenheit nicht angestrebt werden kann, denn sie ist bereits
vorhanden und muß daher nur wiederentdeckt oder frei-
gelegt werden. Und nun, da Pockennase soweit fortgeschritten war, brachte sein Meister ihm auch endlich das
authentische Dzogchen-Mantra bei, das in drei Worten
ausdrückt, was ein klarer Geist ohne jede Mühe erkennt.

Auf diese Weise wurde der Nasenyogi erleuchtet und
selbst zu einem wahren ›Meister Der Direkten Erkenntnis‹.

Die Wiedergeburt einer
großen Lehrerin

VOR MEHR ALS NEUNHUNDERT JAHREN lebte ein junges Ehepaar in Shoto, einer tibetischen Stadt in der Nähe von Drigung. Sie waren einfache, gläubige Leute und wünschten sich nichts sehnlicher, als ein Kind zur Welt zu bringen, um dieses Kind mit aufopferungsvoller Liebe großzuziehen.

Aber beide schienen unfruchtbar zu sein, und da half keine damals bekannte Medizin, keine magische Beschwörung und kein klösterliches Reinigungsritual. Selbst die Gebete des Ehepaars zu allen buddhistischen Heiligen blieben unbeantwortet und scheinbar wirkungslos. Dennoch ließen die zwei sich nicht von dem Gedanken abbringen, daß ein bestimmtes Kind nur darauf wartete, von ihnen geboren zu werden, und so unternahmen die beiden schließlich sogar eine Pilgerreise nach Katmandu in Nepal, wo eine naturgewachsene Statue stand, die besondere Kräfte haben und selbstlose Wünsche erfüllen sollte.

Vor der haushohen *Stupa* (buddhistisches Monument) von Swayambhu im Gebirgstal von Katmandu knieten die beiden tagein, tagaus und baten Gautama Buddha darum, als Eltern einer Seele auserkoren zu werden, die momentan bereit war, neue, fleischliche Gestalt anzunehmen – irgendeine Seele, es war ihnen inzwischen gleichgültig, ob diese Seele schlechtes Karma mitbringen und womöglich mißgestaltet oder geistig behindert sein würde. Sie würden mit allen Schwierigkeiten fertigwerden und jedes Opfer bringen, solange es ihnen nur vergönnt war, ein Kind zu bekommen.

Monate vergingen, in denen beide streng nach den Regeln der buddhistischen Verhaltenslehre lebten. Dann, eines Nachts, träumten der Mann und die Frau den gleichen Traum: Beide sahen Sonne und Mond zur selben Zeit in einem tiefblauen Nachthimmel aufgehen und ein transparent funkelndes Licht verströmen, dessen Strahlen sie, die Träumer, direkt ins Herz trafen.

Als die beiden am Morgen erwachten, waren sie noch immer bis ins innerste Herz bewegt, und als sie herausfanden, daß sie den gleichen Traum miteinander geteilt hatten, wußten sie, daß die Zukunft wunderbare Enthüllungen für sie bereithalten würde, ganz gleich, ob das ersehnte Kind durch sie zur Welt kam oder durch ein anderes Elternpaar.

Voller Dankbarkeit schmückten sie die Stupa mit Blütenkränzen, zündeten Dutzende von Butterlampen an und verteilten Almosen an die Bettler und Ausgestoßenen der Gegend. Auf dem langen Fußmarsch zurück nach Tibet flehten sie nicht länger um die Erfüllung ihres Wunsches, und wenn sie beteten, dann nur noch, um Dank zu sagen für alles, was ihnen bereits geschenkt worden war.

Wenig später aber wurde die Frau schwanger, und ein Jahr darauf war die Stunde ihrer Niederkunft gekommen. In einer ungewöhnlich schmerzlosen, ekstatischen Geburt brachte die Frau ein Mädchen zur Welt, und alle Anwesenden bezeugten hinterher, daß ein Blumenduft die Kammer erfüllte, daß sich leuchtend klare Regenbogen über dem Dach des Hauses gebildet hatten und daß das Neugeborene so wach und durchdringend aufmerksam aus seinen eben erst geöffneten Augen um sich geblickt hatte wie nur die ältesten unter den uralten Seelen.

In ganz Shoto sprach sich das Gerücht von einer bedeutungsvollen Wiedergeburt herum, und viele Lamas kamen, um das kleine Mädchen zu begutachten und in den wachen Säuglingsaugen nach einem Hinweis für die tiefere Identität des Kindes zu suchen.

»Es handelt sich um eine Wiedergeburt der Vajra-Dakini«, sagten manche, und damit meinten sie, daß die Seele einer Königin aus der Götterwelt (vergleichbar in mancher Hinsicht mit einem weiblichen Erzengel) fleischliche Gestalt angenommen hatte, um Gutes zu tun und die Welt zu belehren. Andere widersprachen dem und erklärten, daß es sich ganz eindeutig um eine Wiederkunft von Tara, der Urmutter aller Buddhas, handelte. Wieder andere meinten, man müsse abwarten, bis das Mädchen selbst soweit herangewachsen war, daß es seine eigene Herkunft unmißverständlich demonstrieren konnte.

Bald war das Rätseln über die tiefere Identität des Kindes zu einem der beliebtesten Themen in Shoto geworden, Zeitvertreib in langen, wintrigen Abendstunden und tagsüber bei der Feldarbeit und im Dorf. Ein schriftgelehrter Mönch wies die Rätselnden auf eine jahrhundertealte Prophezeiung in den Weisheitsschriften seines Klosters hin. Auf eine verwitterte Schriftrolle deutend, erklärte er: »Hier steht geschrieben, daß eine Dakini in unserem Jahrhundert in der Nähe der Tidro-Höhle in Shoto geboren wird, um Tausenden von Menschen zu helfen, denn in der Tidro-Höhle hat Guru Padma Sambhava dereinst gelebt und Tausenden von Dakinis in der Götterwelt geholfen. Wie jeder weiß, sind auch die Wesen in der Götterwelt nicht frei von Illusionen; auch sie unterliegen dem Gesetz der Vergänglichkeit; auch sie müssen eines Tages sterben und in einem der niederen Seinsbereiche wiedergeboren werden, es sei denn, sie folgen der Lehre, die ihnen den Weg zur Befreiung von jeglicher Identifikation weist.«

Damit schien die Sache besiegelt zu sein: Das kleine Mädchen war die in der Prophezeiung erwähnte Dakini! Aus Dankbarkeit für Padma Sambhavas Hilfsbereitschaft in der Tidro-Höhle war sie in die Menschenwelt gekommen, um Tausenden von Erdbewohnern zu helfen, genauso wie einst der Mann mit dem Namen Padma Sambhava den Bewohnern der Götterwelt geholfen hatte. Die einzigen, die sich nie darum kümmerten, wer oder was den Körper ihres Kindes beseelte, waren die glücklichen Eltern. Sie wollten nur eins: das Mädchen sollte es guthaben und sich entfalten, wie es ihm von Natur aus gefiel.

Im Alter von drei Jahren hatte die Kleine noch immer keinen offiziellen Namen erhalten und wurde lediglich bei ihrem Kosenamen gerufen, denn man wollte abwarten, bis der korrekte geistige Name den Eltern oder dem Kinde selbst eingegeben wurde. Die Kleine hatte das Tara-Mantra inzwischen aufgeschnappt und wiederholte es mit offensichtlichem Wohlgefallen, manchmal, wie es schien, stundenlang, aber das war noch kein eindeutiges Zeichen. Erst als die Mutter ihre dreijährige Tochter im Umgang mit anderen Kindern beobachtet hatte, kam ihr der richtige Name spontan in den Sinn. Die Kleine schrie und weinte nicht, wenn sie beim Spielen gestoßen, geknufft und gehänselt wurde oder jemand versuchte, ihr ein Spielzeug zu entreißen. Statt dessen rief sie das Tara-Mantra, und dies mit einer Miene so ernsthaft und entschlossen, als wüßte sie genau, daß man den Beistand der Schutzgöttin Tara mit diesen Worten herbeiruft. Bald hatte sie ihren Spielkameraden das Mantra beigebracht und zog von Haus zu Haus, um ihre Lieblingsworte bei den Nachbarn zu verbreiten.

Drolma mußte das Mädchen heißen, soviel stand jetzt fest, denn Drolma ist der tibetische Name für Tara, die weibliche Erscheinungsform des erleuchteten Bewußtseins. Drolma ist zugleich auch das tibetische Wort für ›Befreierin‹.

So zeigte sich sehr früh, daß eine spirituelle Lehrerin geboren worden war, aber, wie alle Wesen auf Erden, mußte auch Drolma viel Leid erfahren und daran entweder wachsen und immer stärker werden oder zerbrechen. Drolma war noch nicht zehn Jahre alt, als ihre geliebten

Eltern starben und sie in die Obhut eines Onkels gegeben wurde. Der Onkel war ein ältlicher Mann und hatte keinen Zugang zu der außergewöhnlichen Seele des Waisenkindes, für das er nun verantwortlich war. Er fühlte sich aufgerufen, dem ungehorsamen und in der Tat sehr eigenwilligen Mädchen den Kopf zurechtzurücken, bevor er seine Nichte mit einem rechtschaffenen, erdverbundenen Bauernsohn aus der Gegend verheiratete. Mochten die spirituellen Quacksalber und Lamas des ganzen Landes reden, was sie wollten, er glaubte nicht daran, daß Drolma die Wiederkunft einer Himmelsgöttin oder von Tara höchstpersönlich war: »Jeder Mensch ist schließlich die Wiedergeburt von irgend jemandem«, meinte der Onkel. »Das ist durchaus nichts Besonderes und allein noch kein Grund, diesem Menschen Flausen in den Kopf zu setzen und ihm jede Unverschämtheit durchgehen zu lassen.«

Viele von Drolmas Verwandten stimmten dem Onkel zu: Recht hatte er, das vierzehnjährige Mädchen sollte schleunigst verheiratet werden und eine eigene Familie gründen, statt sich als spirituelle Lehrerin aufzuspielen und der hart arbeitenden Dorfgemeinde hochfliegende Vorträge über Dinge zu halten, die eine Heranwachsende in dem Alter doch gar nicht aus eigener Erfahrung wissen konnte.

Die Heirat mit einem Bauernsohn wurde arrangiert, während Drolma immer wieder mit gesenktem Kopf, aber felsenfester Überzeugung in der Stimme protestierte. »Ich muß nach Kham gehen, denn dort werde ich einem Yogi begegnen, den das Schicksal für mich als Gefährten bestimmt hat. Er ist ein Eingeweihter aus dem Klan der Kyura, und nur ihn darf ich heiraten. Wir werden Kinder haben, die später einmal als *Rinpoches* (kostbare Lehrer) in die Geschichte unseres Landes eingehen.«

Drolmas Verwandte seufzten und taten derlei Prophezeiungen als die Wunschträume eines noch unausgegorenen Egos ab, obwohl in allen ein winziger Stachel des Zweifels bestehenblieb, denn man konnte schließlich nie wissen, mit welchen Fähigkeiten die kleine Träumerin ausgestattet sein mochte. Vielleicht war Drolma ein Genie, vielleicht tatsächlich eine Verkörperung von Tara, deren Namen sie trug –, wahrscheinlicher war jedoch, daß sie von ihren hingebungsvollen Eltern einfach nicht mit den Tatsachen des Erdenlebens, wie wir es alle kennen und erdulden müssen, vertraut gemacht worden war.

Als Drolma fünfzehn geworden war, zog die Karawane eines reisenden Händlers durch Shoto. Drolma raffte ihre wenigen Habseligkeiten zusammen und lief zu ihrem Onkel, um sich von ihm zu verabschieden. »Ich danke dir für alles, was du mir gezeigt und gegeben hast«, sagte sie, »aber nun muß ich dich verlassen, denn diese Karawane zieht nach Kham, dem Ort meiner Bestimmung.«

»Ich verbiete dir, das Haus zu verlassen!« rief der entsetzte Onkel. »Und woher weißt du überhaupt, daß dieser Händler auf dem Weg nach Kham ist? Hast du ihn etwa heimlich getroffen und ein Stelldichein mit ihm verabredet? Hinter meinem Rücken!?«

»Nein«, entgegnete Drolma leise. »Ich erhalte mein Wissen aus anderen Quellen. Und nun muß ich gehen. Die Stunde ist gekommen.«

Drolmas Onkel versuchte die Fünfzehnjährige mit gebieterischer Strenge zurückzuhalten und machte seine gesamte Autorität als ihr Pflegevater geltend. Als er sah, daß dies nichts nützte, lief er hinter Drolma die Dorfstraße entlang und begann, ihr zu drohen und schließlich zu flehen. »Ich bitte dich, nimm Vernunft an, bevor du dich ins Unglück stürzt und mich, der für dich verantwortlich ist, dazu!« Der größte Teil von Drolmas Verwandtschaft hatte sich inzwischen ebenfalls eingefunden, und die halbe Dorfgemeinde dazu. Ein Rattenschwanz von aufgeregt miteinander streitenden und teilweise weinenden Leuten folgte Drolma bis zum Ende des Dorfes, wo der Händler und seine Helfer soeben die Reittiere sattelten.

Alle Warnungen ihrer Familie mißachtend, bat Drolma den Händler, sich seiner Gesellschaft anschließen zu dürfen. »Ich besitze nichts, was von Wert für dich sein könnte«, sagte sie. »Aber wenn du mich mitnimmst bis nach Kham, dann wird dir ein Segen anderer Art zuteil werden.«

»Woher weißt du denn, daß wir auf dem Weg nach Kham sind?« entgegnete der verblüffte Händler, der eben erst entschieden hatte, den beschwerlichen, aber wahrscheinlich ertragreichen Umweg über Kham zu nehmen. Drolma schwieg wohlweislich. Sie schlang ihre Arme um ihren Onkel und flüsterte ihm zu: »Wir werden immer zusammen sein, ganz gleich in welcher Form. Eines Tages werden wir die Erleuchtung erlangen, du und ich gemeinsam. Bis dahin halte dich an Tara, denn sie und ich sind eins.« Sie löste sich von ihrem Onkel und rief laut, daß alle Umstehenden es hören konnten: »Im Buddhafeld von Tara werden wir uns wiedersehen!«

Mit diesen Worten ließ Drolma ihre leibliche Familie zurück und machte sich auf den Weg zu dem Seelenverwandten, dem Yogi in Kham, von dem niemand wußte, ob er überhaupt existierte.

Wochen später hatte die Karawane den Norden von Kham erreicht. Am Rande einer Kleinstadt namens Dento Tsongur verabschiedete Drolma sich von ihren Reisegefährten und wanderte geradewegs in die Wildnis hinein, als wüßte sie genau, welchen Weg sie nehmen mußte. Die Mitreisenden hatten sich inzwischen an Drolmas unerschütterliche Zuversicht gewöhnt und ließen das Mädchen gewähren. Jeder wußte, daß man einen Dickschädel wie diesen nur mit brutaler, körperlicher Gewalt zurückhalten konnte, und dazu fühlte sich keiner der tibetischen Händler berechtigt.

Schnurstracks marschierte Drolma auf die versteckt liegende Hütte des bekanntesten Yogis der Gegend zu. Tsultrim Gyamtso war ein Nachfahre des noblen Kyura-Clans, genau wie Drolma es vor Jahren schon vorausgesehen hatte. Aber anstatt das Geschäft seines Vaters zu übernehmen und eine eigene Familie zu gründen, hatte der junge Mann sich beizeiten in die Wildnis zurückgezogen und die Gelübde der Entsagung und Enthaltsamkeit abgelegt.

Tsultrim trat vor seine Hütte, um den überraschenden Besucher in Empfang zu nehmen, denn er erwartete an jenem Tag keinen Schüler, und die Bewohner der Gegend waren zu ehrfurchtsvoll, um ungebeten bei dem jungen Meister vorzusprechen. Tsultrim erblickte das ärmlich gekleidete Mädchen auf seiner Türschwelle und wurde von einer jähen Bilderflut ergriffen. Traum und Wirklichkeit vermischten sich in einem erschreckend deutlichen Wiedererkennen, und noch ehe der Yogi sich recht besinnen konnte, hatte das Mädchen eine Verneigung angedeutet und mit einem wissenden Lächeln gesagt: »Hier bin ich… die Gefährtin, die dir vorherbestimmt ist. Im Namen von Tara werden wir uns vereinigen und Nachkommen haben, deren Licht die Dunkelheit dieser Welt erhellt.«

Tsultrim Gyamtso trat wortlos beiseite und ließ Drolma in seine Hütte ein. Vor kurzem erst hatte er einen Traum gehabt, in dem ihm eine smaragdgrün schimmernde Dakini erschienen war und verkündete, daß seine Kinder und Kindeskinder für Jahrhunderte in der Zukunft mit außerordentlichen Geistesgaben gesegnet sein würden. Jetzt dämmerte dem vollkommen enthaltsam lebenden Yogi, daß er einen zukunftweisenden Wahrtraum gehabt haben mußte, in dem ein Geistwesen aus einer anderen Welt ihn auf das Kommende vorbereiten wollte.

In den kommenden Tagen und Wochen machten

Drolma und Tsultrim sich erneut miteinander bekannt, denn schon in vielen früheren Leben waren sie in der einen oder anderen Form beisammen gewesen, und nun wollte die Flut der Erinnerungen und Wiedersehensfreude kein Ende nehmen. Bald wußten beide mit untrüglicher Gewißheit, daß sie füreinander bestimmt waren und heiraten sollten, aber Tsultrim war ein bettelarmer Einsiedler und hatte nichts, das ihm erlauben würde, die Trauzeremonie mit der gebührenden Festlichkeit zu vollziehen, geschweige denn, für eine Familie mit Kindern zu sorgen. »Mach dir keine Gedanken«, sprach Drolma, die Weise. »Lade deine Familie und Freunde und Schüler ruhig zu unserer Hochzeit ein. Ich werde für alles sorgen.«

Gerührt über die Unerschrockenheit seiner kindlichen Braut sagte Tsultrim Gyamtso lachend: »Fürchtest du denn nichts auf dieser Welt? Noch nicht einmal deine Schwiegereltern vom sittenstrengen Clan der Kyura?«

»Nein. Ich bin bewußt in diese Welt gekommen, um allen Menschen ohne Unterschied zu dienen und zu helfen. Nicht ›ich‹ habe göttliche Kräfte, sondern das, was durch mich wirkt, und so weiß ich, daß alles, was durch mich geschieht, Gutes bewirkt und daß alle meine Anhänger erleuchtet werden.«

Drolma war sechzehn Jahre alt, als sie den eingeweihten Yogi Tsultrim Gyamtso heiratete. Die Trauzeremonie fand im Beisein von mehr als hundert Gästen statt, welche allesamt bezeugten, daß die kärgliche Hütte des Yogis und selbst die Felder im meilenweiten Umkreis in einen unerklärlich wohltuenden Lichtschein getaucht waren, während Drolma ihre kleine Trommel schlug und unverwandt zum Himmel aufblickte. Ein nie gekannter Blumenduft wurde vom Wind herbeigetragen, tanzende Lichtpunkte erschienen über dem Hausaltar, wunderbarer als alle weltlichen Girlanden – und die Gäste erklärten, daß sie sich von einem süß schmeckenden Nektar ohne Substanz und doch für alle spürbar auf köstliche Weise ernährt fühlten.

Nach der Trauzeremonie zeigte Drolma ihrem Mann vier Schafsknochen, die in ihrer eben noch leeren Hand lagen und eine seltsam quadratische Form aufwiesen. Drolma selbst war erstaunt über dieses mystische Zeichen, faßte sich jedoch sogleich und erklärte: »Siehst du, mein Geliebter, hier ist das Zeichen, daß wir vier Söhne haben werden, die noch während ihrer Lebenszeit auf Erden zur Erkenntnis gelangen.«

Wie sie es vorausgesagt hatte, gebar Drolma vier Söhne, und jeder von ihnen wurde ein Eingeweihter. Viele Schüler versammelten sich um Drolma und ihren Mann in den kommenden Jahren und machten das Paar als authentische Meister berühmt. Als auch der vierte Sohn die nötige Reife erlangt hatte, führte Drolma ihre Söhne und eine Schar auserwählter Schüler zurück nach Shoto, in die Tidro-Höhle, wo Guru Padma Sambhava vor Urzeiten gehaust und Tausende von himmlischen Dakinis belehrt hatte.

Im Beisein von Drolma verwandelte sich das rauhe Felsgestein der großen Berghöhle vor den Augen der Anwesenden in ein Tor zur Götterwelt. Mit bloßem Auge blickte man in eine Landschaft, wie aus funkelnden Edelsteinen gemacht, mit feinstofflichen Wesen von atemberaubender Schönheit bevölkert, die jetzt in Schwärmen näher und näher kamen. Drolma ermahnte jeden, nicht zu vergessen, daß auch diese überwältigend realistischen Erscheinungen eine Illusion waren, wenngleich der Wirklichkeit näher als die Illusion einer rein erdgebundenen, körperbedingten Existenz. Damit begann Drolma ihr tantrisches Einweihungsritual.

Stunde um Stunde verging; am Ende der tantrischen Zeremonie war es Drolma und ihren Helfern aus der Götterwelt gelungen, sämtliche Anwesenden mit ihrer ursprünglichen Buddha-Natur vertraut zu machen.

Viele entwickelten im Lauf dieser Stunden besondere Fähigkeiten, wie sie normalerweise nur nach langjähriger Praxis von Yogis erworben werden, worauf Drolma erklärte, daß dies nicht das Ziel sei, sondern nur ein Nebenprodukt auf dem Weg zur vollkommenen Selbsterkenntnis.

Zum Abschluß legte Drolma eine kleine Schriftrolle auf den steinernen Altar der Höhle und verkündete, daß ihre Aufgaben in dieser Welt damit erfüllt seien. In einem feierlichen Schwur gelobte sie, allen nach Erkenntnis strebenden Menschen der kommenden Jahrtausende zu helfen, sobald sie ihren Namen dachten oder aussprachen – und was dann geschah, wird für immer ein Rätsel bleiben. Drolma starb in der Tidro-Höhle von Padma Sambhava, soviel wissen wir, aber wie sie starb, wurde von jedem Anwesenden verschieden ausgelegt. Die Überlieferung sagt, daß Drolma ein blaues geflügeltes Pferd bestieg und von ihm in die Buddhafelder der Dakinis hineingetragen wurde, von himmlischen Sphärenklängen begleitet. Drolmas Söhne lächelten nur, wenn sie an den Tod ihrer Mutter erinnert wurden, und so kann man sich denken, daß ihr Tod ebenso schmerzlos und ekstatisch verlief wie ihre Geburt.

Fest steht, daß Drolma und ihre Kinder und Kindeskinder als bedeutende Lehrer in die Geschichte Tibets eingingen. Drolmas Enkelsohn war der hochverehrte Meister Jigten Sumgon. Auch heute noch besteht die von Drolma begründete Übertragungslehre fort und wird die ›Drigung Kagyu-Linie‹ genannt, eine Schule, die auf den Instruktionen basiert, die Drolma vor neunhundert Jahren in der Höhle zurückgelassen hat. Die Tibeter sagen, wer sich an die Große Mutter Drolma wendet, wird von ihr gehört und geleitet. Und wer ihre Instruktionen ausführt, wird viel müheloser erleuchtet, als es gewöhnlich der Fall ist.

Traum und Wirklichkeit

Auf den Berghängen des Mount Everest, etwa sechstausend Meter über dem Meeresspiegel, liegt das Thubten Chöling-Kloster, eine buddhistische Lehrstätte auf dem höchsten Dach der Welt. Der Abt des Klosters ist Trulshik Rinpoche, ein heute uralter Lama und Meister der Nyingmapa-Schule. Die Tibeter verehren ihn und nennen ihn einen Erleuchteten, womit gemeint ist, daß Trulshik Rinpoche die Illusionen durchschaut hat, die das natürliche Sein und Bewußtsein des Menschen normalerweise überlagern wie vielschichtige Schleier und so den ungetrübten Blick auf die simple Wahrheit verhindern.

Jahrzehntelang verließ Trulshik Rinpoche sein Heim in den Himalajas nur äußerst selten. Doch dann, im Jahre 1991, begleitete er das tibetische Staatsoberhaupt, den Vierzehnten Dalai Lama, erstaunlicherweise nach New York, um im Madison Square Garden zu Tausenden zu sprechen und die Lehre vom angeborenen Erleuchtungspotential aller Menschen zu verbreiten.

IN DEN JAHREN SEINES STUDIUMS hatte der junge Trulshik sich in den Kopf gesetzt, dem großen Meister Gyalwa Karmapa begegnen zu müssen, wenn er ernsthaft weiterkommen wollte. Gyalwa Karmapa war der Patriarch der Kagyu-Schule und somit ein Hüter des uralten, teilweise geheimgehaltenen Wissens, das den Geist eines gut vorbereiteten Schülers mit einem Schlag aufwecken und von Selbsttäuschungen befreien kann.

Jahrelang bemühte der junge Trulshik sich, die Begegnung mit Gyalwa Karmapa herbeizuführen. Er machte sich auf den langen Weg von Tibet nach Sikkim, um den Karmapa in seinem dortigen Kloster zu besuchen, aber als er nach unsäglichen Mühen und Entbehrungen in

Sikkim ankam, war der Meister gerade nach Indien abgereist, um die geheimen Mahakala-Lehren dort zu verbreiten. Trulshik reiste nach Indien und kam auch dieses Mal zu spät. Seine Heiligkeit, der Sechzehnte Karmapa, war mittlerweile einer Einladung in ein anderes Land gefolgt. Ganz gleich, was der unermüdliche Trulshik unternahm, um seinem Guru persönlich zu begegnen, es gelang ihm nie.

So blieb ihm nichts anderes übrig, als ernsthaft nach den Gründen für seine schier endlose Pechsträhne zu forschen. »Ist es eine negative Kraft außerhalb von mir, die mich vom Meister fernhält, um mich zu prüfen? Oder ist es eine innere Unzulänglichkeit, womöglich schlechtes Karma oder eine falsche Grundeinstellung?« Solche Fragen stellte er sich, und unterdessen praktizierte er alle ihm bekannten Techniken der Selbstreinigung, Meditation und Nächstenliebe. Er opferte den Armen, er bemühte sich redlich, nur wohltuende Gedanken zu hegen, er rezitierte die Mantras und lebte nach den buddhistischen Vorschriften der Gewaltlosigkeit und Hilfsbereitschaft.

Wenn er betete, dann nur darum, von Gyalwa Karmapa in das Mahakala-Geheimwissen eingeweiht zu werden, bevor der Meister diese Welt verließ. Aber Gyalwa Karmapa starb im Jahre 1981, ohne Trulshik jemals auch nur aus der Ferne gesehen zu haben.

Lama Trulshik resignierte, als er die Nachricht hörte. Dies war die größte Enttäuschung seines Lebens, denn mit ihr schwand jede Hoffnung auf ein rasches Fortkommen auf dem spirituellen Weg für ihn dahin. Es heißt, daß Trulshik Jahre brauchte, um sich seinem Schicksal vollends zu ergeben und zu akzeptieren, daß es ihm nicht gelungen war, sein größtes Ziel zu erreichen.

In einem Zustand der Hoffnungslosigkeit ohne Wünsche oder Ziele mußte Trulshik irgendwann existiert haben ... dann erst geschah das Wunder.

Eines Nachts – völlig unerwartet, inzwischen sogar ungebeten – erschien ihm der verstorbene Gyalwa Karmapa im Traum. Leuchtend klar und unvergeßlich brannte sich die Erscheinung in Trulshiks leergewordenes Bewußtsein ein. Keines seiner noch so inbrünstigen Gebete hatte geholfen, und nun, da er weder hoffte noch wünschte, kam er im Traum zu ihm: der strahlende Buddha in Gestalt von Karmapa und erklärte sich bereit, das Mahakala-Geheimwissen auf ihn zu übertragen!

»Was ist wirklich und was ist unwirklich?« war Trulshiks erste Frage.

»Alles und nichts«, antwortete der Meister. »Es ist ein Paradox. Vom absoluten Standpunkt betrachtet, ist alles, was Substanz hat und jemals geschaffen wurde, flüchtig und daher unwirklich. Nur das, was alle Substanzen im Universum schafft, kann als Wirklichkeit bezeichnet werden, doch diese Wirklichkeit ist von Grund auf substanzlos, von keiner Form gegen irgendeine andere Form abgegrenzt und gerade deshalb allebendig, allmächtig. Vom relativen Standpunkt betrachtet, zählt jede noch so kleine Formgebung oder Handlung, denn sie entspringt dem Absoluten, dem Einen, dem letztlich Untrennbaren.«

So begann der Karmapa seine Unterweisung. Als seine Erscheinungsform sich wieder in das Nichts auflöste, aus dem sie hervorgegangen war, war das innewohnende Gottesbewußtsein von Trulshik erwacht… in einem nächtlichen Traum erwacht.

Von nun an bestand für Lama Trulshik kein Unterschied mehr zwischen seinen nächtlichen Träumen und den Tagträumen, die ihm vorgaukelten, daß er als isolierte Einzelperson, unabhängig von der Gesamtheit, existierte. Für ihn war alles Flüchtige zum Traum geworden, einer Vision, aus der wir eines Tages erwachen, ganz gleich, wie lang, wie entbehrungsreich und schrecklich der Weg uns bis dahin vorkommen mag.

Der Asket und der
Hundemeister

DER WILDE INDISCHE YOGI KUKKURIPA lebte jahrzehntelang auf einer kleinen Insel in der Mitte eines vergifteten Sees. Splitternackt, mit langen, verfilzten Haaren und bis auf die Knochen abgemagert hauste er in einer Felshöhle, gemeinsam mit fünfhundert Hunden, die er über alle Maßen liebte und als fleischgewordene Götter betrachtete.

Viele Wahrheitssucher gingen zu Kukkuripa, dem Hundemeister, und baten ihn um Einweihung in seine Betrachtungsweise und die wortlose Übertragung seiner Energie. Auch Marpa, der Übersetzer, ließ sich von ihm einweihen.

Später, als Marpa bereits vollends erleuchtet war, pries er Kukkuripa mit folgenden Worten: »Mein glorreicher Hundemeister hat mir gezeigt, daß selbst die niedersten Regungen tierhafter Sinnlichkeit wertvoller sind als Gold und Edelsteine, denn auch sie sind, wie alles andere, von Grund auf rein, sündenfrei und ewig unbefleckt. Alles ist eine Manifestation des absoluten, ungeborenen *Mahamudra*, des Klaren Lichts der Realität; selbst Schatten sind nichts anderes als Licht!«

Es begab sich nun, daß ein Asket namens Nagpo Tschöpa rapide Fortschritte auf dem spirituellen Weg machte und gewisse übernatürliche Kräfte dabei entwickelte. Er hielt sich streng an die Vorschriften seiner uralten Schule und wanderte nackt durch die Straßen, um seine Loslösung von allen irdischen Gepflogenheiten zu demonstrieren.

Einmal begegnete Nagpo Tschöpa einer Weberin auf dem Markt, die ihn durchdringend anblickte und sagte: »Nun, du großer Asket, hast du bereits irgendwelche übersinnlichen Kräfte durch deine Selbstkasteiung entwickelt? Ein Yogi ohne übersinnliche Fähigkeiten ist wie ein Obstbaum ohne Früchte. Welche Früchte hat deine Praxis getragen?«

Nagpo Tschöpa richtete seinen Blick auf einen blühenden Baum am Wegesrand. Es dauerte keine Minute, da fielen dem Baum sämtliche Blätter ab. »Mein äußerlicher Körper ist nackt und unmaskiert«, erklärte Nagpo Tschöpa stolz. »Mein Inneres ist ebenso frei von der Maske der Habgier und Verstrickung.«

Die Weberin zeigte sich unbeeindruckt. »Wenn du vernichten kannst, solltest du auch die Fähigkeit haben, alles wieder heil und ganz zu machen.« So sprach sie, legte ihre Weberei beiseite und deutete mit einem Finger auf die abgefallenen Blätter ringsumher. Im Handumdrehen flogen alle Blätter zurück an den Baum und blühten unversehrt fort.

Anerkennend verneigte der Asket sich vor der heilkräftigen Weberin und ging seiner Wege.

In der nächsten Vollmondnacht veranstaltete Nagpo Tschöpa ein langwieriges und überaus kunstvolles Beschwörungsritual. Er legte erbettelte Speisen, Früchte und Goldopfer auf einen steinernen Altar über dem Leichenverbrennungsplatz im Dorfe und verneigte sich wohl hundertmal in alle Himmelsrichtungen. Dann versetzte er sich in eine meditative Trance und zitierte die Wesen aus der Götterwelt herbei.

Wie schon oft zuvor, erschien ihm die Dakini der Weisheit in Gestalt einer himmlischen Frau. Aber anstatt sich mit all ihren Gespielinnen zu ihm zu gesellen und Nagpos Opfergaben zu würdigen, verkündete die Dakini, daß die Bewohner der Götterwelt heute nacht anderweitig beschäftigt seien. »Es bleibt uns nichts anderes übrig, als uns zum Hundemeister Kukkuripa zu gesellen, denn seine Opfergaben sind die größten«, sprach sie und wollte sich ohne ein weiteres Wort zurückziehen.

Aber der Yogi ließ sich nicht so schnell abspeisen. »Was hat dieser undisziplinierte Hund euch zu geben, das ich nicht tausendfach überbieten könnte?« rief er aufgebracht. »Ich habe mich an sämtliche Instruktionen in den esoterischen Handbüchern gehalten und alle Rituale genauestens befolgt!«

Jetzt nahm die Dakini plötzlich die Gestalt der Weberin auf dem Markt an und sprach in ihrem Tonfall: »Genau das ist es eben, du großer Entsager! Du hältst dich an Vorschriften. Selbst deine Exzentrizitäten sind genauestens kalkuliert! Kukkuripa hingegen hat keine Vorstellungen, an die er sich hält. Nichts stellt er vor das große Auge, das alles durch ihn sieht. Kein Konzept trübt seinen Blick; keine Schriftweisheit plappert er in Gedanken nach. Und da er keine höhere Autorität als die Weisheit seines innewohnenden Urbewußtseins kennt, fühlen wir uns unwiderstehlich zu ihm hingezogen.«

Ehe der Asket einen weiteren Einwand geltend machen konnte, verschwand die Dakini, um mit dem ekstatischen Kukkuripa und seinen fünfhundert Hunden im Mondlicht zu verschmelzen.

Bewußtseinsübertragung

EIN LAMA AUF DER WANDERSCHAFT durchquerte die einsame, windgepeitschte Bergwelt im Norden von Tibet, wo nur wenige Nomadenfamilien mit ihren Yakherden lebten, fernab von allen Klöstern oder sonstigen Lehrstätten. Zu Fuß ging der Lama durch die Einöde, in zerlumpte alte Felle gehüllt, und ernährte sich von den wenigen Kräutern, die er am Wegesrand fand oder von Almosen, die ihm hin und wieder von Schafhirten zugesteckt wurden.

Eines Tages kam eine Frau aus einer windschiefen Steinhütte im Blickfeld des Lamas gelaufen, winkend und gestikulierend, so daß der Lama stehenblieb und sich seinerseits auf den Weg zu ihr machte. »Bist du ein gewöhnlicher Bettler oder ein ausgebildeter Lama?« rief die Frau ihm zu, sobald die beiden sich in Hörweite befanden.

»Weder – noch«, antwortete der Pilger gleichmütig.

Jetzt begann die Frau zu weinen und sagte: »Das Oberhaupt unserer Familie ist gerade gestorben, und nun brauchen wir die Hilfe eines Lamas, der sich auskennt und die Seele unseres geliebten Vaters in eines der Buddhafelder (Paradiese) geleiten kann. Als ich dich dort oben auf dem Hügel vorüberziehen sah, dachte ich, daß dein Auftauchen kein Zufall sein kann. Du bist uns geschickt worden, um uns zu helfen! Bitte komm in unsere Hütte, und zeige dem Geist unseres Vaters, wie er sich von seiner sterblichen Hülle und allem Irdischen lösen kann, damit er eingeht in das selige Buddhafeld von *Dewachen* (ein Seinsbereich des Friedens und der Erkenntnis).«

»Ich bin leider nur ein Anfänger«, gestand der Lama freimütig ein, »und suche selber unablässig nach Erkenntnis und Seelenfrieden. Niemand hat mich in die Praxis der Bewußtseinsübertragung von Verstorbenen eingeweiht, denn das ist eine verborgene Disziplin, eine Kunst, größer womöglich als alle anderen Künste auf dieser Welt. Ich kann weder lesen noch schreiben und habe nur wenige wegweisende Lehren auswendig gelernt.«

So flehentlich und durchdringend war der Blick in den schwarzen Augen der Frau, daß der Lama hinzufügte: »Aber in aller Bescheidenheit muß ich zugeben, daß eine

Fähigkeit in diesem Leben in mir gewachsen ist: unerschütterliche Hingabe und Vertrauen in die Kraft von Lama Karmapa. Kennst du ihn? Karmapa ist ein Buddha, der heute, zu dieser Stunde auf Erden wandelt, in der Gestalt eines Tibeters, im Gewand eines Lamas. Aber er ist ein lebender Buddha.«

»Dann rufe ihn herbei, um unserem Vater das letzte Geleit zu geben«, sprach die Frau, und mit diesen Worten zog sie den Widerstrebenden am Ärmel den Weg entlang und hinein in die Hütte, wo sich die gesamte Familie um den Leichnam versammelt hatte.

Am Totenbett kniete der Lama nieder, und da er es nicht besser wußte, hob er einfach die Arme und rief: »Karmapa Kjenno. Karmapa, höre mich«, wieder und wieder, wie ein wildes Mantra.

Mit der vollsten Inbrunst und tiefsten Verehrung seines Herzens rief der Lama die Hilfe des erleuchteten Karmapa herbei, wohl um die hundertmal. Nach der hundertsten Anrufung wurde ihm eingegeben, die Holzperlen seines buddhistischen Rosenkranzes wie leichte Peitschenhiebe auf den Körper des Verstorbenen niedersausen zu lassen und dem Geist des Mannes zu befehlen, das Paradies von *Dewachen* aufzusuchen, um dort wiedergeboren zu werden und nirgendwo sonst in den vielen sichtbaren und unsichtbaren Welten.

»Karmapa Kjenno, Karmapa Kjenno!« Ein Schlag mit dem Rosenkranz; ein Befehl, im Namen von Karmapa in das Buddhafeld heimzukehren, sich von keiner Erscheinungsform in den Zwischenwelten aufhalten zu lassen. »Karmapa Kjenno!« … stundenlang.

Es war Abend geworden, als sich die ersten Anzeichen einer erfolgreichen Bewußtseinsübertragung (von den Tibetern *Phowa* genannt) bemerkbar machten. Ein zarter, kostbarer Duft entwich dem Kopf des Toten. Die Haare auf der Scheitelspitze fielen langsam heraus, und eine starke Schwellung trat an der Schädeldecke hervor, genau zwischen den Knochen, die als die ›Kronenöffnung‹ bezeichnet werden. Jeder wußte, daß dies Zeichen für ein gelungenes Austreten des Bewußtseinsstroms sind und daß der Vater mit vollem Bewußtsein heimgegangen war in den Urgrund.

Alle Anwesenden lächelten jetzt, jubelten sogar, selbstlos, wie viele von den einfachsten Leuten eben sein können. Sie überhäuften den wandernden Lama mit Glückwünschen, Dankesgeschenken und boten ihm an, sich in der Nähe niederzulassen; man würde ihm ein Steinhaus bauen, ihn zum Lehrer der ganzen Region machen, die Kunde von seiner wundersamen Fähigkeit, das *Phowa* gemeinsam mit einem unsichtbaren Meister zu vollziehen, fern und nah verbreiten.

Eine Weile blieb der Lama bei den Leuten, die jetzt allesamt davon überzeugt worden waren, daß Meister Karmapa ein Tor zu dem Buddhafeld von *Dewachen* ist, auch ohne physische Anwesenheit. Die ganze Familie begann ihn im Geiste anzurufen und um sein Geleit zu bitten, denn jeder wußte, daß der paradiesische Seinszustand von *Dewachen* nicht erst zur Stunde des Todes offensteht, sondern hier und jetzt, in diesem Augenblick, wenn man den Zugang findet.

Irgendwann drang dann die Kunde bis zum Norden von Tibet vor: Der lebende Meister Karmapa war in den Süden des Landes gereist, um die Lehre dort zu verbreiten. Als er dies hörte, verabschiedete der Wandermönch sich von seinen neugewonnenen Freunden und machte sich auf den Weg in den Süden.

Monate später kniete er endlich vor Gyalwa Karmapa und empfing seinen Segen, hinter ihm eine große Schlange wartender Bittsteller, Mönche und Sucher aus allen Teilen Tibets. Aufblickend sah er dem Karmapa direkt ins Auge, ohne ein Wort zu sagen. Ein breites, unwiderstehliches Lächeln flog über das Gesicht des lebenden Buddhas. Er beugte sich vor, neigte seine Lippen dem Wandermönch zu und sagte: »Das war eine ziemlich anstrengende Bewußtseinsübertragung da oben im Norden, wie?«

Gleich darauf hatte der Karmapa seinen Gebetskranz vom Hals genommen, hielt ihn in den Fingern und schlug ihn seinem Gegenüber ein paarmal auf den Kopf, während er hinzufügte: »Aber wir haben es geschafft ... Soweit alles klar?«

»Klar!« rief der Wandermönch mit Tränen in den Augen. Hiermit war ihm unwiderruflich bewiesen worden, daß ein erleuchteter Geist wie der von Karmapa keinen zeitlichen oder räumlichen Begrenzungen unterliegt und sich über alle scheinbaren Hindernisse hinwegsetzt, um seinen Schülern nahe zu sein, in welchen entlegenen Regionen und unsichtbaren Seinsbereichen sie auch wandern mögen.

Der Weihrauchmeister

VOR TAUSENDEN UND ABERTAUSENDEN VON JAHREN lebte ein heiliger Mann in Indien mit dem Namen Vipasyi. Er war schon auf Erden in das Paradies der vollkommenen Selbsterkenntnis eingegangen und kümmerte sich seither nicht länger um sein leibliches Wohlergehen. Ob er hungerte oder während der Regenzeit ein Dach über dem Kopf hatte, war Vipasyi ebenso gleichgültig, wie ob er lebte oder starb. Im Augenblick seiner Erleuchtung hatte er alles erreicht, was er je im Leben ersehnt hatte, und so hockte er bei jedem Wetter ungestört auf einem Stein und rührte keinen Finger, um irgend etwas an seiner Lage zu ändern.

Aber Vipasyi strahlte spürbaren Frieden, glasklare Weisheit und Güte aus, und diese Ausstrahlung zog viele suchende Menschen zu ihm hin. Da Vipasyi jedem erlaubte, sich in seiner wohltuenden Gegenwart aufzuhalten und keinen Unterschied zwischen Gut und Schlecht zu machen schien, boten die dankbaren Leute in seiner Nähe ihm Nahrung, Kleidung, ja sogar Paläste als Behausung an, und so geschah es, daß alles, was Vipasyi nicht für sich selber tun konnte oder wollte, ohne sein Zutun für ihn getan wurde.

Einmal ging ein reicher Kaufmann mit dem Namen Njemay zu Vipasyi, legte ihm köstliche Speisen zu Füßen und sprach: »Ich möchte dich und alle deine Anhänger für drei Monate in meinem Haus beherbergen und jeden Tag mit drei warmen Mahlzeiten verpflegen. Bitte laß mich diese Kleinigkeit für dich tun, denn ein einziger Blick in deine Augen ist mir jedes Opfer wert.«

Vipasyi, der Wunschlose, nickte gleichmütig und lächelte den Kaufmann zustimmend an. In dem Moment trat ein Abgesandter des Königshauses vor und rief: »Halt! Warte, Vipasyi, und höre mich an. Seine Hoheit, der König, hat mich ausgesandt, um dich in seinen Palast zu bringen. Dort kannst du mit Hunderten von deinen Anhängern leben und einen *Ashram* (Lehrstätte) gründen, wenn es dir gefällt. Königlich wirst du bewirtet, gekleidet und behandelt werden. Komm mit mir. Eine berittene Truppe wird dir ein angemessenes Geleit geben.«

Vipasyi schmunzelte und schüttelte den Kopf. »Sage deinem Herrn, dem König, daß ich ihm danke, aber bereits beim Kaufmann Njemay für drei Monate untergekommen bin. Sage ihm, daß seine Hilfsbereitschaft Gutes für ihn bewirken wird, ganz gleich, ob er mir oder einem anderen Menschen hilft.«

Als der König von dieser Absage hörte, fühlte er sich zu einem Konkurrenzkampf herausgefordert. Er zitierte seine engsten Berater herbei und verkündete: »Einer meiner Untertanen ist mir zuvorgekommen. Der Kaufmann Njemay hat mir die Gelegenheit geraubt, dem erleuchteten Vipasyi zu dienen und mir die damit verbundenen spirituellen Verdienste zu erwerben. Was soll ich dagegen tun?«

Ein listenreicher alter Minister meldete sich zu Wort: »Eure Majestät«, begann er, »auch für dieses Problem habe ich eine einfache, aber effektvolle Lösung. Mit Eurer Erlaubnis werde ich den Verkauf von Feuerholz im ganzen Königreich auf der Stelle verbieten. Auf diese Weise wird der arrogante Emporkömmling, der den Namen Eures königlichen Geschlechts verunglimpft hat, bald nicht mehr imstande sein, ein Feuer zu entfachen und Mahlzeiten zu kochen. Die königlichen Vorräte an Feuerholz dürften unterdessen ausreichen, um Vipasyi und eine ganze Armee seiner Schüler für Monde mit warmen Mahlzeiten zu versorgen.«

»Hm, das ist eine gute Idee«, sprach der König. »Ich frage mich nur, ob ich mit dieser Methode auch genügend spirituelle Verdienste erwerbe...« Die Berater am Königshof wackelten bedenklich mit den Köpfen. »Warum tun wir nicht genau das, was der weise Vipasyi gesagt hat?« hub ein weniger angesehener Minister vorsichtig an. »Wir suchen uns einen anderen Erleuchteten, den wir nach besten Kräften unterstützen, und bringen somit ein selbstloses Opfer, das Eurer Majestät ganz sicher eines Tages hoch angerechnet wird.«

Es entspann sich eine aufgeregte Debatte, aber da kein Mensch im ganzen Land so eindeutig erleuchtet und berühmt war wie Vipasyi, beschloß der König schließlich, daß es sich nicht lohnte, einen Geringeren als den Buddha Vipasyi ›selbstlos‹ zu unterstützen, und so wurde noch in derselben Nacht ein Gesetz erlassen, das die Benutzung von Feuerholz im ganzen Land unter Folterstrafe verbot.

Es dauerte eine geraume Weile, bis sich herumsprach, daß der König offenbar den Verstand verloren und das Verbrennen von Feuerholz im Land gesetzlich verboten hatte. Auch stellte das einfache Volk bald fest, daß niemand außer dem reichen Kaufherrn Njemay von den bewaffneten Schergen des Königs bewacht und auf Schritt und Tritt verfolgt wurde. Überall prasselten lustige Feuer, überall wurden Mahlzeiten gekocht und verspeist, nur Njemay und sein Gast, der erleuchtete Vipasyi, mußten rohes Gemüse und Früchte essen. Dem Buddha war dies weder lieb noch unlieb; er gab keine Meinung zu der mißlichen Lage seines Gastgebers ab. Aber Njemay selbst hatte einen rettenden Einfall.

Er ging zum Markt und kaufte einer alten Frau, deren Mann vor kurzem gestorben war, den gesamten Vorrat an Weihrauch ab. Auch bestellte er Nachschub bei ihr – soviel Weihrauch, wie die alte Händlerin von fern und nah besorgen konnte, würde er ihr bis an ihr Lebensende abkaufen und mit mehr als dem gängigen Preis bezahlen. Die alte Frau weinte vor Glück und pries Njemays Namen, bis die Händler aus den umstehenden Buden zusammengelaufen kamen und ihrerseits anfingen, Njemays Loblied zu singen.

Verfolgt von den mißtrauischen Schergen des Königs und einer aufgeregt schnatternden Menschenmenge, lief Njemay in sein Haus zurück. In seiner Küche angekommen, zündete er ein halbes Dutzend Bündel Weihrauch an und kochte eine köstlich duftende Mahlzeit auf dem Feuer, die er Vipasyi und seinen Schülern auf getrockneten Bananenblättern servierte. »Es ist eine große Ehre für mich, einem erwachten Meister dienen zu dürfen«, erklärte Njemay, nachdem er das Tischgebet gesprochen hatte. »Aber ich bete jeden Tag darum, eines Tages mehr als leibliche Speisen servieren zu können.

Mein Wunsch ist, ebenfalls zur Erkenntnis zu gelangen und allen Wesen mit meiner bloßen Gegenwart und Herzensgüte zu helfen.«

Tag für Tag drangen jetzt Weihrauchschwaden aus Njemays Küche und breiteten sich in Wald und Flur aus, allmählich auch in der nahen Stadt, die jetzt überall ›Die Geweihte Stadt‹ genannt wurde und sich einen Namen als Pilgerziel erwarb.

Als der König von dem unerwarteten Ruhm des gewöhnlichen Kaufmanns hörte, entließ er den Minister, der ihn so schlecht beraten hatte, und zog sich aus freien Stücken von den Regierungsgeschäften zurück, um seinem erstgeborenen Sohn die Königskrone zu überlassen. Njemay aber lernte von dem Buddha, den er drei Monate in seinem Haus beherbergte und mit warmen Mahlzeiten verpflegte. Er wurde in den höheren Welten wiedergeboren als *Arhat Angaja,* der weise Weihrauchmeister. Auf Bildern und in Skulpturen wurde er von nun an immer mit einem brennenden Weihrauchgefäß in einer Hand dargestellt. Es heißt, daß jeder, der sein Bildnis erblickt, es berührt oder auch nur den Namen dieses weisen Mannes hört, immens davon profitiert. Ein zarter Weihrauchduft wird jeden begleiten, der dem Pfad der vertrauensvollen Hingabe folgt, wie er uns vom Arhat Angaja gewiesen wurde.

Begegnung mit dem Gott
der Weisheit

YAHDEN TULKU WAR DIE WIEDERGEBURT eines tibetischen Lamas, zur Erde zurückgekehrt, um seine Studien diesmal zu vollenden und alle Schriftweisheit zu transzendieren. Schon im letzten Leben hatte er die heiligen Schriften Tibets und Indiens studiert und war ein Eingeweihter gewesen. Jetzt ging er wieder bei einem Lehrer in die Schule, welcher ihn noch ein Stück weiter auf dem gleichen, altbekannten Weg führen sollte.

Als Yahdens Lehrer im hohen Alter starb, hinterließ er ihm ein handgeschriebenes Büchlein mit Anmerkungen und einer Landkarte, die Yahden den Weg zu einem legendären Berg mit fünf Gipfeln im Westen von China wies. Dieser Berg wird Wu Tai Schan genannt und als die irdische Heimat von Manjusri, dem buddhistischen Gott der Weisheit, bezeichnet. Tausend verschiedene Namen hat Manjusri, so vielfältig ist seine Erscheinungsform. Das goldene Flammenschwert in seiner erhobenen Hand durchtrennt die Schleier der Ignoranz mit einem Streich, so steht es geschrieben, und wer sich mit aufrichtigen Absichten zu dem Berg begibt, wird Manjusri begegnen... in irgendeiner Form, das ist gewiß.

Da Manjusri nur von Menschen mit einem völlig ungetrübten Blick erkannt werden kann, meditierte Yahden auf seinem Weg nach China, und wenn er nicht meditierte, dann sang er die tausend Namen von Manjusri mit lauter Stimme vor sich hin.

Sechs Monate brauchte Yahden Tulku, um den majestätischen Wu Tai Schan mit seinen fünf Gipfeln zu erreichen. Dann endlich begann er, die einhundertundacht

Stufen zu erklimmen, die ihn zu dem lamaistischen Tempel auf der höchsten Spitze des Berges führen sollten.

Drei Elstern hockten auf der großen, schneeweißen Stupa, die Manjusris Haarsträhnen enthält und auf halber Höhe in den Berg gemeißelt ist. Kreischend baten die Vögel den Lama um Krumen. Ansonsten war alles menschenleer und still. In den Gipfeln ringsum rührte sich kein Hauch, kein Gott offenbarte sich, während der betende Lama die steinernen Treppen erklomm.

Weiter oben lag ein räudiger Hund auf einer Treppenstufe in der Sonne, aber er war zu alt und schwach, um Yahden bei seinem Aufstieg zu belästigen. Das goldene Dach des Tempels glänzte wie ein Spiegel im Sonnenlicht und blendete Yahdens Augen. Er schlug sie nieder und heftete sie auf seine müden, geschwollenen Füße.

Dreimal ertönte ein Gong im Inneren des Tempels, geschlagen von einem unsichtbaren Schüler der Gottheit Manjusri. Beflügelt von dem mächtigen Widerhall erklomm Yahden die nächsten Stufen.

Kurz vor den letzten und höchsten Stufen tauchte ein Bettler ohne Beine auf. Er starrte Yahden aus blutunterlaufenen Augen an und schleifte seinen Torso die Stufen herab wie ein Kriechtier, um schließlich eine hornhautbeschichtete Hand vorzustrecken, als bäte er um Almosen.

»Gelobt sei das Eine im Vielen«, röhrte der verkrüppelte Bettler, aber es klang, als wüßte er nicht, wovon er sprach. Hastig nestelte Yahden eine Kleinigkeit aus seinen Taschen hervor und wollte sie dem Bettler reichen. Er wurde mit einem Lächeln belohnt, so strahlend und mitreißend, wie er es seit dem Tode seines geliebten Lehrers nicht mehr im Gesicht eines Menschen gesehen hatte.

»Gelobt sei das Eine im Vielen und die Vielheit des Einen! Kleinkram nehme ich nicht an«, rief der Bettler, immer noch auf eine Weise lächelnd, daß der Lama mit unaussprechlicher Wonne und Zuversicht überflutet wurde. »Ich verlange das ganze Herz!«

Nun endlich wußte Yahden, wen er vor sich hatte. Aber im selben Moment war die Inkarnation der Weisheit bereits spurlos verschwunden.

Suchend blickte Yahden sich um und sprang die letzten Stufen hinan. Der Gong im Tempel ertönte einhundertundachtmal. Was blieb Yahden Tulku übrig, als sich ebenso viele Male vor Manjusris Schrein auf dem Gipfel der höchsten Bergspitze zu verneigen, während die Elstern auf der Stupa zeterten, als wollten sie ihn auslachen.

Tursis Heimkehr

KHENPO YONGA WAR DER ABT des Gemang-Kloster in Kham und lebte im neunzehnten Jahrhundert. Vor seinem Amtsantritt war er von mehreren großen Lehrern eingeweiht worden, unter anderen von dem berühmtesten *Dzogchen*-Meister seiner Zeit, Patrul Rinpoche. *Dzogchen* ist die Lehre von der spontanen Erkenntnis und daher im eigentlichen Sinne keine Lehre, sondern eher ein fundamental erschütterndes Ereignis, bei dem oft schlagartig offenbart wird, was niemals verborgen war.

Nach seiner Erleuchtung versammelte Khenpo Yonga zahlreiche Anhänger um sich, die meisten davon gelehrte Lamas und männliche Klosterschüler, deren Geschichten durchaus erzählenswert und lehrreich wären, doch keine ist so erstaunlich wie die von Tursi.

Tsuri war noch ein junges Mädchen, als sie Khenpo

Yonga zum erstenmal sprechen hörte. Fortan ging sie so oft wie irgend möglich in das Gemang-Kloster, und eines Tages brachte sie ein kleines Zelt mit, das sie vor den Klostermauern aufstellte und als Herberge benutzte, um morgens pünktlich zum Beginn der ersten Diskurse zur Stelle zu sein.

Schüchtern und bescheiden hielt sie sich stets im Hintergrund, während ihre männlichen Kollegen Fragen stellten und Khenpo Yonga oder Tulku Mura, ein anderer erleuchteter Lama, die Fragen in rascher Folge beantworteten. Tursi wirkte dermaßen verletzlich, daß die Mönche es nicht lassen konnten, sie hin und wieder zu hänseln oder wenigstens zu versuchen, sie mit Witzen aus sich herauszulocken. Aber anstatt mitzulachen, brach sie jedesmal in Tränen aus, und so hatte sich bald herumgesprochen, daß sie ein übersensibles Wesen war – und zudem leider vollkommen humorlos. Aber ihre Ausdauer und glühende Verehrung für Khenpo und Tulku Mura bewahrten Tursi davor, aus der Gemeinde fortgeschrittener Lamas im Gemang-Kloster ausgestoßen zu werden.

Eines Morgens beim Diskurs entfuhr Tursi dann ein Pups, und zwar gerade als Khenpo Yonga die immense Leere erwähnte, der alle Dinge entspringen. Alle bogen sich vor Lachen über diesen einmalig humanen Kommentar zu den buddhistischen Lehren. Tursi schlug die Hände vor das Gesicht und begann zu weinen. Später bat sie Khenpo Yonga um Vergebung, worauf der herzensgute Meister ihr klarmachte, daß Zwanglosigkeit eine Grundvoraussetzung bei der Vermittlung von authentischen Lehren sei. Nachdem er Tursi von jeder Schuld freigesprochen hatte, bedankte Khenpo Yonga sich sogar bei ihr für den spontanen Beitrag zum morgendlichen Unterricht.

Nach dieser Zwiesprache zog Tursi sich wie gewöhnlich zurück, um allein in den Bergen zu meditieren. Das

Kloster versorgte die junge Frau weder mit Mahlzeiten noch mit einer Mönchszelle zum Schlafen, und so wäre es für Tursi am bequemsten gewesen, wenn sie die Unterstützung ihrer Eltern angenommen hätte, denn sie war das einzige Kind wohlhabender Kaufleute, die es sich leisten konnten, der Tochter jeden Tag frischen Proviant zu schicken und alles, was sie zum Leben brauchte. Aber sie behielt nichts, was man ihr zusteckte, und selbst wenn sie ihre Familie besuchte, ging sie niemals ins Haus, sondern schlug ihr Zelt vor den Toren des Anwesens auf.

Bei einem solchen Besuch wurde Tursi eines Tages von Schafhirten beim Baden im Fluß beobachtet. Tursi hatte sich nackt ausgezogen und ihren Körper langsam und ritualistisch gewaschen, anstatt zu diesem Zweck nach Haus zu gehen wie jeder normale Mensch. Als Tursis Eltern davon hörten, waren sie ernstlich beunruhigt, und die Mutter sprach: »Unsere Tochter hat sich zu lange im Kloster aufgehalten und offenbar jeden Sinn für normale Verhaltensformen verloren. Ich mache mir große Sorgen über ihre Geistesverfassung.«

Beide Eltern stellten Tursi vor ihrem Zelt zur Rede. »Was meinst du, welchen Eindruck es auf die Leute macht, wenn du dich nackt im Fluß wäschst, anstatt zu uns zu kommen, die dir alles bieten und geben können?«

Leise entgegnete Tursi: »Ich habe mich gereinigt, weil ich heute zum letztenmal in euer Haus komme.«

»Was redest du da?« rief die verstörte Mutter. »Hast du deinen gesunden Menschenverstand verloren? Auf einmal willst du unser Haus betreten, nachdem du dich jahrelang standhaft geweigert hast? Was ist jetzt wieder in dich gefahren!?«

Einlenkend meinte Tursis Vater: »Sie wird ihre Gründe haben. Laß sie nur. Die ganzen Jahre hast du dir schließlich nichts sehnlicher gewünscht, als unsere Tochter im Hause zu haben.«

So betrat Tursi ihr Elternhaus und verbrachte den

ganzen Tag mit ihrer Familie. Am Abend zog sie ein Buch aus den Falten ihres Gewandes und legte es auf den Hausaltar. »Dieses Buch enthält wichtige Instruktionen«, sagte sie. »Aber es gibt noch einen anderen Grund, warum ich es euch hierlassen will. Es ist von Khenpo Yonga und Tulku Mura persönlich gesegnet worden, und so enthält es die Energie dieses Segens.«

Die Eltern tauschten einen verstohlenen Blick miteinander, denn beide mußten unwillkürlich daran denken, daß Tursis verehrter Lehrer Tulku Mura vor wenigen Tagen gestorben war, was sie der überempfindlichen Tochter wohlweislich vorenthalten hatten.

Tursi sah den Blick, mit dem ihre Eltern die Wahrheit zu verbergen suchten, und sagte: »Ich weiß intuitiv, daß Tulku Mura vor kurzem heimgegangen ist, denn so etwas kann mir nicht verborgen bleiben. Ihr wolltet seinen Tod vor mir geheimhalten, um mich zu schonen, nicht wahr?«

Die Eltern nickten und sagten: »Wir haben uns Sorgen um dich gemacht und gedacht, daß du die Nachricht wahrscheinlich nicht verkraften kannst.«

»Ihr versteht nicht, worum es geht«, antwortete Tursi. »Ob Tulku Mura lebt oder stirbt, ist letztlich vollkommen gleich. Er existiert im tiefsten Grunde meines Seins.«

Beide Eltern nickten ergeben, denn für sie klangen solche Aussagen zwar weise und wohltuend, aber es handelte sich nicht um Tatsachen, die sie im eigenen Herzen spüren konnten. Wieder wies Tursi darauf hin, daß das Buch auf dem Hausaltar von zwei Erleuchteten gesegnet worden war, und erklärte: »Es gibt nichts Kostbareres als dies auf der Welt. Laßt das Buch auf eurem Altar liegen und kniet davor nieder, um den Segen zu empfangen. Und bevor ich gehe, muß jeder von euch das Buch auf seinen Kopf legen und ein aufrichtiges Gebet dazu sprechen, damit ihr wißt, daß nichts unmöglich ist.«

Tursis Vater war sofort bereit, den absonderlichen

Wunsch seiner Tochter zu erfüllen und das Buch auf seinen Kopf zu legen. Aber die Mutter sagte: »Ich habe die Ermächtigungen und Instruktionen bereits von Khenpo Yonga und Tulku Mura in Person empfangen. Jetzt muß ich mir wirklich nicht noch ein Buch auf den Kopf legen, das die beiden irgendwann einmal angefaßt haben!«

»Nun tu doch, was unsere einzige Tochter sagt«, brummte der Vater. »Tursi ist eine Eingeweihte, und so kann es nichts schaden, wenn wir tun, was sie für so wichtig hält.«

Nachdem beide Eltern das Buch eine Weile lang auf dem Kopf gehabt hatten, legte Tursi es mit einer andächtigen Geste zurück auf den Hausaltar und ging hinaus zu ihrem Zelt, um die Nacht darin zu verbringen.

In jener Nacht fiel der Schnee in dicken Flocken. Als die Eltern am nächsten Morgen nach dem Rechten sehen wollten, war Tursi spurlos verschwunden.

»Oh, diese Verrückte!« schrie Tursis leidgeprüfte Mutter. »Sie ist irgendwo im Schneegestöber steckengeblieben, und jetzt müssen wir überall nach ihr suchen.« Auf der Anhöhe hinter seinem Haus fand der Vater das Gewand seiner Tochter und ihr Unterhemd. Suchend und meilenweit im Umkreis umherirrend, fand er seine Tochter schließlich auf einem tiefverschneiten Hügel über dem Leichenhof sitzen, splitternackt, in aufrechter Meditationshaltung, ihre Hände erstarrt in der Gestik des weiblichen Buddhas Tara. Das Mädchen war tot.

Anstatt verzweifelt zu sein, stellte der Vater zum eigenen Erstaunen fest, daß er tief beeindruckt war und keinen Schmerz empfand. Seine Tochter war offenbar mit vollem Bewußtsein gestorben und damit dem ewigen Kreislauf von Geburt und Tod entronnen, denn hier saß sie mit einem kaum merklichen Lächeln im Gesicht und demonstrierte die Fähigkeiten der Adepten aus den ältesten Überlieferungen.

Eine nähere Untersuchung ergab, daß der Bereich in

der Nähe des Herzens noch immer deutliche Wärme verströmte, während alle anderen Körperteile steif und erkaltet waren, genauso, wie es im tibetischen Yoga und den medizinischen Texten beschrieben wird. Für die Tibeter ist dies das Merkmal eines Zustands der Verschmelzung mit dem Klaren Licht, das den Seelen im Augenblick des Austritts aus der Fleischhülle erscheint. So wagte der Vater es nicht, den Leichnam fortzuschaffen, und ließ seine Tochter ungestört auf dem Hügel sitzen.

Das Schicksal wollte, daß Khenpo Yonga zur Zeit mit einer kleinen Gefolgschaft auf dem Weg in ein nahes Kloster war. Tursis Vater fing die Reisegesellschaft am Wegesrand ab und berichtete dem Meister, was sich in der vergangenen Nacht ereignet hatte.

Khenpo Yonga und seine Lamas eilten zu dem Hügel, auf dessen Spitze Tursi nun schon seit mehr als zwölf Stunden im Schnee saß wie eine Buddhastatue. Noch immer hatte ihre nackte Haut einen schwachen, rosigen Schimmer, als befände sich die Tote lediglich in tiefster Selbstversenkung und müßte jeden Moment die Augen aufschlagen. Der Meister und viel Volk aus den umliegenden Dörfern errichteten ein Zeltlager am Fuße des Hügels und beobachteten, was von Stunde zu Stunde geschah.

Erst am dritten Tag sackte der Leichnam in sich zusammen, und jetzt erst verschwand jedes Anzeichen von Wärme und Lebenskraft. Khenpo Yonga trug seinen Mönchen auf, eine Stupa zu bauen, ein steinernes Grabmal, wie es für die größten Lamas des Landes errichtet wird.

Ein zeremonielles Feueropfer wurde vorbereitet. Dann vollzog Khenpo Yonga das Bestattungsritual und erklärte in seiner Gedenkrede: »Schon seit Jahren ist Tursi im Begriff gewesen, mit dem Klaren Licht der eigenen Grundnatur zu verschmelzen. Seht ihr nun, daß ihre außerordentliche Verwundbarkeit kein Zeichen von Schwäche war? Nur wer absolut offen und transparent wird, kann mit dem Klaren Licht verschmelzen. Im Tode ist ihr die endgültige Heimkehr gelungen. Gepriesen sei sie, die Inkarnation von Tara, unsere erleuchtete Weggefährtin! Laßt uns ihr alle folgen!«

In Tursis Asche fanden die Lamas einen unversehrt erhalten gebliebenen Knochen, einen Rückenwirbel, geformt wie das Ebenbild der sitzenden Toten in der klassischen Haltung der Weißen Tara. Dieser Talisman wird seither als Reliquie im Gemang-Kloster aufbewahrt, ebenso wie eine kleine, glockenförmige Stupa, die aus dem Rest von Tursis Asche geformt wurde.

Ein Schaf, ein Ochse und eine Ziege nehmen Zuflucht

ES WAR EINMAL EIN GROSSES, FETTES WOLLSCHAF, das gemeinsam mit einem Ochsen, einer Ziege und mehreren anderen Schlachttieren im Vorhof eines tibetischen Klosters graste. Die Mönche im Inneren des Klosters hatten gerade Besuch bekommen: Eine erlauchte Gesellschaft rein vegetarisch lebender Lamas war aus dem Süden Tibets angereist und mit gebührender Ehrerbietung in Empfang genommen worden.

Schon bald stellten die Besucher jedoch fest, daß ihre Gastgeber das Fleisch geschlachteter Tiere zu sich nahmen, also nicht streng nach den Regeln der Gewaltlosigkeit gegenüber allen fühlenden Wesen lebten, wie von Buddha vorgeschrieben. Daraufhin entspann sich eine heftige Debatte, die nun schon seit Stunden fortgesetzt wurde. Das neugierige Schaf stellte sich unter ein Fenster und hörte zu, während beide Parteien eifrig miteinander diskutierten.

Gerade parierte ein Lama den Vorwurf der Besucher und sagte: »Hier im Norden ist der Erdboden so unfruchtbar, daß wir verhungern müßten, wenn wir uns nur von Pflanzen ernähren würden. Selbstverständlich hat Buddha gesagt, daß wir keine Tiere *töten* sollen. Aber von *essen* war keine Rede.«

Die gastgebenden Mönche schmunzelten, aber ein Lama von der anderen Partei rief: »Seht ihr, damit akzeptiert ihr doch genau den Punkt, um den es hier geht. Ohne zu töten könnt ihr kein Fleisch essen.«

»Und was ist mit den Leder- oder Fellstiefeln, die ihr allesamt an den Füßen habt?« warf einer von den Fleischessern ein. »Ganz zu schweigen von dem Seidenbrokat, mit dem ihr eure Festtagsroben und Altäre schmückt! Ist Seide nicht aus den Tränen von zehntausend lebendig aufgebrühten Seidenraupen gewirkt? Und wie viele Elefanten mußten ihr Leben lassen, um euch das Elfenbein für die Perlen eurer Gebetskränze zu hinterlassen?«

Dieser Einwand mußte von der vegetarischen Partei als stichhaltig akzeptiert werden. Eifrig fuhrt der Fleischesser fort: »Denkt ihr jemals an die zahllosen Insekten, die beim Pflügen, Bewässern und Ernten auf den Feldern zugrunde gehen, nur damit wir ein paar Pfund Reis und Graupen ernten oder etwas Gemüse? Ist es nicht sinnvoller, das Leben eines einzigen großen Tieres zu opfern und eine Vielzahl von Lebewesen damit zu ernähren, als Milliarden Winzlinge zu vernichten, um ein bißchen Mehl zum Brotbacken zusammenzuklauben?«

Eine leichte Unruhe bemächtigte sich des Schafes, als

es diese Worte hörte. Sicher verstand es den gesamten Sinn dieser Rede nicht, doch drangen genügend Alarmsignale in sein dämmriges Halbbewußtsein vor, daß es laut aufblökte. Der alte Ochse und die Ziege kamen herbeigetrabt, um zu sehen, warum das Schaf so unheilverkündend geblökt hatte. Sie stellten sich ebenfalls in die Nähe der Fensterluke und hörten den debattierenden Lamas zu.

Ein Lama rief gerade: »Das Leid aller fühlenden Wesen ist so gewaltig... Es übersteigt das Fassungsvermögen der meisten Menschen, wie ein Tier sich fühlen mag, das geschlachtet werden soll. Aber der Mensch ist der Hüter dieser Erde, und als solcher muß er Verantwortung für die Folgen seiner Taten übernehmen, auch wenn er diese Folgen nicht bewußt absehen kann.«

An diesem Punkt trat ein junger Lama an das Fenster und sprach die uralte Gebetsformel: »Ich nehme Zuflucht in dem *Buddha;* ich nehme Zuflucht im *Dharma* (Buddhas Lehre); ich nehme Zuflucht in der *Sangha* (Buddhas Schülergemeinde).« Die Tiere im Hof hatten die Formel schon oft gehört und beruhigten sich unter dem Einfluß dieser Gedanken. »Wir nehmen Zuflucht in dem, der uns nichts zuleide tun will«, dachten der Ochse, das Schaf und die Ziege bei sich, denn die Essenz von großen Gedanken dringt sehr wohl in das Hirn vieler Tiere ein und wird von ihnen im Lauf der Zeit absorbiert.

Jedenfalls fürchteten die Tiere sich nicht, als derselbe junge Lama den Hof betrat, nachdem die Vegetarier sich verabschiedet hatten und weitergezogen waren. Zufrieden vor sich hinkauend, beäugten sie ihn nur. Auch das blanke Messer in der Hand des Bauernsohns, der den Lama an diesem Tag begleitete, flößte ihnen keine Sorge ein, und keine Erinnerung an frühere Begegnungen mit dem grobschlächtigen Bauernsohn wurden in ihnen wach.

»Om Mani Padme Hum«, murmelte der Lama ein

ums andere Mal, während er die Herde prüfend begutachtete. Auch diese Worte waren den Tieren höchst angenehm und wohlvertraut, denn es ist das Mantra der grenzenlosen Nächstenliebe und somit ein großer, allesdurchdringender Gedanke.

»Friede sei mit euch«, dachte das Schaf, »denn durch euch wird mir Zuflucht in der *Sangha,* der Gemeinschaft der Schüler des Buddhas, gewährt.«

Im nächsten Moment zeigte der junge Lama mit dem Finger auf das Schaf und wandte sich ab. Der Bauernsohn stürzte sich auf das friedlich grasende Tier, fesselte seine Beine gekonnt mit zwei Stricken und schleifte das Schaf fort zum Schlachten.

Der Ochse und die Ziege erschraken zutiefst. Zweifel an der Wahrhaftigkeit des Lamas, welcher weiterhin »Om Mani Padme Hum« murmelte, breiteten sich in ihren Hirnen aus. Die Lehre des Buddhas erschien ihnen plötzlich höchst fragwürdig. »Nun ja«, brummte der Ochse, nachdem er sich die Sache eine Weile lang gut überlegt hatte. »Das Schaf war viel zu stolz auf seine Wolle und seinen gut gemästeten Bauch. Und wenn man es recht bedenkt, dann war es wohl auch vermessen, sich zu der Gemeinschaft der Schüler des Buddhas zu zählen. Kein Wunder, daß der Lama diese Kreatur geopfert hat. Mir kann so etwas nicht passieren, denn ich bin ein verdienstvolles Zugtier, das den Mönchen jahrein, jahraus beim Pflügen und Lastenschleppen gedient hat. Ich suche keine Zuflucht in der *Sangha* des Buddhas, zu der auch der Schlächter gehört, wie man sieht. Ich nehme Zuflucht in dem *Dharma,* der Heilslehre des Buddhas!«

Wenig später kehrte der Lama jedoch mit dem Bauernsohn zurück, und diesmal deutete er auf den Ochsen, während er das Mantra der grenzenlosen Nächstenliebe wiederholte. Der Ochs wurde gefesselt und brüllend ins Schlachthaus geschleppt, und nun war es an der Ziege, sich ernste Gedanken über die Wahrhaftigkeit der von Menschen verbreiteten Lehren zu machen.

»Gottlob bin ich vollkommen nutzlos«, dachte sie langsam kauend bei sich. »Meine Milch ist versiegt, meine Haut vernarbt, mein Fleisch bitter und sehnig... Wohl dem, der zu nichts nütze ist! Ich nehme Zuflucht in dem *Buddha*, der alle Wesen rettet, ganz gleich, wie erhaben oder gering sie sind!«

Bald schon kehrte der Lama mit seinem Gesellen zurück, und diesmal wurde die Ziege davongeschleppt. Im Schlachthaus hing eine Fledermaus kopfüber von einem Dachbalken herab und wurde nun von den erbärmlichen Schmerzensschreien der Ziege aus dem Schlaf gerissen. Blinzelnd blickte die Fledermaus auf das blutige Treiben unter sich herab und dachte in einem flüchtigen Augenblick geistiger Klarheit: »Meine angeborene Buddha-Natur ist die einzige Zuflucht, die es überhaupt gibt.«

Dann schlossen sich ihre Augen, und die Fledermaus schlief wieder ein Stück tiefer ein.

Atishas Erwachen

ATISHA WAR DER SOHN EINES LANDESFÜRSTEN, der über ein winziges Königreich in Ost-Bengalen herrschte. Er wurde im Jahre 980 geboren und war noch ein Kind, als ihm die Grüne Tara in einem Wachtraum erschien, während eine tonlose Stimme in seinem Inneren verkündete: »Atisha, höre gut zu. Du bist nicht für das weltliche Leben bestimmt und mußt dich gar nicht erst darin verstricken. In deinen letzten 552 Inkarnationen hast du stets um Selbsterkenntnis gerungen und auf unzähligen Wegen nur danach gestrebt. In diesem Leben nun wird dir der große Wurf gelingen. Du wirst vollends erwachen und zahllosen Suchern als Wegweiser dienen!«

Bald darauf legte Atisha die Mönchsgelübde ab und ging bei den spirituellen Meistern seiner Zeit in die Lehre. Der tantrische Meister Rahula bildete den jungen Mann bis zur Stufe eines *Acharya* aus (Professor der Spiritualität).

Der junge Professor erwarb sich einen Namen als charismatischer Sprecher, wobei ihm selbst jedoch klar war, daß Wortgewandtheit und konzeptuelles Verständnis allein nicht genügten, und so suchte er weiterhin nach dem kürzesten Weg zur vollkommenen Erleuchtung. »Auf dem Pfad der alles-verzeihenden Nächstenliebe (im Buddhismus der *Bodhisattva*-Weg genannt) dauert es Äonen, bis ich erleuchtet werde«, dachte Atisha eines Abends bei sich. »Als Bodhisattva bemühe ich mich ständig darum, das Licht in allen anderen Wesen zu erkennen, während ich mich selbst zurückstelle und ihnen jede Transgression verzeihe. Auf diesem Weg muß ich unter Umständen noch jahrtausendelang im Reich der Selbsttäuschung herumirren...«

Eine immense Trauer und Müdigkeit überkam den jungen Mann. Er legte sich auf den Boden zum Schlafen, fuhr jedoch mit einem Ruck wieder auf, denn er spürte den Aufruf seines letzten Meisters. Unverzüglich machte Atisha sich auf den Weg zu dem Tantriker Rahula.

»Ah, da bist du ja«, rief Rahula beim Anblick des verstört aussehenden Professors. »Sehr gut. Ich habe dich gerufen. Und nun höre gut zu: Jede Form der Selbstbezogenheit hindert dich daran, vollends in das einzugehen, was wir als das Große Selbst, den universellen Urgrund aller einzelnen kleinen ›Ichs‹ bezeichnen. Auch wenn du außersinnliche Wahrnehmungen entwickelst, deine geistige Gewandtheit bis zur Genialität schärfst, dich in meditativer Selbstversenkung hervortust und Stunden im Nirvana verbringst, ist es letzten Endes ein Umweg. Du mußt dein kleines Selbst (Ego) als einen gedanklichen Irrtum durchschauen – was dir bereits wiederholt gelungen ist. Nach dieser Einsicht wird klar, daß das Ego in jedem anderen Menschen ebenfalls ein gedanklicher Irrtum ist, dem du keinerlei Gewicht beimessen darfst, denn damit verstärkst du das gegenseitige Gefühl, daß das Ego Realität besitzt. Erkenne das Große Selbst in jeder Manifestation, die dir entgegentritt. Nur so erkennst du dein Großes Selbst wirklich überall. Das nennt man Selbstlose Hingabe, und es ist die Hingabe von etwas Unwirklichem, damit das Wirkliche, das wir alle miteinander teilen, gemeinsam wiedererkannt werden kann. Du *bist*, was du in anderen siehst! Sieh das Licht in allen anderen, mein Freund, das ist der praktischste und kürzeste Weg zu deiner ›eigenen‹ Erleuchtung.«

Atisha nickte und dankte Rahula. Die Instruktionen waren ihm wohlbekannt, aber die Worte aus dem Munde eines lichterfüllten Menschen zu hören und zu wissen, daß Rahula das Licht in ihm, dem Schüler, ansprach und erkannte, ließ ihn eine Liebe jenseits aller Worte empfinden.

»*Wer* ist es denn, der dem Reich der Selbsttäuschungen entfliehen und in den Urgrund (Nirvana) eingehen will?« fuhr Rahula fort. »Dieser ›Jemand‹, der das eine ablehnt und das andere anstrebt, ist eine gedankliche Projektion, wie du weißt. Erkenne die Tatsache, daß solche Gedanken eine Dualität voraussetzen, die niemals wahrhaft existiert hat. Der absolute innere Friede ist in jedem Augenblick in dir, in deinem reinen Sein. Wer strebt und sucht und schaut, übersieht das, was immer schon vorhanden war und alles die ganze Zeit sieht.«

Wieder nickte Atisha, verständnisvoll, wie schon Tausende von Malen zuvor ... Doch im nächsten Augenblick dachte er bereits weiter und kommentierte innerlich, daß Erfahrungen kommen und gehen und daher nicht das Konstante sein können, das, was nie verlorengeht und dessen Erkenntnis die unwiederbringliche Rückkehr zum Ursprung ist. Er seufzte und fragte Rahula: »Was soll ich tun, um selbstlose Hingabe zu entwickeln?«

»Es gibt nichts zu entwickeln!« gab Rahula zurück. »Alles Tun führt dich nur von dir selber fort. Aber solange du deine Suche nicht lassen kannst, rate ich dir folgendes: Identifiziere dich mit dem Buddha der Grenzenlosen Nächstenliebe und wisse, daß *Chenrezig* (wie die Tibeter diese Kraft nennen) und du ein und dasselbe sind.«

Rastlos und vorauseilend, wie der Verstand von Natur aus ist, suchte Atisha in Gedanken weiterhin nach dem kürzesten Weg zur Erleuchtung. Sicherheitshalber praktizierte er allerlei unterschiedliche Meditationstechniken und ging oft nach Bodh Gaya, dem Ort, an dem Gautam Buddha erleuchtet wurde, um die große Stupa des Buddhas zu umkreisen.

Gerade war er mehrere hundert Male um die Stupa herumgelaufen und hatte sich dabei mit *Chenrezig* identifiziert, als zwei Frauen in seiner Nähe Platz nahmen und ein Gespräch miteinander begannen.

»Was meinst du«, erkundigte die eine sich bei der anderen, »wie erlangt man die perfekte Erleuchtung am schnellsten?«

Ein rascher Seitenblick auf die beiden verriet Atisha, daß diese Frauen keine gewöhnlichen Sucher waren. Ihre Gesichter leuchteten, als würden sie von innen illuminiert, und in ihren Gebärden lag eine Eleganz, die nur der tiefsten Seelenruhe entspringen kann. Da wußte Atisha, daß sie Abgesandte aus einer höheren Welt waren, deren Worte eigentlich ihm, dem heimlichen Mithörer, galten.

Verschmitzt lächelnd entgegnete die andere Frau: »Selbstaufgabe ist der kürzeste Weg – wie könnte es anders sein? Du gibst die Idee eines getrennten Selbst auf und damit dein Leid. Danach gibt es nur noch eins zu tun auf dieser Welt: Anderen nach bestem Vermögen zu helfen.«

Am nächsten Tag saß Atisha unter dem Bodhi-Baum und meditierte, als eine häßliche alte Bettlerin in seiner Nähe Platz nahm. Ein Leprakranker humpelte herbei und begann ein Gespräch mit der Bettlerin. Atisha wollte nicht zuhören, aber ein Gesprächsfetzen blieb in seinem Hirn haften: Die alte Bettlerin erklärte dem Leprösen, daß bedingungsloses Mitfühlen der beste Weg aus dem Elend sei. »Versetze dich in die anderen hinein, anstatt Verständnis und Hilfe von ihnen zu erwarten«, belehrte sie ihren Leidensgenossen. »Dein Egoismus hält dich in deinem Zustand gefangen.«

»Merkwürdig«, dachte Atisha. »Anscheinend kennt jeder hier den kürzesten Weg zur Erleuchtung und stimmt mit meinem Lehrer überein. Nur ich bin immer noch nicht frei von meinen ewigen Zweifeln.«

Am Tag darauf lief Atisha betend mit seinem Rosenkranz in der Hand um den heiligen Schrein in Bodh Gaya herum, als das laute Zwitschern eines Vogels ihn aus seinen Gedanken riß. Der Vogel hatte in einer Nische Platz genommen, direkt auf dem Knie einer kleinen Steinfigur, die den Buddha Chenrezig darstellte. Und dann war es, als hätte der Vogel mit seinem fordernden Zwitschern genau die Frage gestellt, die Atisha bewegte. Und als Atishas Blick auf Chenrezigs Gesichtszüge fiel, war es, als antwortete der Buddha der Nächstenliebe auf genau diese Frage und sagte: »Um dich endgültig im wahren Sein zu verfestigen, mußt du jeden Gedanken an deinen eigenen Vorteil aufgeben. So paradox es klingt, du mußt die Bürde all deiner Brüder und Schwestern auf dich nehmen und ihnen jede vermeintliche Schuld vergeben. Nur so kannst du dich endgültig von der Illusion eines getrennten Daseins in Sünde und Schuld erlösen.«

Atisha stand stockstill, überflutet von der großen Erkenntnis, die er schon so oft zuvor gehabt hatte, nun aber frei von jedem Zweifel über seinen Weg. Vor seinen inneren Augen tauchte ein Bild auf: Er sah einen Mann, der eine allumfassende Liebe verströmte. In einem fremden Land saß er unter Palmen im Sand und winkte Atisha zu sich, um ihm einen Platz auf seiner eigenen strohgeflochtenen Sitzmatte anzubieten.

Wenig später begab Atisha sich auf die Reise nach Sumatra, einer Tropeninsel, wo der erleuchtete Meister Serlingpa bereits auf ihn wartete. Zwölf Jahre verbrachte Atisha bei diesem letzten seiner Lehrer und empfing von ihm in zumeist wortloser Transmission, was Serlingpa der Menschheit zu geben hatte.

Als Serlingpa die Welt verließ, wurde Atisha sein bedeutendster Nachfolger, Hüter einer einzigartigen Geheimpraxis des Mahayana-Buddhismus. *Tonglen* heißt diese Praxis, was soviel wie ›Auswechsel‹ bedeutet, denn beim *Tonglen* übernimmt man die dunklen, gewalttätigen Projektionen des Egoismus anderer Menschen und zieht diese Energie bewußt ins eigene Herz hinein, um sie dort in das klare Licht reiner Liebe zu verwandeln. *Tonglen*, wenn von geübten Adepten praktiziert, erzielt die erstaunlichsten Heilerfolge, aber es ist eine Methode mit so weitreichenden Implikationen, daß sie bis zur Mitte des zwanzigsten Jahrhunderts noch streng geheimgehalten wurde.

In den folgenden Jahren ging Atisha zurück nach Indien, um an der Universität von Vikramaschila zu lehren. Tausende kamen auf diese Weise in Kontakt mit ihm und wurden durch seine Gotteserkenntnis an ihre eigene Ganzheit und Vollkommenheit erinnert. So erfüllte sich die Prophezeiung der Grünen Tara, und eines Tages hörte auch der damalige König von Tibet von Guru

Atisha und seiner ansteckenden Nächstenliebe. Er sandte eine Truppe von Botschaftern nach Indien mit dem Auftrag, Atisha für viel Gold und noch mehr gute Worte nach Tibet zu bringen.

Zunächst bat Atisha um Bedenkzeit, aber in Wahrheit wollte er nicht nachdenken, nicht in seinem Gedächtnis nach der richtigen Antwort suchen, sondern innerlich Kontakt mit Chenrezig und Tara aufnehmen und sie um geistige Führung bitten.

Tara ließ ihre tonlose Stimme vernehmen und erklärte, daß Tibet für alle Zeit von Atishas Anwesenheit profitieren würde. Allerdings fügte sie hinzu, daß er in Tibet nur zweiundsiebzig Jahre alt werden würde, während er zweiundneunzig Jahre leben konnte, falls er in Indien blieb. Daraufhin machte Atisha sich bedenkenlos auf den langen Weg nach Tibet.

Dem Einfluß dieses einzelnen Mannes ist es zu verdanken, daß der tibetische Buddhismus der damaligen Zeit eine grundsätzliche Erneuerung erfuhr, wodurch auch die Sitten einer degenerierten Gesellschaft von Grund auf erneuert werden konnten. In Tibet wurde Atisha als der ›Zufluchtslehrer‹ berühmt, denn durch ihn fanden zahllose Menschen den Ausweg aus dem Labyrinth wechselseitiger Projektionen. Im Alter von zweiundsiebzig Jahren verließ er diese Welt und ging heim in die Unendlichkeit, wie es von Tara vorausgesagt worden war.

Ein Wald voller Taras

ÄONEN VOR UNSERER ZEIT lebte eine Frau auf dieser Erde, die auf den schönen Namen Weisheitsmond hörte. Sie war ein weiblicher Bodhisattva und in ihrer Jugend bereits sehr weit fortgeschritten auf dem spirituellen Weg, aber ein paar Yogis aus ihrem Dorf fühlten sich dennoch berufen, ihr weiterführende Instruktionen zu erteilen, auch wenn Weisheitsmond sie nie darum gebeten hatte.

Als Weisheitsmond eines Morgens zum Brunnen ging, um Wasser für ihre Familie zu schöpfen, traten die Yogis an sie heran und sprachen: »Weisheitsmond, du bist eine kluge Frau und hast vielversprechende Fähigkeiten. Deshalb raten wir dir, darum zu beten, daß du im nächsten und allen nachfolgenden Leben als Mann wiedergeboren wirst, damit du eines Tages vollkommen erleuchtet werden kannst.«

Weisheitsmond schüttelte ihren Kopf und sagte: »Derartige Differenzierungen zwischen ›Mann‹ und ›Frau‹, zwischen ›Ich‹ und ›Anderen‹, sind das Merkmal eines Geistes, der zwar Unterscheidungsvermögen entwickelt hat, aber noch nicht über das dualistische Realitätsbild hinausgegangen ist. Wie könnt ihr als angebliche Yogis und spirituelle Praktikanten so zu mir sprechen?«

Mit einer Gebärde, in der die Kraft einer Gottheit lag, hob Weisheitsmond ihre Hände zum Himmel und gelobte, sich von nun an nur noch als Frau zu reinkarnieren und die Wahrheit zu verbreiten, bis sämtliche Wesen von ihrer Identifikation mit dem dualistischen Denken erlöst worden waren.

Jahrtausende vergingen, in denen Weisheitsmond sich ein ums andere Mal als Frau reinkarnierte, bis sie in einem längst vergessenen Zeitalter die absolute Befreiung und höchste Stufe der Erleuchtung erlangte. Von nun an wurde ihr der Name ›Tara‹ verliehen, was in der wörtlichen Übersetzung ›Stern‹ bedeutet.

Die Tibeter bezeichnen Tara als ›die Mutter aller Buddhas‹ und nennen sie die ›Große Befreierin‹. Es heißt, daß Tara zu Beginn des heutigen Zeitalters einem Mann zur Erkenntnis verhalf, der daraufhin zu einem legendären Meister wurde. Die Inder nennen diesen Meister Avalokiteshvara, die Tibeter nennen ihn Chenrezig. In den tibetischen Überlieferungen wird erzählt, daß Chenrezig nach seiner Erleuchtung so selig und dankbar war, daß er das Tara-Mantra zehnmillionenmal wiederholte, um den Wesen in allen Seinsbereichen mit den Schwingungen dieses Mantras zu helfen.

Seither wird Tara als ›die Beschützerin vor den acht Ängsten und Gefahren‹ gepriesen. Es gibt Tausende von Geschichten, die von den weisen, lieblichen und schützenden Schwingungen der Tara erzählen. Ein tibetischer Kaufmann berichtete unlängst, daß eine Bronzestatue von Tara, die er stets unter seinem Mantel trägt, ihn einmal davor bewahrt hatte, vom Horn eines angriffslustigen Yaks aufgespießt zu werden. Ein Lama erzählte, daß ein kleines Abbild von Tara in seiner Brusttasche die Kugel eines chinesischen Soldaten abgefangen und ihm das Leben gerettet hatte.

Eine andere Geschichte spielte sich vor langer Zeit in einer Stadt namens Mathura ab, wo einst mehr als fünfhundert Mönche und Nonnen lebten und täglich meditierten. Dies mißfiel einem Dämonengeist, welcher sich in einem Wald in der Nähe von Mathura eingenistet hatte, so sehr, daß er beschloß, allen Meditationspraktiken in seinem Wirkungsfeld ein Ende zu bereiten.

So geschah es, daß der Dämon begann, die Schwächen jedes einzelnen Meditierers zu ergründen und den Leuten dann in genau der Form zu erscheinen, die sie am meisten fürchteten.

Den Gebildeten und Intellektuellen flüsterte der Dämon dermaßen grausame Dinge ein, daß manche davon irre wurden und ihr Gedächtnis verloren. Ein besonders liebevoller Mönch führte sich plötzlich auf, als sei er von der Bosheit selbst besessen. Andere wurden dazu verführt, sich dem Alkohol und allerlei Perversionen hinzugeben. Die standhaftesten unter den Mönchen und Nonnen wurden allmählich mutlos und krank. Es dauerte nicht lange, bis kein Mensch in Mathura mehr meditieren und sich dem Dharma zuwenden konnte, ohne von höllischen Phänomenen heimgesucht zu werden.

Dann erinnerte ein älterer Mönch sich an die uralte Instruktion, die sein Lehrer einmal persönlich in sein Ohr geflüstert hatte. Die Anweisung bestand darin, sich in eine bestimmte Tiefe der Selbstversenkung fallenzulassen und Tara, die Befreierin, um die Erlösung des Dämons von seinem Wahn zu bitten.

Dies tat der Mönch und wurde mit einer inneren Vision von Tara belohnt, welche ihm eingab, was er tun sollte. Danach rief der Mönch seine Brüder und Schwestern in der ganzen Stadt auf, ihm Abbildungen von den einundzwanzig Gestalten, in denen Tara den Menschen erscheint, zu bringen. Aus allen Tempeln und Klöstern wurden die Bilder zusammengetragen, dann wanderten Hunderte von Mönchen und Nonnen gemeinsam in den Wald hinein, um die Abbildungen von Tara im Umkreis von mehreren Meilen an die Bäume zu heften.

Die Wirkung blieb nicht aus: Von Stund' an konnte der Dämon jede beliebige Höllengestalt annehmen, aber die Meditierenden blieben ungerührt, denn sie nahmen den Spuk lediglich als eine der vielen unterschiedlichen Erscheinungsformen von Tara wahr. Auf diese Weise wurden sie für alle Zeit vor der Angst und ihren verheerenden Folgen bewahrt. Der Dämonengeist selbst konnte sich bald nicht mehr gegen die dämmernde Erkenntnis wehren, daß auch er im Kern seines Wesens nur eine Erscheinungsform von Tara, der essentiell vollkommen leeren Urmutter war, die ihm plötzlich von jedem Baum im Walde entgegenblickte. So löste auch er sich allmählich von der Identifikation mit seiner Höllengestalt und konnte als Dämon sterben, um in einem anderen Seinsbereich wiedergeboren zu werden und die Gegend für immer in Frieden zu lassen.

Es wunderte niemanden, daß die Leute von Mathura von nun an zusehends aufblühten. In allen Teilen der Region sang man jetzt die ›Einundzwanzig Loblieder für Tara‹. Auch heute erklingen dieselben mittelalterlichen Hymnen noch in jedem erhalten gebliebenen Kloster und Nonnentempel von Tibet.

König Aschokas blinder Sohn

ZWEI JAHRHUNDERTE NACH GAUTAM BUDDHAS TOD übernahm ein Krieger namens Aschoka die Großherrschaft über Indien. Als unbestrittener König vereinigte Aschoka das zersplitterte Land, ließ neue Straßen, Brunnen, Krankenheime und Rasthäuser bauen und finanzierte den Aufbau vieler Tempel und Denkmäler, deren Architektur heute noch zu den größten Wunderwerken der Erde zählt. Der ursprünglich militante Aschoka wurde von einem buddhistischen Bettelmönch zur Gewaltlosigkeit bekehrt. Er sah den *Bikkhu* eine staubige Straße entlangwandern und empfand Mitleid mit ihm. Doch beim Näherkommen fiel sein Blick auf das stille Leuchten im

Gesicht des Mannes, und in dem Moment erkannte Aschoka, daß dieser mittellose Wanderer gefunden hatte, wonach er, der Herrscher des Landes, noch immer verzweifelt suchte.

Aschoka trat zum Buddhismus über und begann zu meditieren. Er vertiefte sich in die Lehren und unternahm häufige Pilgerreisen zu dem Bodhi-Baum in Bodh Gaya, einem heiligen Baum, weil Gautam Buddha unter seinen Zweigen erleuchtet wurde. Kurz zuvor hatte Aschoka allerdings eine junge Frau in seinen königlichen Harem aufgenommen. Tisja Rakscha hieß die stolze, eben erst gekrönte Königin, und es mißfiel ihr sehr, daß Aschoka sie kaum noch eines Blickes würdigte, sondern die Gesellschaft der Gelehrten im Tempel von Bodh Gaya vorzog.

Tisja Rakscha fühlte sich bald dermaßen vernachlässigt, daß sie ihren Lakaien den Auftrag gab, den König auf Schritt und Tritt zu verfolgen und genau aufzuschreiben, wieviel Zeit er in dem Tempel in Bodh Gaya verbrachte, um die Stundenzahl dann mit den bei ihr verbrachten Stunden zu vergleichen. Der Vergleich war so niederschmetternd, daß sie ihren Leibwächtern in einem Wutanfall befahl, den Bodhi-Baum zu vernichten. Tatsächlich wurde der blühende Baum eines Nachts abgehackt, aber wie durch ein Wunder wuchs er in kürzester Zeit fast zur vollen Größe nach.

Darauf beschloß Tisja, den ältesten Sohn ihres Mannes nach allen Regeln der Kunst zu verführen. Kronprinz Kunala war ihr Stiefsohn und der rechtmäßige Thronfolger des Landes, und so wußte Tisja, daß sie die ungeteilte Aufmerksamkeit des Königs auf sich ziehen konnte. Der kluge Kunala aber durchschaute ihre List und wies sie schroff in ihre Schranken zurück. Doppelt in ihrem Stolz getroffen, schwor die junge Königin, Rache an beiden, dem Vater und dem Sohn, zu nehmen.

Während Aschoka sich wieder einmal in dem Tempel

in Bodh Gaya aufhielt, ließ sie ein königliches Gerichtsurteil fälschen und Kunala heimlich in einen Kerker schleppen, wo Tisjas Handlanger ihm beide Augen ausstachen.

Niemand konnte dem wehrlosen Prinzen rechtzeitig zu Hilfe eilen, aber im Augenblick seiner höchsten Not und Verzweiflung fielen Kunala die Worte eines weisen alten Mannes ein, der vor Jahren einmal zu ihm gesagt hatte: »Nichts auf dieser Welt hat Beständigkeit. Was auch immer du hast, es wird dir irgendwann genommen. Halte dich deshalb an das, was du in Wirklichkeit *bist*, und jeder noch so große Verlust wird sich als Gewinn erweisen.«

Gnadenlos nahmen die Folterknechte dem Prinzen das Augenlicht, doch im selben Moment ging das Auge der Weisheit in ihm auf, und Kunala sah die unverfälschte Realität jenseits aller sinnlichen Wahrnehmungen. Jetzt wußte Kunala, daß der weise Alte sein Schicksal vorausgesehen und dennoch nichts unternommen hatte, um die Tragödie zu verhindern.

Tiefer und tiefer drang Kunala von nun an in die inneren Welten ein und überließ es Gott, die Schuldigen zu finden und zu bestrafen. Der blinde Kunala mußte kein Wort der Bezichtigung hervorbringen, denn Aschoka selbst fand in kürzester Zeit heraus, wer seinen Sohn verstümmelt hatte, und führte Tisja Rakscha ihrer gerechten Strafe zu.

Kunala gab sein Thronrecht auf und ernannte seinen Sohn zum rechtmäßigen Nachfolger als zukünftigen König von Indien. Dann zog er sich in die Wälder im Nordosten des Landes zurück, wo er jahrelang wie ein Yogi lebte und schweigend meditierte. So gelang es ihm, seine immer wiederkehrenden Rachegedanken zu überwinden und sich schließlich zur vollkommenen Vergebung durchzuringen. Es kam der Tag, an dem er Tisja Rakscha von Herzen für die Missetat danken konnte, denn durch sie war es ihm gelungen, das dritte Auge zu öffnen und den Thronsitz des innersten Königreichs zu besteigen.

Aus dem armen, blinden Kunala wurde ein hellsichtiger *Arhat* – ein weiser Mann. Unzählige Menschen fanden Trost und Hilfe bei diesem erwachten Lehrer.

Der Meister mit dem Schießgewehr

ETWA HUNDERT JAHRE VOR UNSERER ZEIT versammelte sich eine Kongregation hochangesehener Mönche und Yogis im Osten von Tibet, um gemeinsam zu beten. Sie vollzogen eine Reihe von Riten mit tiefer esoterischer Bedeutung unter dem freien Himmel in der Nähe eines großen, undurchdringlichen Waldes, und alle Gesichter hatten sich dem Zeremonienmeister zugewandt, der zugleich auch der Vorsänger war und die heiligen Worte intonierte, die dann von der Versammlung im Chor wiederholt wurden. Ein Knacken am nahen Waldesrand veranlaßte einen Lama in den hintersten Reihen, sich umzudrehen. Erstaunt schnappte er nach Luft; ein Welle der Unruhe erfaßte im gleichen Moment auch seine Ordensbrüder. Unwillkürlich wandten sich ihre Gesichter zum Waldesrand um, magnetisch angezogen von einer Kraft, die zwingender war als der Entschluß, das Ritual mit der gebührenden Aufmerksamkeit zu vollenden.

Zwischen den Bäumen stand ein grimmig dreinblickender Mann mit einem antiken Schießgewehr in der Faust und starrte die Mönche aus blutunterlaufenen Augen an. Hinter ihm, halb verborgen hinter Baumstämmen, tauchte eine Bande wüst aussehender Vagabunden auf, ebenfalls mit Musketen bewaffnet und unverhohlenem Mißfallen in den Mienen.

Dem Zeremonienmeister entfuhr ein leiser Schrei. Er stand auf, lief ein paar Schritte auf den Anführer der Bande zu und legte sich dreimal der Länge nach auf den Boden, um seine Ehrerbietung vor dem Störenfried zu bekunden. »Doe Khyentse Rinpoche«, rief er, Ehrfurcht in der Stimme, »welch ein unverhofftes Glück führt euch in unsere Mitte! Was auch immer du tust ... wir erkennen dich als eine Ausstrahlung der absoluten Weisheit und Liebe an. Willkommen in unseren Reihen! Doch bitte ich dich und deine erlauchten Schüler, die Waffen niederzulegen und uns euren Segen auf die herkömmliche Weise zu erteilen.«

Der Zeremonienmeister kniete, neigte den Kopf und bot dem Bandenführer seinen schütteren Scheitel dar, um seinen Segen zu empfangen. Nun wußten auch die unerfahrensten unter den Mönchen, daß sie sich in der Gegenwart des ruhmreichen, aber weithin gefürchteten Doe Khyentse befanden, ein erleuchteter Außenseiter, der Tiere tötete und ihr Fleisch aß, Feuerwasser trank und seine Schüler buchstäblich so lange vor den Kopf stieß, bis sie wach wurden. Patrul Rinpoche, der größte tibetische Dzogchen-Meister des neunzehnten Jahrhunderts, war auf solche Weise geehrt worden. Doe Khyentse hatte den jungen Patrul im rechten Augenblick erwischt, attackiert und ihm eine Erleuchtungserfahrung eingebleut, die nie wieder rückgängig gemacht werden konnte.

Aufs höchste gespannt warteten die versammelten Mönche jetzt ab, wie der unberechenbare Meister reagieren würde. In atemloser Stille saßen sie, alle Augen auf Doe Khyentse gerichtet. Anstatt die Hand auf den dargebotenen Kopf des Zeremonienmeisters zu legen und ihn zu segnen, riß Doe Khyentse seinen altertümlichen Vorderlader hoch, zielte und gab einen Schuß auf eine vorüberziehende Wolke ab.

Das Getöse riß dem Zeremonienmeister jäh den Kopf herum. Er und viele andere zuckten derart zusammen, daß sie einen Moment lang aus ihren Gedanken gerissen und in das reine Sein jenseits aller Konzepte zurückgeworfen wurden. Wer in diesem reinen Sein verweilt, erfährt die Realität ohne Projektionen, darum nennt man dies ein Großes Erwachen.

Ein Blick auf die versammelte Menge genügte, und Doe Khyentse wußte, wer soeben vollends aufgewacht war und wem noch ein paar unvermutete ›Schreckschüsse‹ bevorstanden. Der Zeremonienmeister kniete mit geschlossenen Augen am selben Fleck und lächelte wie ein Buddha. Ein anderer eben erweckter Mönch lachte unaufhaltsam. Ein dritter weinte vor Erleichterung. Wieder andere ließen sich äußerlich nicht das geringste anmerken. Aber das Auge eines Sehers ist das allsehende Auge Gottes, und so drehte Doe Khyentse sich nur wortlos um und verschwand mit seiner Bande im Wald, bevor die so unzeremoniell gesegneten Mönche ihn mit ihren Dankesbezeigungen langweilen konnten.

Warum lebte Doe Khyentse wie ein Wilderer im Wald und in den Bergen? Viele unter den damals Anwesenden fragten sich dies, nachdem der schießfreudige Meister verschwunden war. Die Antwort ist eine Gegenfrage: Wer weiß? Die Wege eines erwachten Gottessohns oder einer erwachten Gottestochter sind unergründlich.

Die geeignete Braut

EIN LAMA MEDITIERTE GERADE VOR SEINEM HAUSALTAR, als ihm eine überraschende Vision offenbart wurde. Er hatte um Führung bei seinem nächsten Schritt im Leben gebeten und sich in Meditation versenkt, als er plötzlich glasklar erkannte, was der nächste Schritt auf seinem spirituellen Weg war.

Der Lama rief drei seiner engsten Vertrauten herbei und sprach: »Ich muß die geeignete Gefährtin für mich finden, eine Frau, durch die ich zur vollen Selbsterkenntnis gelange. Eben wurde mir in einer inneren Vision gezeigt, daß diese Frau in einem Tal ganz in der Nähe lebt und nur auf meine Bereitschaft wartet.«

Die Schüler des Lamas nickten, obwohl sie erstaunt waren, daß der Meister so spät im Leben mit der tantrischen Praxis beginnen wollte, bei der ein Mann sich in seiner Gefährtin erkennt und die Frau in ihrem Manne.

Der Lama beschrieb die Frau aus seiner Vision und sagte: »Geht von Tal zu Tal und findet sie, die Königin der Urweisheit in Menschengestalt. Sie ist mächtig und herrlich wie eine Naturgewalt, aber ihre Macht ist eine verborgene. Bringt sie zu mir, denn sie wartet auf ein Zeichen von meiner Seite.«

Während seine Schüler auf der Suche waren, meditierte der Lama nahezu ununterbrochen vor seinem Hausaltar. Nach sieben Tagen kehrten die drei Mönche jedoch unverrichteter Dinge zu ihm zurück.

»Wo ist die Gefährtin, die mir bestimmt worden ist?« verlangte der Meister zu wissen.

»Wir haben keine Frau gefunden, die deiner Beschreibung auch nur entfernt nahekommt«, war die kleinlaute Antwort. »Nur eine häßliche, zerlumpte Holzfällerin in mittleren Jahren hatte etwas von der naturgewaltigen Macht, mit der deine Gefährtin ausgestattet sein muß. Aber sie war auf einem Auge blind, ihr Gesicht starrte vor Schmutz, und sie schwang eine alte verrostete Sichel in der Faust, daß einem angst und bange werden konnte. Sie ließ uns noch nicht einmal nahe genug an sich herankommen, um ein vernünftiges Gespräch mit ihr zu führen. Und ansonsten haben wir niemanden …«

»Das muß sie sein!« rief der Lama freudestrahlend und brachte seine Schüler damit zum Schweigen. »Diese Frau, in der ihr nichts weiter als ein Schreckgespenst seht, ist keine andere als die einäugige *Ekajati* in Menschenform, die Göttin mit einer weiblichen und einer männlichen Brusthälfte und einem Auge, das überall nur Einheit sieht! Bringt sie sofort zu mir. Wie ihr es anstellt, ist eure Sache.«

Wie man sich denken kann, wurden die Schüler vor eine harte Prüfung gestellt, denn nun mußten sie die unberechenbare Holzfällerin von der Aufrichtigkeit ihrer Absichten überzeugen. Schließlich gelang es ihnen wenigstens, die zukünftige Braut zu bewegen, das Hochzeitsgeschenk des Lamas anzunehmen, ein weißes Seidentuch, das die Frau kurz befingerte und dann achtlos beiseite legte.

Drei Tage später begab der Meister sich selbst zu der windschiefen Hütte, in der die Einsiedlerin seit Jahren mit einem Yak und einer zahmen Ziege hauste. Ein einziger Blick in ihre Augen genügte, um den Lama zu überzeugen, daß er eine lebende Königin der Urweisheit vor sich hatte. Respektvoll verneigte er sich dreimal vor der zerlumpten Gestalt und bat sie um Einweihung in das Wissen, das mit Worten nicht vermittelt werden kann.

So geschah es, daß die Holzfällerin sich mit dem Lama vermählte und beide zusehends aufblühten und immer reicher wurden – reich an den Dingen, die mit Gut und

Geld nicht aufzuwiegen sind. Und nicht allein der Lama wurde mit solchen Schätzen überhäuft. Wer auch immer die Intensität der bloßen Gegenwart dieser Frau ertragen konnte, wurde mit tausendfältigen Einsichten und Inspirationen dafür belohnt.

Der Geiermann

EIN YOGI HOCKTE IM LOTUSSITZ am Rande eines Leichenhofes und meditierte über die Vergänglichkeit des irdischen Körpers. Vor ihm, im weiten Kreis verstreut, lagen Leichenteile, zerhackte Gebeine von Menschen, die in den alten Zeiten weder verbrannt noch beerdigt wurden, da Feuerholz in Tibet äußerst rar und im Winter oft unauffindbar ist und man zudem davon ausging, daß eine letzte gute Tat auf Erden vollbracht wird, wenn man den Hunger wilder Tiere auf diese Weise stillt.

Ein Dutzend Geier tat sich an den Leichenresten gütlich – riesenhafte, schwarze Vögel, die sich mit lautem Geschrei über ihr Futter hermachten und den Yogi aus seiner Versenkung rissen. Irritiert ergriff er einen Stein und schleuderte ihn mit gezielter Wucht. Das Geschoß traf einen der Geier am oberen Ende seiner Schwinge, daß die schwarzen Federn flogen.

Kreischend erhob er sich mitsamt seinen Artgenossen in die Luft und flatterte davon. Dann, nachdem alles wieder still geworden war, intonierte der Yogi den traditionellen Gesang der Selbstaufopferung, eine rhythmische Beschwörung der Toten, durch die ihre ruhelosen Geister aufgerufen werden, sich an der Seelenwärme und Körperkraft des Sängers zu laben.

Monate später wanderte der Yogi wieder allein durch eine karge Gebirgslandschaft auf seiner Suche nach Almosen, die ihm erlauben würden, zwei weitere Wochen ohne Unterbrechung zu meditieren. Von weitem schon sah er eine winzige Siedlung von Steinhütten auf einer windumtosten Anhöhe liegen und freute sich, denn er hatte großen Hunger, und das liebevolle Volk der einfachen Yakhirten und Bergbauern würden einem spirituellen Praktikanten wie ihm sicher reichlich Proviant zustecken.

Im Herannahen schlug der Yogi seine Trommel, ließ seine tibetischen Glocken klingeln und sang die *Chöd*-Liturgie, das Lied der Selbstaufopferung, bei dem man sein eigenes Fleisch und Blut freiwillig hingibt, um sich von der Identifikation mit dem irdischen Körper zu trennen.

Singend gelangte der Yogi zur ersten der Hütten und klopfte an die Tür. Sie wurde aufgerissen. Der Gesang des Yogis verstummte abrupt. Vor ihm stand ein riesenhafter, hagerer Mann mit schwarzer Haut und streckte seinen Hals vor, wie ein Geier beim Anflug auf seine Beute. Der unheimliche Fremde war in einen zerfledderten Fellmantel gehüllt und hielt einen Stein in der erhobenen Kralle.

»Da bist du ja, du falscher Heiliger«, schnarrte er. Ehe der Yogi ein Wort zu seiner Verteidigung hervorbringen konnte, hatte der Geiermann seinen Mantel von der Schulter gleiten lassen, um eine schlechtverheilte Wunde zu entblößen. »Mein Schulterknochen tut mir heute noch weh! Hör sofort auf, mir aufopferungsvolle Lieder vorzusingen, sonst trifft dich dieser Stein an der gleichen Stelle, und danach fresse ich deine Innereien mit allem, was dazugehören mag.«

Mit einer vogelartig ruckhaften Bewegung zog der Mann den Kopf ein, um ihn mit vehementer Schnelligkeit wieder vorzustrecken, als wollte er dem Yogi das Gesicht zerhacken. Angsterfüllt sprang der Yogi ein paar Schritte zurück, doch nun grinste der Geiermann ihn plötzlich mit brüderlichem Einverständnis an und zwinkerte mit einem Auge. Dann schlug er die Tür mit lautem Krachen zu.

Der Yogi legte sich in jener Nacht mit knurrendem Magen schlafen, denn er war hungrig geblieben, und sein ruheloser Geist kreiste Stunde um Stunde über den Grundsatzfragen, die er sich jetzt erneut stellen mußte: »Kann ein Geier sich in einen Lehrer verwandeln und umgekehrt? Oder sind das meine Projektionen? Und wenn ich mir das alles nur eingebildet habe, sollte ich aus dieser Einbildung eine Lehre ziehen? Wer war dieser Mann in Wirklichkeit? Und noch wichtiger: Wer oder was bin ich …?«

Doe Khyentse beschimpft einen Leichnam

DOE KHYENTSE HALF ZAHLLOSEN MENSCHEN mit seinen spontanen, oft völlig verrückt anmutenden Methoden. Einer seiner bemerkenswertesten Schüler war der zweite Dodrup Chen, die Wiedergeburt des ersten Dodrup Chen, welcher einst zu Doe Khyentses erleuchteten Lehrern gezählt hatte. Der erste Dodrup Chen starb im Jahre 1821. Einige Jahrzehnte darauf kehrte seine mitfühlende Seele jedoch zur Erde zurück und wurde sehr bald von den eingeweihten Lamas, welche die Kette der wichtigsten Wiedergeburten verfolgen, erkannt. Wie das Schicksal spielt, ging der Junge, der jetzt Dodrup Chen Zwei genannt wurde, für kurze Zeit bei seinem einstigen Schüler Doe Khyentse in die Lehre.

Ein *Tulku* (die Reinkarnation eines erwachten Geistes) braucht verhältnismäßig wenig Zeit, um früher bereits erworbene Fähigkeiten zu entfalten und die Umwelt damit in Erstaunen zu versetzen. Dodrup Zwei war eines jener Wunderkinder, die mit der rechten Führung imstande sind, mehrere Entwicklungsstufen zu überspringen und sich sehr rasch auf das für sie Wesentliche in diesem Leben zu besinnen.

Dodrup Zwei war noch ein blutjunger Mann, als er das Dodrup Chen-Kloster in Golok gründete. Selbstverständlich hatte man ihn als Mönch großgezogen und erwartete nun, daß der ehemalige ›Meister Der Direkten Erkenntnis‹ (*Dzogchen*) sein Amt als Abt des eigenen Klosters antreten würde. So war es eine herbe Enttäuschung für viele, als Dodrup Zwei plötzlich verkündete, daß er seine Gelübde brechen und von nun an keine Restriktionen mehr dulden würde. Aber der junge Tulku war inzwischen so bekannt geworden und außerdem so gewinnend in seiner ganzen Persönlichkeit, daß die Klostergemeinschaft Nachsicht übte und ihn vorerst gewähren ließ.

Erst nachdem Dodrup Zwei eine Frau zur Gefährtin genommen und offen im Kloster mit ihr verkehrt hatte, jagte man ihn davon, obwohl jeder wußte, daß der rebellische Kerl über außerordentliche Kräfte verfügte und die Kunst der Bewußtseinsübertragung von Sterbenden in höhere Existenzbereiche beherrschte wie kein zweiter weit und breit.

Dodrup Chen Zwei ging nach Dartsay-Doe, einer Stadt an der chinesischen Grenze, und wurde in kürzester Zeit zum spirituellen Lehrer des Fürsten dieser Region. Wenig später breitete sich eine Pockenepidemie in dem

Landstrich aus, und viele Leute starben. Dodrup Chen tat, was in seiner Macht stand, um die Ursache der Seuche auf den geistigen Ebenen zu beseitigen. Als dies nichts nützte, praktizierte er *Tonglen,* eine zu der Zeit noch geheimgehaltene Methode, bei der man sich in andere, weniger begünstigte Menschen hineinversetzt und ihre Krankheiten auf sich nimmt.

Die Epidemie verschwand so schnell, wie sie gekommen war, aber Dodrup Chen war jetzt an den Pocken erkrankt. Kurz vor seinem Tod tauchten mehrere Lamas vom Dodrup Chen-Kloster bei ihm auf, als wollten sie ihrem ehemaligen Mitschüler das letzte Geleit geben. Es stellte sich jedoch sehr bald heraus, daß sie ausgesandt worden waren, um Dodrup Chen darum zu bitten, keine außergewöhnlichen Fähigkeiten bei seinem Tod zu demonstrieren, damit das Kloster, das ihn wegen seines unorthodoxen Benehmens ausgestoßen hatte, nicht in Verruf geriet.

»Denke an uns und an das Kloster, das deinen Namen trägt«, mahnte der Sprecher der kleinen Truppe. »Denk daran, wie sehr es unserem Ansehen schadet, wenn du Zeichen und Wunder bei deinem Übergang geschehen läßt. Denke daran, wie viele aufrichtige und begabte Sucher du damit womöglich davon abhältst, unserer Klosterschule beizutreten!«

Der todkranke junge Dodrup Chen nickte und gab den Lamas seinen Segen. Sie wollten sich schon auf den Rückweg nach Golok machen, als mehrere Bürger von Dartsay-Doe ihnen den Weg versperrten und flehentlich darum baten, doch noch ein paar Tage länger zu bleiben, um dem Tode ihres berühmten Bruders beizuwohnen und die Sterberituale mit der gebührenden Konzentration zu vollziehen.

Wenig später setzten die Todesagonien des Pockenkranken ein. Dodrup Chen wälzte sich mit hohem Fieber auf dem harten Lehmboden seiner Kammer und kratzte vier Furchen in den Fußboden, wo seine Hände und Fersen stundenlang auf- und niedergezuckt waren. Erschöpft und unter Schmerzen starb er und war still.

Die Gesandtschaft vom Dodrup Chen-Kloster wandte sich beschämt ab. Man bedauerte den kläglichen Abgang des jungen Mannes, und doch waren die orthodoxen Lamas auch von Herzen froh, daß sie ihre Mission erfüllt und ihr Kloster vor öffentlicher Schande bewahrt hatten. Gerade wollten sie die Kammer verlassen und ein bescheidenes Verbrennungsritual für den Toten anordnen, als Doe Khyentse ins Zimmer stürmte. Wie immer war er wie ein abgetakelter Wilderer gekleidet und schwenkte eine Muskete in der Hand.

Alarmiert wichen die Lamas einen Schritt zurück, doch Doe Khyentse würdigte sie ohnehin keines Blickes. Er hatte die Situation bereits erfaßt. »He, was fällt dir ein?« herrschte er den Leichnam seines früheren Schülers (und noch früheren Meisters) an. »Willst du hier wirklich wie ein blatternverseuchter Nichtsnutz am Boden liegen?« Doe Khyentse stieß ein schnaubendes Lachen aus. »Komm, komm, so stirbt kein Dzogchen-Meister unserer Übertragungslinie! Los, auf mit dir, setz dich anständig hin! Offenbare deine innere Wahrheit!«

Der Donnerhall von Doe Khyentses Stimme trommelte die Trauernden in der Nähe zusammen. Eine Menschenmenge drängte sich jetzt an der Tür und wurde zum Augenzeugen der Dinge, die nun geschehen sollten.

Doe Khyentse brüllte den Toten noch einmal herausfordernd an. Etwa eine Minute verging. Nichts geschah. Dann sprang der Leichnam plötzlich vom Boden auf, kreuzte die Beine zum vollen Lotussitz und saß einen halben Meter über dem Boden in der Luft. Regenbogen bildeten sich über dem Kopf des Toten, ein feines, sphärisches Singen erfüllte den Raum; es war, als verändere sich die Struktur der Vibrationen im Umkreis von Meilen, als senke sich die Götterwelt zur Erde herab. Die Anwesenden begannen zu weinen und zu jauchzen, und Doe Khyentse klatschte die Hände zusammen, daß es krachte wie Kanonenschläge.

Bittersüß war die Nachricht, die das Dodrup Chen-Kloster kurz darauf erhielt. Der zweite Dodrup Chen war wie ein vollkommener Meister gestorben und bestattet worden, auch wenn die eigenen Ordensbrüder seinen Beitrag nicht in jeder Hinsicht zu schätzen wußten.

Tibetische Zahnheilkunde

DAS SERA-KLOSTER IN DER NÄHE VON LHASA war bis zum Jahre 1959 eines der größten der Welt und beherbergte zeitweilig mehr als viertausend Mönche. Viele der heute lebenden Lamas und *Geshés* (Ärzte und Heilkundige) wurden in diesem berühmten Kloster ausgebildet, so auch Thubten Yeshe, der erste tibetische Lama, der Besucher aus dem Westen als Schüler annahm und einweihte.

Als Thubten Yeshe gerade vierzehn Jahre alt war und zu den Novizen im Sera-Kloster gehörte, bekam er plötzlich furchtbare Zahnschmerzen. Seine Backe schwoll in kurzer Zeit dermaßen an, daß er bald weder essen noch sprechen konnte, und so wurde er zu einem Heiler geschickt.

Widerstrebend begab Thubten Yeshe sich hinab in das schummrige Verlies in einem entlegenen Teil des Klosters, wo der struppige alte Mönch hauste, dem Heilkräfte nachgesagt wurden. Viel lieber wäre es Thubten gewesen, wenn man ihn zu einem der ausgebildeten

Ärzte des Klosters geschickt hätte, die medizinische Kenntnisse und spirituelle Praktiken miteinander verbanden, um Krankheiten zu kurieren. Aber zu der Zeit war niemand anwesend, der Zahnheilkunde studiert hatte, und so mußte Thubten mit dem ungepflegten Alten vorliebnehmen.

Es schien, als hätte der Greis sich seit Jahren nicht gewaschen, denn er stank aus jeder Pore, aber er begrüßte den Jungen mit sanfter Freundlichkeit, bot ihm heißen Buttertee an und murmelte ein paar unverständliche Mantras.

Der Anblick der Teeschale allein schon drehte Thubten Yeshe den Magen um. Dazu kam, daß sein Backenzahn wie rasend schmerzte und kein Ausweg weit und breit zu sehen war. Ergeben sank Thubten auf dem schmutzstarrenden Teppich auf die Knie und setzte die Teeschale an die Lippen. Der Greis lehnte sich plötzlich vor und blies dem Jungen einen Strom übelriechenden Atems auf die geschwollene Backe.

Angeekelt wollte Thubten aufspringen und davonlaufen, aber er blieb sitzen und zwang sich, keinen Protest zu erheben. Dreimal wiederholte der Alte die merkwürdige Prozedur. Dann wurde Thubten entlassen, wenn auch mit dem Auftrag, am nächsten Tag zu einer weiteren Behandlung zu kommen. Eine Woche lang behandelte der Heiler den Abszeß, indem er seinen Atem auf die Schwellung blies.

Am siebten Tag brach die entzündete Wunde auf, und der Eiter floß heraus. Der Alte lächelte ermunternd, pustete noch dreimal mit voller Kraft – und die Schwellung war so gut wie verschwunden. Nach wenigen Stunden war Thubten Yeshe vollständig geheilt. Selbst sein kranker Zahn war ihm erhalten geblieben.

Im Lauf der Jahre sprach sich die Geschichte herum. Viele Ärzte untersuchten die Narbe, die Thubten von diesem, selbst für tibetische Verhältnisse unorthodoxen

Heilverfahren zurückbehalten hatte. Dann, eines Tages, stellten die Ärzte fest, daß sogar die Narbe spurlos verschwunden war! Lama Thubten Yeshe entfaltete die eigenen innewohnenden Heilkräfte im Laufe seines verdienstvollen Lebens und gab sein Wissen an viele Sucher aus dem Abendland weiter. Er starb im Vollbesitz seiner Zähne und wurde vor kurzem in einem fernen Land namens Spanien wiedergeboren.

Der unsterbliche wilde Seher

Kangyur Rinpoche war ein Meister der Direkten Erkenntnis und wurde in Riwoschee, im Osten von Tibet, kurz vor der letzten Jahrhundertwende geboren. Viele der größten Lehrer seiner Zeit übertrugen ihr Wissen auf ihn. Er meditierte jahrelang in vollkommener Abgeschiedenheit, wo er seinen Geist auch für die Wahrnehmung unsichtbarer Lehrer öffnete. Nachdem er eine Reihe von lang vergessenen Weisheitstexten von verstorbenen Meistern empfangen und verborgene Manuskripte in den Bergen Tibets wiederentdeckt hatte, wurde er als spiritueller ›Schatzfinder‹ berühmt. Er starb im Jahre 1975 in dem Kloster, das er in Darjeeling gegründet hatte.

IN SEINER JUGEND HÖRTE KANGYUR RINPOCHE die Geschichte von dem unsterblichen *Siddha* (Seher), der wie ein wildes Tier in den Bergen Tibets leben sollte und diese Welt angeblich schon seit Jahrhunderten transzendiert hatte, ohne sie jedoch zu verlassen und physisch zu sterben. Es hieß, daß dieser sagenumwobene wilde Meister das *Prajna Paramita-Sutra* – ein Herzstück der buddhistischen Lehren – vor elf Jahrhunderten von Yeshe Tsogjal persönlich empfangen hatte, und zwar als eine geheime, eindringlich ins Ohr geflüsterte Lehre, wie es Sitte bei der Übertragung des Wissens vom Meister auf reifgewordene Schüler ist. Yeshe Tsogjal ihrerseits war die Meisterschülerin von Guru Padma Sambhava und hatte das *Prajna Paramita-Sutra* direkt von ihm empfangen.

Kangyur war fasziniert von der Geschichte des wilden Sehers und glaubte im Gegensatz zu vielen anderen sofort, daß etwas Wahres daran sein mußte. Er und sein engster Freund, ein junger Lama, stellten Erkundigungen über den Siddha an, aber kein lebender Mensch konnte den beiden sagen, wie alt der Siddha inzwischen sein mochte, ob er noch immer lebte und wo er sich in letzter Zeit aufgehalten hatte. So weit man sich erinnern konnte, war der Uralte immer schon alt gewesen und streifte irgendwo in den einsamen Höhen von Ost-Tibet herum.

Zuversichtlich, wie die beiden jungen Lamas waren, beschlossen sie, sich auf die Suche nach dem fabelhaften Siddha zu machen und ihn darum zu bitten, den ellenlangen Text des Sutras noch einmal höchstpersönlich preiszugeben.

Singend zogen die beiden in die Berge, ausgestattet mit Verpflegung und Winterkleidung für mehrere Wochen. Kangyur zweifelte offenbar keinen Moment daran, daß es ihm bestimmt war, ein Ziel zu erreichen, von dem ältere und weisere Menschen noch nicht einmal zu träumen wagen.

Wochenlang durchsuchten die jungen Lamas eine entlegene Wildnis in den Himalajas und konzentrierten sich im Geist darauf, den alten Seher telepathisch in ihre Nähe zu ziehen. Eines Tages sahen sie eine Herde von etwa zwei Dutzend Bergantilopen nicht weit von ihnen über die Felsen davongaloppieren. Inmitten der Herde erkannten sie ein eindeutig menschliches Wesen mit ledriger Haut und vermatteter Mähne, das auf allen vieren mit der Herde über den nächsten Bergkamm verschwand. Es war das monströseste Menschenwesen, das die beiden je gesehen hatten, wenn man einmal von den Zornigen Gottheiten auf tibetischen *Tangkas* absieht.

Der Anblick versetzte die beiden Lamas in einen Zustand ehrfürchtigen Schreckens, vermischt mit Euphorie. Sie verfolgten die Antilopen, so schnell sie konnten, und rannten der Herde über den Bergkamm nach, worauf die beiden gerade noch mitbekamen, daß der Wilde sich von der Herde trennte und zwischen Felsspalten in einer Berghöhle verschwand.

Respektvoll näherten die zwei sich dem Eingang zur Höhle und baten den Wilden, herauszukommen. »Wir sind gekommen, um dich um die Übertragung deines Wissens zu bitten«, riefen sie. »Bitte zeige dich und nimm uns als deine Schüler an.«

Der Wilde ließ sich auch nach wiederholten Anrufungen und Beschwörungen nicht wieder blicken, und so setzte Kangyur sich mit seinem Freund einfach in gebührendem Abstand vor die Höhle und begann, leise Gebete zu sprechen und sich vor dem Berg zu verneigen. Da auch dies nichts nützte, sangen sie sämtliche Lobeshymnen, die ihnen einfielen, und schließlich sangen sie das Loblied auf *Prajna Paramita,* die göttliche Leere selbst, die unbegrenzte Offenheit und Liebe der absoluten Realität.

Zu guter Letzt veranstalteten die beiden ein tantrisches Opferritual. Sie zitierten die Buddhas und Himmelswesen aller Zeiten herbei und luden sie ein, sich an den bereitgehaltenen Opfergaben zu erfreuen. Erstaunlicherweise kroch der scheue Siddha nun plötzlich aus der Felsspalte hervor, als zähle er sich ebenfalls zu den heraufbeschworenen Erleuchteten der, dem Aufruf nicht widerstehen konnte.

Es entstand ein ehrfurchtsvolles Schweigen, dann fragte der junge Kangyur behutsam: »Wie heißt du?«

»Wie heißt du?« echote der wilde Mann und richtete sich zur vollen Größe auf.

»Wie alt bist du, erhabener Siddha?« war die nächste Frage.

»Wie alt bist du, erhabener Siddha?« gab dieser zurück.

Es stellte sich heraus, daß der nackte Mann mit den irre leuchtenden Buddha-Augen jede Frage lediglich wie ein Echo wiederholte und ansonsten kein Wort sprach. Die Lamas reichten ihm das ›Elixier der Wahrheit‹, einen Totenschädel, bis zum Rand mit Gerstenbier gefüllt, wie es Sitte bei tantrischen Ritualen ist. Dann sangen die beiden spontan erfundene Lieder von ihrem Wissensdurst, bis der Wilde plötzlich ebenfalls zu singen begann.

Er sang, daß er seit mehr als zehn Jahren keine menschliche Sprache mehr gesprochen hatte; er sang davon, daß er kein Wissen in sich trug, denn es gab absolut nichts zu übermitteln, weder von ihm, noch außerhalb von ihm. Und dann, plötzlich – den elektrisierten Lamas standen die Haare zu Berge – strömten die einleitenden Verse des *Prajna Paramita-Sutras* wie ein Wasserfall von den Lippen des Uralten. Ununterbrochen sang er weiter, auf- und abschwellend im Ton wie ein immer gewaltiger werdender Strom, bis auch das letzte Wort der göttlichen Poesie von ihm verkündet worden war.

Als erwache er aus einem Trancezustand, blinzelte er seine völlig entrückten Zuhörer plötzlich an. Dann riß er die Augen auf und galoppierte über den Bergkamm davon, um seiner Antilopenherde nachzujagen.

Kangyur und sein Freund kehrten in die Menschenwelt zurück und gaben nach besten Kräften weiter, was ihnen auf diese unnachahmliche Weise aufgegangen war. Auch verrieten sie den Namen des wilden Sehers an ihre späteren Schüler weiter: Samma Drubtschen. Samma

Drubtschen... allein der Klang dieser beiden Worte ver-
ursacht auch heute noch, daß manchen Menschen die
Haare zu Berge stehen, daß ihnen die Gänsehaut einer
jähen Erkenntnis über den Rücken läuft und uralte Erinnerungen in ihnen wachgerufen werden. Es heißt, daß
Samma Drubtschen noch immer in Tibets Bergwelt lebt.

Der Kuckucksruf des
Grundbewußtseins

VAIROTSANA WAR EIN TIBETISCHER MEDITATIONSMEISTER des
achten Jahrhunderts. In Samyé, Tibets erstem buddhistischen Kloster, wurde er auf Padma Sambhavas Geheiß
noch als Junge zum Mönch geweiht und dann als Übersetzer ausgebildet. Später ging er im Auftrag von König
Trisong Deutsen nach Indien, um die *Dzogchen*-Lehren
zu empfangen und in sein Heimatland zurückzutragen.

Der etwa zwanzigjährige Vairotsana überquerte das
Himalajagebirge zu Fuß und begab sich zunächst nach
Bodh Gaya, wo er mit den *Dzogchen*-Grundkenntnissen
vertraut gemacht wurde. Dann machte er sich auf die
Suche nach der neunstöckigen Pagode von Sri Simha,
dem Löwengleichen, der schon Padma Sambhava und
Vimalamitra in das höchste *Dzogchen*-Wissen eingeweiht
hatte.

Sri Simhas Pagode stand im tiefsten Grunde eines
würzig duftenden Sandelholzwaldes. Der Wald und alle
seine Bewohner galten beim Volk als verzaubert, denn
nur wenigen Auserwählten war es jemals gelungen, bis

zum Herzstück dieses Waldes vorzudringen. Ermattet von seinem langen Fußmarsch ruhte Vairotsana sich im Schatten eines Baumes aus, als eine blutjunge Yogini mit einem Wasserkrug auf dem Kopf an ihm vorüberschritt.

Respektvoll stand der junge Tibeter auf, um sich dreimal zu verbeugen und zu fragen: »Verehrte Schwester, wo finde ich den Erhabenen Sri Simha? Kannst du mich zu ihm führen?«

Die Yogini schritt weiter, wortlos und ohne sich umzudrehen. Einer Eingebung folgend richtete Vairotsana den Blick seiner Augen auf ihren Wasserkrug. Unter dem Einfluß der psychokinetischen Kräfte, die er sich im Kloster von Samyé erworben hatte, wurde der Krug jetzt tonnenschwer. Die Yogini mußte ihn zur Erde sinken lassen und konnte ihn nicht wieder aufheben. Darauf drehte sie sich zu Vairotsana um, entblößte ihre Brust mit einer raschen Geste und offenbarte ihm ein vieldimensionales Mandala in der Mitte ihres Herzens – ein kaleidoskopisches Gebilde von wirbelnden Gottheiten, mystischen Symbolen und geometrischen Formen. Überwältigt von der Majestät der Einsichten, die sein Bewußtsein bei diesem Anblick überfluteten, war es an Vairotsana, auf die Knie zu sinken und in tiefer Hochachtung vor der Yogini liegenzubleiben.

»Steh auf«, sagte die Eingeweihte nach einem scheinbar ewig nachhallenden Moment. »Ich werde sehen, ob Sri Simha dich empfangen will.«

Vairotsana nestelte ein goldgewirktes tibetisches Mandala aus seinem Beutel hervor und reichte es der Frau. »Ich bitte dich, lege dies dem Meister zum Zeichen meiner Ernsthaftigkeit zu Füßen. Es ist mein einziger Besitz auf Erden und wurde mir von König Trisong Deutsen mitgegeben. Ich bin hier, um Sri Simha um Einweihung in den Mühelosen Weg zu bitten (das *Maha Ati-Tantra* – die Lehre vom Zugang zum höchsten Gipfel).«

Am nächsten Tag wurde Vairotsana zu Sri Simha vorgelassen. Überglücklich und voller Dankbarkeit legte der Tibeter sich dreimal der Länge nach vor ihm auf den Boden und kniete dann vor dem Löwengleichen. Doch nun erklärte Sri Simha, daß nicht jeder geeignet sei, die *Maha Ati*-Lehren zu empfangen. »Warum«, so fragte er, »soll ich die unvergleichlich kostbare Milch des Schneelöwen in jeden bereitgehaltenen Nachttopf gießen? Und außerdem hat der König dieses Landes es jedem Lehrer bei Todesstrafe verboten, das *Maha Ati*-Wissen zu verbreiten, weil er befürchtet, daß eine nicht-dualistische Doktrin seine königliche Autorität untergraben und zu Chaos im ganzen Reich führen könnte.«

Tagtäglich fragte der tibetische Übersetzer erneut bei Sri Simha an und flehte um Einweihung in das *Maha Ati*-Tantra, für das er so weit gereist und bereits unendlich viel Leid auf sich genommen hatte. Am Ende ließ der Löwengleiche sich erweichen, aber er bestand auf strengster Geheimhaltung. Zunächst trug er Vairotsana auf, sich tagsüber mit den anderen Gelehrten in den unteren Stockwerken der Pagode aufzuhalten, um sämtliche buddhistischen Lehren von Ursache und Wirkung noch einmal genauestens zu studieren. Spät nachts dann, im Schutze der Dunkelheit, sollte Vairotsana in das oberste Stockwerk der Pagode kommen und die Geheimlehren jenseits der Kausalität empfangen.

Nach Mitternacht führte Sri Simha den Tibeter in die ersten achtzehn Instruktionen des *Maha Ati*-Tantras ein. Dann malte er Sanskrit-Schriftzeichen mit weißer Ziegenmilch auf ein weißes Seidentuch und zeigte Vairotsana, daß die Schriftzeichen lesbar wurden, sobald das Tuch in den warmen Rauch einer Feuerstelle gehalten wurde. Er ließ Vairotsana hoch und heilig schwören, alles folgende von Uneingeweihten fernzuhalten, und schrieb die achtzehn Verse mit Ziegenmilch nieder, damit Vairotsana das Seidentuch später nach Tibet tragen konnte.

In den folgenden Wochen und Monaten weihte Sri

Simha den Tibeter in das höchste Weltgeheimnis ein und hielt die Texte zum erstenmal in ihrer Geschichte auch schriftlich fest.

Es gelang Vairotsana, die unbezahlbaren Seidenschriften unversehrt in sein Heimatland zurückzutragen. Er übersetzte die Texte ins Tibetische und gab ihnen den Titel ›Der Kuckucksruf des Grundbewußtseins‹. Hier nun ein Einblick in die Zeilen, die im achten Jahrhundert vom Sanskrit ins Tibetische übertragen wurden:

»Das Viele entgleitet der Einheit nie.
Alles existiert jenseits von den Konzepten,
die irgendein Geist ersinnt.
Alles Geschaffene ist frei von der
im Geiste erfundenen Dualität von Gut und
    Schlecht.

Da alles an und für sich perfekt und komplett ist,
unangetastet von jedem krankhaft angestrengten
    Streben,
ruhst du mühelos in ursprünglicher
    Verschmolzenheit.«

In einer Anmerkung zu seinen Texten schrieb Vairotsana: »Ich blieb so lange wie irgend möglich bei Sri Simha, dem Unvergleichlichen, und erhielt sämtliche Erklärungen und Ermächtigungen von ihm, zumeist als leise in mein Ohr geflüsterte Hinweise. Aber einmal wandelten wir in einem entlegenen Teil seines Sandelholzwaldes, Sri Simha deutete zum Himmel und rief:

›Die Realität erstreckt sich ins Unendliche fort.
Wenn du erkennst, *was ist,* und es läßt, *wie es ist,*
dann ist alles von Natur aus perfekt und präsent
    darin,
ohne Mangel … fehlerfrei!

Welche Macht oder Leistung kann *das* über-
treffen?‹«

Kurz nachdem Vairotsana die Lehrstätte des Löwengleichen verlassen hatte, um nach Tibet zu gehen, erschien
ihm der erste Dzogchen-Meister Garab Dorje in einer Vision und gab ihm mehr als hunderttausend weitere Verse
ein, die Vairotsana allesamt für die Nachwelt erhielt.
  Garab Dorje, der Lachende Meister, sprach:

»Die pure Wachheit unseres natürlichen Seins
ist Buddhaschaft. Und zwar von Anfang an.
Der Geist ist wie der unendliche Raum:
offen, ungehindert, substanzlos, ungeboren
und unsterblich.

Wer die einzig wahre Grundnatur aller diversen
Phänomene begreift und darin ruhen bleibt,
sinkt ganz von selbst in wahre Meditation
und so ohne Anstrengung ins All.«

Auf seinem Rückweg von Indien nach Tibet ruhte
Vairotsana bereits so tief in der Grundnatur, daß eine
yogische Kraft in ihm entstand. ›Fliegende Füße‹ wird
diese Fähigkeit genannt, und sie drückt sich darin aus,
daß ein Mensch, der nicht länger an die Schwerkraft
glaubt, auch nicht länger von ihren Gesetzen gehalten
wird. Durch spontane Regulation des Atems sammelt
man psychische Kräfte, die dem Körper gestatten, prak-
tisch über den Boden dahinzufliegen und jedes Ziel in
Rekordzeit zu erreichen. Manche Langstreckenläufer entwickeln diese Fähigkeit bis zu einem gewissen Grad; die
hervorragendsten Springer und Ballettänzer demonstrieren genau diese zeitweilige Loslösung von der Schwerkraft und die ersten Anzeichen der Levitation.
  Auf diese wunderbar leichte Weise in Tibet angekom-

men, führte Vairotsana den tibetischen König in den Mühelosen Weg der Direkten Erkenntnis ein. Auch dies geschah unter strengster Geheimhaltung, ohne jeden Augenzeugen. Tagsüber lebte Meister Vairotsana nun wie jeder normale buddhistische Mönch und lehrte die fundamentale Doktrin der karmischen Ursache und Wirkung. Spät nachts aber, hinter geschlossenen Türen, übertrug er die eigene Erlösung auf König Trisong Deutsen.

Im Lauf seines langen Lebens weihte Vairotsana noch viele andere heimlich in das Wissen ein und verbreitete sein Licht. In den Urwäldern von Nepal starb er wie ein vollendeter Meister.

Jomo Manmo,
die schlafende Dakini

ALS JUNGES MÄDCHEN HÜTETE JOMO MANMO die Rinderherden ihres Vaters und verrichtete die niedersten Arbeiten in Haus und Hof ohne Murren, denn nur so gelang es ihr hin und wieder, das Herz ihrer neiderfüllten Stiefmutter zu erweichen.

An einem milden Frühlingsmorgen, als Jomo Manmo gerade dreizehn Jahre alt geworden war, führte sie die Kühe auf eine Bergweide hinter ihrem Haus, setzte sich auf einen Stein und fiel unversehens in einen tiefen, traumlosen Schlaf.

Ein leises Singen weckte sie wieder auf, und sie erhob sich. Der Gesang drang aus dem Inneren eines Felsbrockens in der Nähe, zu dem sich unerklärlicherweise während ihres Schlafes ein Eingang aufgetan hatte.

Verwundert blickte das Mädchen sich um. Alles ringsumher funkelte auf die wundersamste Weise und war in ein zart-farbiges Licht getaucht. »Bin ich ins Paradies gekommen?« fragte sie sich voll Freude und Hoffnung. »Bin ich gestorben und in einem Buddhafeld aufgewacht?«

Noch immer von dem Zauber umfangen, wanderte sie in die eben entdeckte Felshöhle hinein. Im schummrigen Dunkel des tiefsten Höhlengrunds erblickte sie eine Gruppe von Dakinis bei einem tantrischen Vereinigungsritual, umgeben von zerstückelten Leichenteilen und Raubtieren, die mit knurrender Wollust über das rottende Fleisch herfielen. Ohne Furcht oder Widerwillen zu empfinden, trat Jomo Manmo näher, worauf die Königin der Dakinis, eine blutbesudelte Göttin mit einem Schweinekopf, aus dessen Schnauze die stinkende Brühe ronn, ebenfalls einen Schritt auf das Mädchen zutrat.

»Komm und geselle dich zu uns«, sprach die Gottheit. »Weißt du nicht, daß du von Geburt an zu der Rasse der Himmelsköniginnen gehörst, wie alle Frauen?«

Jomo Manmo blieb stumm.

»Ha«, grunzte die Schweinegottheit, »wie ich sehe, hast du deine ewig unbefleckte Grundnatur noch nicht bewußt wiederentdeckt. Sieh mich an …«

Vor Jomo Manmos Augen verwandelte die Schweinsköpfige ihre Gestalt und wurde formlos transparent. »Du bist vollkommen frei, ungebunden von Anfang an«, verkündete die Stimme der Formlosen. »Habe den Mut, deine naturgewollte Freiheit zu demonstrieren, ohne Zögern oder Zweifel. Das gesamte Universum ist dein Körper; alle Wesen sind dein Intellekt! Erinnere dich an das uralte Wissen, das du im Moment deiner Neugeburt kurzzeitig verloren hast.«

Wieder Gestalt annehmend, zog die Königin der Dakinis ein Buch mit vergilbten Seiten unter einem Felsvorsprung hervor und legte es dem Mädchen auf den Kopf. Im selben Augenblick wurde die Dreizehnjährige von schlagartiger Erkenntnis durchflutet und in ihren Urzustand zurückgeworfen. So vollzog die Dakini der Weisheit ihre Rückführung in die erleuchtete Realität, von der nichts und niemand getrennt existierte.

Das Buch war mit alten Schriftzeichen angefüllt und wurde Jomo Manmo in die Hände gelegt, mit dem Auftrag, es in die Welt der Menschen zurückzutragen. Bevor das Mädchen die Felshöhle verließ, verkündete die Dakini der Weisheit noch: »Deine Erleuchtung wird sich durch die Übung der im Buch enthaltenen Instruktionen sehr rasch vertiefen, und du wirst weiteren Generationen von Menschen als Lehrerin dienen.«

Fortan legte Jomo Manmo ein exzentrisches Verhalten an den Tag, wie schon so viele große *Siddhas* (Seher) vor ihr. Frei von gedanklichen Zweiteilungen, nahm sie alles als grundsätzlich rein und heilig wahr und empfand weder besitzergreifendes Verlangen noch ablehnenden Widerwillen in Anbetracht von Dingen, die wir gewöhnlich als Gut oder Böse bezeichnen. Sie kannte keine Unterdrückung mehr und lebte mit der friedvollen Unbekümmertheit eines Vogels.

Bald hatte sich in den umliegenden Dörfern herumgesprochen, daß sie auf einem Berghang gleich neben der lang verschütteten Felshöhle von Guru Padma Sambhava eingeschlafen war und den Eingang neu entdeckt hatte. Die alten tibetischen Legenden schildern diese Höhle immer als einen Treffpunkt von Göttern, menschlichen Eingeweihten und Dämonen, und so erhielt das Mädchen von nun an den Spitznamen Jomo Manmo, was bedeutet: ›Die von einer Dämonengöttin Besessene‹.

Das Buch aber, das ihr mitgegeben worden war, enthielt die geheimen Aufzeichnungen von Padma Sambhava, einem der größten Dzogchen-Meister aller Zeiten.

Vor Jahrhunderten war es von Padma Sambhavas Meisterschülerin Yeshe Tsogjal unter dem Felsvorsprung versteckt worden, nur damit sie selbst, in ihrer neuerlichen Inkarnation als Jomo Manmo, es später wiederfinden konnte. In Jomo Manmos Händen wurde das Buch erneut zu einem Instrument der Befreiung zahlloser Wesen und unter dem Titel ›Die Gesammelten Geheimnisse der Dakinis‹ bekannt.

In den folgenden Jahren nahm Jamo Manmo den tibetischen Guru Chowang zum Gefährten und verbreitete die Lehre von der Innewohnenden Vollkommenheit mit meisterhafter Geschicklichkeit. Im Alter von sechsunddreißig Jahren dann vollzog sie ein geheimes Ritual mit zwei anderen jungen Frauen auf der Spitze eines kahlen Berges in Zentraltibet. Neugierige Hirten beobachteten die drei Frauen beim Aufstieg und blickten hin und wieder in die Höhe, um zu sehen, was der seltsame kleine Trupp dort oben auf dem eisigen Gipfel trieb. Den Berichten der Hirten zufolge breiteten alle drei an einem Punkt gleichzeitig die Arme aus und stürzten sich ins Leere. Aber sie fielen nicht in den Abgrund und zerschmetterten auf keinem Stein. Sie flogen in den tiefsten Himmel hinein und wurden nie wieder gesehen.

Die mündlichen Instruktionen von Jomo Manmo sind nie in Vergessenheit geraten und werden auch heute noch auf lebende Nachfolger übertragen.

Keine Meditation –
keine Ablenkung

EIN YOGI MEDITIERTE ZWANZIG JAHRE LANG in einer Felsenhöhle in der Nähe von Golok und hatte dabei viele tiefgreifende Einsichten in die wahren Zusammenhänge. Immer häufiger befand er sich in Zuständen immenser Seligkeit und Klarheit, frei von jeglichen Gedanken, und so erklärte er sich eines schönen Tages für erleuchtet und beschloß, zu Jamgon Kongtrul zu gehen, um sich dem untrüglichen Blick dieses Meisters zu stellen.

Kongtrul Rinpoche lebte in einem Kloster mehrere Tagereisen entfernt. Als der müde Wanderer bei ihm ankam, hieß Kongtrul ihn mit besonderer Herzlichkeit willkommen, fragte aber nicht nach seinem Anliegen. Um das Gespräch auf den Punkt zu bringen, begann der Yogi die Geschichte der letzten zwanzig Jahre zu erzählen und die Höhepunkte seiner Meditation zu beschreiben.

»Oh, wie anstrengend!« rief Kangtrul irgendwann und scheinbar ganz entsetzt. »Furchtbar! Laß das alles sofort fallen!«

Der Meister erklärte dem verdutzten Yogi, daß Meditation zunächst durch Anstrengung erreicht wird, dann aber vollkommen natürlich werden muß, denn wahre Meditation ist das Verweilen im naturgewollten Urzustand. »Geh nach Golok zurück«, riet Kongtrul. »Setze dich wieder allein in deine Höhle, wenn du willst, aber für die nächsten drei Jahre rate ich dir, überhaupt nicht zu meditieren und auch nicht die geringste spirituelle Praxis auszuüben. Laß dich einfach in deinen Naturzustand fallen, wie auch immer dieser sich präsentieren mag, ohne jede Ablenkung. Durch sorglose Freiheit von beidem, Tun und Nichttun, Denken und Nichtdenken, wird erreicht, was immer schon vorhanden war.«

Der Yogi blinkte ungläubig mit den Augen. Beschwichtigend führte Kongtrul Rinpoche das gleiche Thema noch etwas weiter aus: »Erleuchtet wirst du nur, wenn du wirklich alles Vorgestellte aufgibst – selbst deine wirkungsvollsten spirituellen Techniken. Jetzt wird es Zeit, deine gesamte zwanzigjährige Karriere als professioneller Einsiedler zu vergessen, und das gelingt dir nur, wenn du aufhörst, zu meditieren.«

Damit scheuchte er den Yogi zur Tür hinaus.

Ohne zu meditieren, machte der Einsiedler sich auf den Rückweg zu seiner Berghöhle. Aber am Anfang fiel es ihm keineswegs leicht, die Instruktion des Meisters auszuführen und weder etwas zu machen noch nichts zu tun. Es dauerte eine Weile, bis er sich an ein Dasein in vollkommener Mühelosigkeit gewöhnt hatte. Doch genau an diesem Punkt begann die Grundbewußtheit jenseits aller Dualität in ihm aufzugehen wie eine Sonne, die auch den letzten Winkel der Unendlichkeit erhellt. Buddha-Bewußtsein breitete seine ungebrochenen Strahlen aus.

Drei Jahre später marschierte der Yogi zu Kongtrul Rinpoche zurück, wie es verabredet worden war. Er verneigte sich vor dem Meister, ohne ein Wort zu sagen.

Kongtrul strahlte und hielt beide Daumen in die Höhe zum Zeichen für ›Erhabenes Gelinge‹. Danach wurde dieser Nicht-Meditierer zu einem der effektvollsten Dzogchen-Lehrer in ganz Ost-Tibet, denn seine Instruktionen waren einfach genug, um auch den verbohrtesten Strebern einzuleuchten.

Gampopas immense Leere

IN JUNGEN JAHREN MUSSTE GAMPOPA viel Leid erdulden, denn er war ein Heilkundiger des elften Jahrhunderts, aber alle seine Künste konnten es nicht verhindern, daß seine geliebte Frau und seine Kinder an einer ansteckenden Krankheit starben. Nach diesem Verlust legte Gampopa die lamaistischen Ordensgelübde ab und wurde ein Bettelmönch, aber bald schon begegnete er einem der größten Meister seiner Zeit, dem wilden Yogi Milarepa, und von diesem Augenblick an mußte er all sein bisheriges Wissen und alles, woran er bisher geglaubt hatte, immer wieder neu über Bord werfen und ein ums andere Mal wieder völlig von vorn anfangen.

Unter Milarepas Anleitung meditierte Gampopa jeden Tag mindestens sechs Stunden lang in einer Berghöhle, nicht weit von der Höhle, in der sein Meister Milarepa hauste. Einmal besuchte er seinen Meister und erzählte ihm – wahrscheinlich nicht ohne einen gewissen Stolz –, daß er sechs Stunden lang an einem Stück meditieren konnte.

»Hm«, brummte Milarepa, »und was passiert während all der Zeit?«

»Nichts«, antwortete Gampopa. »Ich denke an nichts und befinde mich in einer immensen Leere.«

»Immense Leere nennst du das?« rief Milarepa. »Wie kannst du sechs Stunden am Stück meditieren, ohne die geringste Gedanken- oder Gefühlsregung dabei zu haben? Das ist Quatsch. Du unterdrückst dich nur und zwingst dich in einen indifferenten, scheinbar neutralen Zustand hinein. So angenehm dieser Zustand auch sein mag, ich sage dir, laß auch ihn los, und fang noch einmal ganz von vorne an, und zwar so, wie ich es dir jetzt sage.«

Der erleuchtete Sänger öffnete seinen Mund und ließ Worte wie eine Melodie aus sich herausströmen:

»Der einzig wahre Blick ist der,
mit dem der innere Gedankenstrom
beobachtet wird – unverwandt
und mit vollkommenem Gleichmut.

Die Wahrheit liegt nicht außerhalb von dir.
Kontempliere deine mentalen Projektionen und
siehe: Sie sind nichts anderes als die Veräußerungen
des unaufhörlichen Allbewußtseins,
das von keiner Meditationstechnik
auch nur berührt werden kann.

Der allerhöchste Guru ist das ungeborene,
auf ewig unsterbliche Grundbewußtsein in dir.
Suche den Meister nicht anderswo.
Alle Formen sind nichts als deine Interpretation.
Wer seine Urnatur als die einzig konstante
Realität erkennt,
hat die Buddhaschaft schon im selben Moment er-
langt.«

Nach dieser Unterweisung erklärte der ernsthaft be-mühte Gampopa sofort, daß er seine weinroten Roben ablegen würde, das Zeichen seiner monastischen Würde, um sich fortan in die einfachen weißen Tücher zu hüllen, die Milarepa gewöhnlich trug.

Aber auch das gefiel dem Meister nicht. »Hör auf, andere Leute zu imitieren«, rief Milarepa lachend. »Jeder muß seinen eigenen urinnersten Anweisungen folgen.« Dann sang er ein Lied, in dem er die wahren Merkmale eines Mönches oder spirituellen Menschen beschrieb: Losgelöstheit, Hingabe, Einschließlichkeit und die Erkenntnis, daß kein isoliertes Selbst existiert.

»Heile dich erst selbst, du kluger Arzt und Mönch«, sang Milarepa zum Schluß. »Dann heilst du auch die sogenannten anderen auf ganz natürliche Weise. Meine Lehre entspringt meiner innersten Erkenntnis. Laß deine Taten aus dir selber kommen – aus dem, was zugleich einzigartig ist und überall gleich.«

Ein Lama überzeugt Kublai Khan

VIELE MONGOLISCHE UND CHINESISCHE HERRSCHER der Vergangenheit unterhielten langjährige Beziehungen mit tibetischen Lamas und holten Rinpoches als Berater an ihren Hof, sofern diese vorher für ihre spirituelle Reinheit und übernatürlichen Kräfte bekannt geworden waren. Es war keine Seltenheit, daß tibetische Meister die Rolle des Gurus übernahmen, was allerdings nicht immer hieß, daß sie mit dem gleichen Respekt wie in ihrem Heimatland behandelt wurden.

Jedenfalls war es nicht weiter verwunderlich, daß der tibetische Meister Dotokpa eines Tages eine Nachricht von Kublai Khan erhielt, worin der Mongolenherrscher bekanntgab, daß sein letzter hochverehrter Guru das Land verlassen hatte, um sich zum Sterben in das Land des Ewigen Schnees zurückzuziehen. Mit anderen Worten: Kublai Khan brauchte einen neuen spirituellen Berater, da er im eigenen Land offenbar keinen qualifizierten Meister, vielleicht aber auch keinen Freiwilligen finden konnte.

Dotokpa schickte einen seiner erleuchteten Schüler mit dessen Einverständnis in die Mongolei, Lama Chökyi Sengay war ein Experte in der Verwandlung von Materie und wußte von Anfang an, daß er den Mongolenfürsten zunächst einmal von seinen übernatürlichen Kräften überzeugen mußte, bevor dieser stolze Kriegsherr sich den wesentlichen Kernlehren widmen würde. In der Tat wollte Kublai Khan von vornherein nicht recht glauben, daß irgend jemand fähig war, es dem ersten tibetischen Lama, den er jemals als geistig überlegen anerkannt hatte, gleichzutun und ihm noch etwas Wissenswertes beizubringen.

Seine engsten Vertrauten am Kaiserhof trugen das ihrige dazu bei, den Herrscher mißtrauisch zu stimmen, denn sie fürchteten den Einfluß des neuen, fremden Lamas und sahen ihre eigene Machtposition gefährdet. »Wir müssen den Neuankömmling auf die Probe stellen, um zu sehen, wie er im Vergleich zu seinem erhabenen Vorgänger abschneidet«, verkündetete Kublai Khan schließlich, nachdem er die Angelegenheit mit sämtlichen Kriegsberatern erörtert hatte.

Noch am selben Tag ließ er Chökyi Sengay von Wachleuten ergreifen und bei lebendigem Leibe in ein steinernes Denkmal einmauern. Dort ließ man den Lama zurück, ohne Nahrung, Wasser oder auch nur die geringste Luftzufuhr.

In den folgenden Tagen und Wochen sorgten die listenreichen Ratgeber des Khans unter allerlei Vorwänden dafür, daß der Herrscher stets abgelenkt war und sich um dringendere Aufgaben kümmern mußte als die Sorge um den lebendig begrabenen Lama. Ein volles Jahr ging ins Land, erst dann erinnerte der vielbeschäftigte Khan sich aus irgendeinem Anlaß an einen guten Rat, den er einst von Chökyi Sengays Vorgänger erhalten hatte. Im selben Moment fiel ihm ebenfalls ein, daß er noch immer nicht herausgefunden hatte, ob der neue tibetische Guru den Eignungstest bestanden hatte.

Unverzüglich ließ er das Denkmal öffnen. Im Inneren stand Chökyi Sengay, versteinert und still. Er hatte die kristalline Form der Zornigen Gottheit Vajra Kilaya angenommen, und sein Leichnam funkelte, als sei er aus vieltausend Juwelen und Kristallen zusammengesetzt.

Man kann sich denken, wie beeindruckt Kublai Khan von dieser Verwandlung des Lamas gewesen sein muß. Er bereute seine unfaßliche Arroganz, verfluchte sich für seine Selbstherrlichkeit und begann, dem Lehrer des Ermordeten allerlei Kostbarkeiten zur Versöhnung zu schicken. Auch lud er Meister Dotokpa in den folgenden Jahren wiederholt ein, in die Mongolei zu reisen und am Kaiserhof als Lehrer zu fungieren.

Es heißt sogar, daß Kublai Khan am Ende offen um Vergebung flehte, worauf Dotokpa ihm die Worte der Zornigen Gottheit Vajra Kilaya zukommen ließ und Kublai Khans Missetat für null und nichtig erklärte – noch nicht einmal der Vergebung wert.

Denn so spricht Vajra Kilaya:

>>Auf der Insel der Juwelen
gibt es nichts, das wertlos ist.
Im Reich des Göttlichen
gibt es nichts, das nicht göttlich ist.
Im Bereich des Unwirklichen
gibt es keine Realität.
Im Reich des Absoluten
existiert nichts anderes als Absolutheit.<<

Atisha und sein Übersetzer

ALS DER INDISCHE MEISTER ATISHA nach Tibet kam, wurde ihm der beste Dolmetscher des Landes zur Seite gestellt. Auf Geheiß des Königs übernahm Rinchen Zangpo die ehrenvolle Aufgabe, jedes Wort des Erleuchteten ins Tibetische zu übersetzen und dabei Sorge zu tragen, daß der Sinn der Aussagen nicht entstellt wurde. Rinchen Zangpo war ein greiser Lama, vierundzwanzig Jahre älter als Atisha, und ein eingeweihter Meditationslehrer des höchsten Ranges in Tibet.

Nach ihrer ersten Bekanntmachung wandte Atisha sich voller Hochachtung an den älteren Mann und sprach: »Nun, da ich dich gesehen habe, wird mir klar, daß ich eigentlich nicht nach Tibet kommen mußte, denn ein einziger Lehrer wie du genügt vollauf.«

Daraufhin lud Rinchen Zangpo den Inder ein, seinen kunstvoll geschmückten dreistöckigen Tempel zu besuchen, und führte ihn in das innerste Sanktum hinein, wo er sich dreimal täglich und dreimal in jeder Nacht auf die Mandalas konzentrierte, die seinen drei Meditationsgottheiten geweiht waren.

Im innersten Sanktum des Tempels führten die beiden ein langes Gespräch über das Dharma und tauschten Erfahrungen aus. Der tibetische Übersetzer schien ebenso erleuchtet wie wortgewandt zu sein, und so fragte Atisha an einem Punkt: »Was ist deine Erfahrung, Rinchen Zangpo, sollten die verschiedenen Lehren der Reihe nach praktiziert werden oder gemeinsam?«

»Der Reihe nach – eine nach der anderen«, war die Antwort. Aber Atisha war mit dieser Ansicht nicht zufrieden.

»Alle Lehren sollten gemeinsam praktiziert und in

einer einzigen Sitzung als untrennbar erkannt werden!«
verkündete Atisha, der lebende Buddha, mit einer
Stimme, als erließe er ein Gesetz. »Sämtliche Gottheiten
personifizieren eine einzige Quelle, und so genügt es, sie
alle in einem einzigen Moment zu erfahren … sofort! Es
ist, wie Dudjom Rinpoche bereits sagte: ›Was nützt es
uns, vieltausend Dinge zu wissen und dabei das einzig
Wissenswerte zu übersehen, den Punkt, an dem alles zu-
sammenfließt und endlich frei wird?‹«

Da der Tibeter noch immer nicht ganz überzeugt zu
sein schien, fuhr Atisha fort: »Jetzt sehe ich, warum ich
nach Tibet kommen mußte. Ihr huldigt der Vielgötterei
mit euren vielen Schulen und euren formgebundenen
Lehren.«

Einsichtsvoll senkte Rinchen Zangpo sein schloh-
weißes Haupt und sagte: »Nimm alles, was ich auf der
Welt besitze, auch diesen Tempel, und zeige mir den
Weg zum Mittelpunkt.«

Atisha lehnte ab und bat lediglich darum, Rinchen
Zangpo als Dolmetscher behalten zu dürfen.

Wieder senkte der alte Lama sein Haupt bis zum
Boden und bat darum, von Atisha in den Wesenskern
aller Religiosität zurückgeführt zu werden.

Diese von Herzen kommende Bitte des Alten konnte
Atisha nicht abschlagen. Unter Atishas persönlicher Anleitung meditierte der Greis zunächst in nahezu vollkommener Abgeschiedenheit; dann, allmählich, bei jedem Schritt,
wo er auch hinging, denn Meditation war ihm inzwischen
zur Selbstverständlichkeit geworden. Nach zehn Jahren
erlangte er die endgültige Freiheit von allen Konzepten.

Kurz vor seinem Tode erklärte der erleuchtete Rinchen
Zangpo vor einer Gruppe von Schülern: »Bis ins hohe
Alter habe ich lediglich studiert und meinen Geist *kon-
zentriert*. Dann, nachdem ich meinem indischen Lehrer
Atisha begegnete, konnte mein Geist sich endlich in
wahrhafter Meditation entspannen.«

Zeichen und Wunder

BUDDHAGUHYA WAR EINER DER BEGABTESTEN SCHÜLER des exzentrischen Hundemeisters Kukkuripa. In der indischen Stadt Benares meditierte Buddhaguhya einmal wochenlang, ohne sich von seiner Strohmatte zu rühren, denn er konzentrierte sich mit unerschütterlicher Aufmerksamkeit auf ein Bildnis des Weisheitsgottes Manjusri.

Die Zeit flog dahin, ohne daß der Yogi es merkte, aber eines Tages wurde das Gemälde von Manjusri über seinem Altar tatsächlich lebendig und strahlend, genauso, wie es in den Textbüchern über diese Art von Yoga beschrieben wird. Das Butterfett in seiner Opferschale begann zur gleichen Zeit wie unter enormer Hitzeeinwirkung zu schmurgeln, und die welken Blumen auf dem girlandengeschmückten Altar spreizten sich und wurden wieder duftend frisch.

Buddhaguhya interpretierte diese Dinge als Zeichen seiner bevorstehenden Erleuchtung und verdoppelte seine Konzentration. In einem flüchtigen Moment fragte er sich noch kurz, ob er das Butterfett als ›Elixier der Wahrheit‹ begreifen und trinken sollte, oder ob er die neuerblühten Blumen dem Weisheitsgott zuerst zu Füßen legen mußte.

Kaum hatte er diese Dinge gedacht, erschien eine brüllende Dämonengestalt an Manjusris Stelle. Der Dämon packte den Yogi und schleuderte ihn mit unvorstellbarer Kraft durch den Raum, daß dieser ohnmächtig in einer Ecke zu Boden sank. Bevor Buddhaguhya sein Bewußtsein verlor, dachte er noch, daß er es mit einer negativen Kraft in seinem Inneren zu tun hatte, die sein endgültiges Erwachen verhindern wollte, denn im Angesicht der Er-

229

leuchtung bäumt sich die gesamte Finsternis der Unbewußtheit noch einmal zu einem letzten Machtkampf auf.

Als er wieder wach wurde, mußte Buddhaguhya sich erst einmal mühsam neu orientieren, denn er hatte jedes Gefühl für hinten und vorne, oben und unten verloren. Um sich blickend stellte er fest, daß das Gemälde von Manjusri mit einer dicken Staubschicht bedeckt war und die Opferbutter und alle Blumen vertrocknet auf dem Altar lagen.

Dann fielen ihm die Worte seines Lehrers Kukkuripa wieder ein. Der unvergleichliche Hundemeister hatte gesagt: »Sämtliche Erscheinungen sind Fabrikate des konzeptuellen Verstandes. Laß dich niemals von ihnen täuschen!«

Da lachte Buddhaguhya laut auf und schüttelte den Kopf über seine eigenen Täuschungsmanöver. Er hatte sich vom Spiel der positiven und negativen Kräfte verrückt machen lassen und sie für real gehalten. Seine eigene Ignoranz hatte ihm diesen erst hocherfreulichen und gleich darauf so grausamen Streich gespielt.

»Diese visionären Spukbilder haben mich fast daran gehindert, meine längst gewonnene Grunderkenntnis zu verlieren«, dachte er kopfschüttelnd. »Eigentlich weiß ich schon längst, daß ich keine äußerlichen Zeichen oder Wunder brauche, um eine im Grunde nicht vorhandene Dualität zu transzendieren.«

»Ho«, schrie Buddhaguhya, als wollte er sich selbst ermuntern. Dann sprang er vom Boden auf. In einem Rutsch schluckte er das hartgewordene Butterfett herunter, warf die toten Blumen in die Luft, wischte noch einmal kurz mit seinen langen Barthaaren über das staubige Abbild des Weisheitsgottes Manjusri und marschierte dann zur Tür hinaus... Auf und davon marschierte er, frei wie der Wind. Und unter jedem seiner Fußtritte erzitterte die Erde wie unter einem Wonneschauer.

So schreiten die großen Meister durch die Welt.

Schabkars einziges Yak

SCHABKAR RINPOCHE WAR EIN SINGENDER YOGI und ein *Dzog-chen*-Meister des neunzehnten Jahrhunderts. Seine Lieder-sammlung und Lebensgeschichte werden von den Tibe-tern auf eine Stufe mit denen von Milarepa gestellt. Als Schabkars Guru starb, beschloß er, sein einziges Yak zu schlachten, um es den Fleischessern, die der Bestattungs-zeremonie beiwohnen würden, als Festmahl zur Ver-fügung zu stellen, obwohl er selbst kein Fleisch aß und das Yak dringend brauchte. Der Rest seiner Familie war entsetzt und konnte stichhaltige Einwände vortragen.

»Wozu mußt du deinem verstorbenen Guru ein herr-liches lebendes Yak opfern?« rief einer seiner Verwand-ten aufgebracht. »Und noch dazu ein weibliches Yak (*Dzomo* genannt), das nicht nur als Lastentier gebraucht wird, sondern auch noch Milch gibt, damit du Butter, Käse und Yoghurt zum Überleben hast?«

Schabkar blieb uneinsichtig und ließ sich nicht von sei-nem Vorhaben abbringen.

Ein zweiter Angehöriger redete dem singenden Yogi ins Gewissen: »Die engsten Vertrauten und Schüler dei-nes Gurus bringen allesamt nur ein paar Säcke Mehl als Opfergaben zur Bestattungszeremonie mit! Es genügt in deinem Fall vollauf, wenn du einen Zehntel dessen be-reitstellst. Schließlich war Jamyang Gyatso nur dein Leh-rer und nicht etwa dein Vater oder deine Mutter in die-sem Leben. Nimm Vernunft an und behalte dein kost-bares Dzomo. Überlege dir außerdem, wie du den Win-ter ohne das Tier überstehen willst.«

Schabkar entgegnete: »Ich sehe die Dinge ein wenig anders als ihr. Mein Guru hat mir etwas Unschätzbares gegeben, denn nur durch ihn habe ich die Möglichkeit er-

halten, wahrhaftig frei zu werden – frei von Zukunfts-
ängsten, frei von hinderlichen Gedanken. Ist es nicht verständlich, daß ich bereit bin, das Wenige, was ich zum
Überleben brauche, ohne nachzudenken hinzugeben?
Die Liebe des Gurus ist größer als die meiner Eltern, so
sehr ich die Liebe meiner Eltern auch zu schätzen weiß.«

Dann brach er in einen seiner spontanen Gesänge aus:

»Selbst wenn ein Yogi ohne *Dzomo* zugrunde geht,
hat er nichts zu bereuen.
Wie aus einem Munde haben alle Buddhas erklärt,
daß Hingabe an einen erwachten Lehrer
vieltausend Opfer vor tausend Altären
in den Schatten stellt.
Der Meister ist das fleischgewordene Dharma.
In ihm erblicke ich den Buddha
von Angesicht zu Angesicht.«

Die Verbrennungszeremonien für den verstorbenen
Jamyang Gyatso waren tatsächlich bemerkenswert. Die
versammelte Gemeinde nahm die Regenbogenlichter
über dem Haupt des Toten wahr und hatte Offenbarun-
gen, wie sie sonst nur von geschulten Adepten und Yogis
erfahren werden. Viele fühlten sich so frei und leicht, als
seien sie selbst allen irdischen Fesseln entronnen. Schabkar sah das lächelnde Gesicht seines Gurus in der Luft
über dem Scheiterhaufen schweben und befand sich in
einem Zustand der Ekstase.

Diese Trauerfeier war ein unvergeßliches Ereignis, und
das einfache Volk sprach noch jahrelang davon. »Ist es
nicht erstaunlich, wie leicht es dem Sänger Schabkar gefallen ist, sein einziges *Dzomo* zur Verfügung zu stellen?
Hast du den Ausdruck auf seinem Gesicht gesehen, als
Jamyang Gyatsos Leichnam in Flammen aufging? War es
nicht Seligkeit und Verzückung und höchstes Glück, das
uns alle nach und nach überkam? Es ist doch einfach

nicht zu glauben, daß so viele Menschen so froh sein können, wenn ein Meister diese Welt verläßt!«

Wie das Gesetz des Karmas spielt, wurde Schabkar kurz darauf bereits ein neues weibliches Yak zugeführt, und zwar von einem reichen Mann, welcher Schabkar den Auftrag gab, eine alte tibetische Weisheitsschrift für ihn mit eigener Hand zu kopieren. Nicht lang darauf erhielt der Sänger zwei weitere lohnenswerte Aufträge und bekam als Gegenleistung zwei weitere *Dzomos* geschenkt. Und all dies, ohne auch nur darum gebeten zu haben, denn, wie jeder weiß, empfängt ein Mensch immer genausoviel, wie er gegeben hat.

Schabkar erklärte, daß er jeden Wohlstand und Erfolg auf den Segen seines verstorbenen Gurus zurückführte. Nach Jamyang Gyatsos Tod spürte er die Gegenwart seines Meisters an jedem Ort, wo er auch hinging, und das Gefühl dieser Gegenwart erinnerte ihn ständig daran, daß man nichts auf dieser Welt festhalten muß.

Die Gleichwertigkeit allen Lebens

IM JAHRE 1982 REISTE DER VIERZEHNTE DALAI LAMA von Tibet nach Frankreich zu einer Friedenskonferenz. Bei einem Essen unterhielt er sich mit Pawo Rinpoche, einem greisen Lama, über den unlängst verstorbenen Gyalwa Karmapa.

Die beiden lachten und erzählten sich Geschichten über den erleuchteten Gyalwa Karmapa und erörterten

auch seine demnächst bevorstehende Wiedergeburt, als
der alte Pawo Rinpoche eine Ameise zu seinen Füßen
entdeckte. Das Insekt bemühte sich mit aller Kraft, über
den glänzend polierten Parkettboden davonzukrabbeln
und dem Tod durch ein versehentliches Zertretenwerden
zu entrinnen.

Da Pawo Rinpoches Beine ihm schon seit einiger Zeit
den Dienst versagt hatten, wandte er sich an den Dalai
Lama und bat ihn, die Ameise in Sicherheit zu bringen.

Der Dalai Lama stand auf, beugte sich zu dem Insekt
unter dem Tisch herab und flüsterte einen Segensspruch.
Dann hob er das Tier vorsichtig auf seine Hand, trug es
durch den Speisesaal und setzte es draußen vor der
Haustür an die Sonne. Schmunzelnd kehrte er an den
Tisch zu seinem greisen Freund zurück.

»Jetzt habe ich dir einen Dienst erweisen können, Rinpoche«, sagte das tibetische Staatsoberhaupt, offenbar
sehr zufrieden. »Deine Augen sind alt, aber immer noch
besser als meine. Viele reden über die letztendliche Leere
aller Dinge und die höchsten Ziele der *Mahayana*-Philo-
sophie, aber die Erkenntnis der Gleichwertigkeit allen
Lebens ist das Merkmal eines wahren Bodhisattvas. In
deinen alten Augen sind alle Lebensformen gleich wert,
und das nenne ich Liebe.«

Der Vierzehnte Dalai Lama erwähnte den Vorfall bei
einer späteren öffentlichen Rede in Frankreich, in der er
über die Notwendigkeit des Mitfühlens und universeller
Mitverantwortung sprach.

»Meine Religion ist schlicht und einfach Liebe – lieben-
des Mitgefühl«, antwortete er auf die oft gestellte Grund-
satzfrage nach seiner Weltanschauung.

Die Regenbogenbrücke

GOTSANGPA WAR EIN ›DRACHENMEISTER‹ von der *Drukpa-Kagyu*-Übertragungslinie und lebte im achten Jahrhundert. In den Geschichten von ihm wird erzählt, daß er dermaßen vergeistigt war, daß es ihm nicht das geringste ausmachte, jahrelang in einer eisigen Berghöhle zu hausen und sich mit einem fadenscheinigen Jutesack, der ihm als Matratze, Zudecke und Wintermantel zugleich diente, vollauf zufriedenzugeben.

Ein wilder Dornbusch wuchs vor dem Eingang seiner Höhle, aber Gotsangpa fand weder Zeit noch Lust, das Gestrüpp zurückzuschneiden, obwohl er sich bei jedem Ein- und Austreten die Beine zerkratzte und das Mönchsgewand daran zerriß. »Bevor ich das nächste Mal an dem Dornbusch vorbeikomme, bin ich womöglich längst tot«, dachte der Drachenmeister. »Also, was soll's?«

Frei von jedem Drang nach sinnlicher Stimulanz verbrachte Gotsangpa sein Leben in ununterbrochener Meditation und unterwies nur wenige Schüler in den Praktiken der Losgelöstheit, die er selbst bereits vollkommen gemeistert hatte.

Im tiefsten Winter nahm er dann einen fortgeschrittenen Schüler auf einen längeren Ausflug mit. Die beiden wanderten tagelang, bis sie an einen immensen, zu dieser Zeit meterdick zugefrorenen Salzsee zwischen hohen Gletschern kamen. In der Mitte des Sees lag eine kleine, verlassene Insel, wo der Drachenmeister und sein Schüler sich niederließen und den ganzen Winter lang in vollkommener Abgeschiedenheit meditierten.

Die beiden hatten kaum etwas zu essen, abgesehen von den getrockneten Kräutern, die Gotsangpa im vergangenen Sommer gesammelt hatte, etwas Tee und ein paar Pfund *Tsampa,* das geröstete Graupenmehl, das zu den Grundnahrungsmitteln aller Tibeter gehört und von dem Schüler im Rucksack mitgeschleppt worden war. Dennoch erklärte Gotsangpa an einem Punkt, daß er ein-hunderttausend kleine *Tormas* (rituelle Opferkuchen) aus dem kostbaren Tsampa formen und sie den unsichtbaren Schutzgöttern der Gegend opfern würde.

Dem Schüler blieb nichts anderes übrig, als seinem verrückten Meister beim Kuchenformen zu helfen. So saßen die beiden in der Kälte und im Schnee, drückten das Graupenmehl mit den Händen zu spitzen Kegeln zu-recht und legten die Kuchen auf einen Stein, der ihnen als behelfsmäßiger Altar diente.

Nach drei Monaten war der Vorrat an Tsampa ver-braucht, und der Schüler fragte: »Meister, was sollen wir jetzt machen?«

»Keine Sorge«, entgegnete Gotsangpa leichthin. »Wir haben den Buddhas und Dakinis hunderttausend Tor-mas geweiht, und zwar im Geiste vollkommener Sorg-losigkeit und Zuversicht – jedenfalls was mich betrifft. Das Universum selbst springt ein, wenn ein uneigennüt-ziges Geschöpf Hilfe braucht, du wirst schon sehen.«

Was der Schüler als nächstes sah, beunruhigte ihn allerdings noch mehr. Der vereiste See taute immer mehr auf, und das Wasser war viel zu tief, die Ufer viel zu weit entfernt, um schwimmend ans Festland zurückzukehren. Fortan ernährten die beiden sich von ihren Teeresten und den wenigen Heilkräutern, die auf der Insel im Frühjahr gediehen. Schwach und abgemagert harrte Gotsangpas Schüler des nächsten Frostes. Aber es kam kein Frost mehr in jenem Jahr, und der nächste Winter würde noch Monate auf sich warten lassen.

Dann, an einem strahlenden Frühlingsmorgen, sagte Gotsangpa: »Komm, mein Sohn, unsere Meditationspra-xis ist vollendet, und alles, was wir zu opfern hatten, ist restlos hingegeben worden. Komm, folge mir.«

Auf zitternden Beinen folgte der Schüler seinem kräftig ausschreitenden Meister zum Seeufer. Gotsangpa trat auf das sonnenbestrahlte Wasser und bewegte sich leichtfüßig darüber hin, als ginge er über eine schmale Eisbrücke dem Festland entgegen. Wie im Trancezustand ging der Schüler hinterher, Schritt für Schritt, aber er wagte es nicht, nach unten zu blicken und den Lichtstreifen zu seinen Füßen genauer zu betrachten, denn dann, so dachte er, müßte er auf der Stelle in die eisigen Fluten stürzen und zugrunde gehen.

»Dreh dich nicht um«, befahl Gotsangpa und schritt weiter. »Schau nicht nach unten! Nur voller Vertrauen geradeaus!«

Erst als sie das Festland erreicht hatten, wandten die beiden den Blick zurück. Die Insel lag in Nebel gehüllt in weiter Ferne in der Mitte des Sees. Keine Eisbrücke verband sie mit dem Festland mehr – nein, es sah aus wie eine Brücke aus Regenbogenlichtern, die aus den sorgsam erhobenen Händen von einhunderttausend Buddhas und Dakinis bestand.

»Das verdammte Erleuchtungsphänomen«

KONGCHOG PALDRON WAR DIE TOCHTER und spirituelle Nachfolgerin eines verehrten tibetischen Meisters namens Chögyur Lingpa. Schon in jungen Jahren wurde Paldron als eine Inkarnation der Grünen Tara erkannt und entsprechend ausgebildet. Viele Erleuchtete des neunzehnten Jahrhunderts, unter anderen Meister Jamyang Khyentse, welcher Hunderte von Lamas erweckte, bemühten sich persönlich darum, die begabte Paldron in das Wissen einzuweihen, das nur ein in vielen Leben reif gewordener Geist vollends erfassen kann.

Am Ende war es jedoch den mündlichen Hinweisen von Patrul Rinpoche zu verdanken, daß Kongchog Paldron ihren eigenen Geist als das grenzenlose Buddha-Bewußtsein erkannte und endgültig erlöst wurde. Dieses Ereignis fand unter folgenden Umständen statt:

Eines Tages rezitierte Patrul ein paar Reime, die ihm in dem Moment spontan einfielen und von denen er intuitiv wußte, daß sie die Schülerin an der rechten Stelle treffen würden:

»Verlängere die Vergangenheit nicht in Gedanken,
lade auch keine Gedanken an die Zukunft ein.
Verändere nichts an deiner naturgegebenen Wachheit,
fürchte keine der äußeren Erscheinungsformen.
Mehr ist nicht dran an dem ganzen Erleuchtungs-
    phänomen!«

Beim Hören dieser Worte fiel Kongchog Paldron unversehens in den Urzustand hinter allen Gedanken, Gefühlen und wechselnden Zuständen und erlangte das, was man die Buddhaschaft nennt.

Patrul hatte seine Reime in dem etwas schwerfälligen Dialekt der tibetischen Nomaden von sich gegeben. Den letzten Satz verstand Paldron, als hätte der Meister gesagt: »Mehr ist nicht dran an dem verdammten Erleuchtungsphänomen.«

Die nun erwachte Frau wurde eine berühmte Lehrerin und Mutter, denn sie brachte mehrere Tulkus – wiedergeborene Lamas – auf die Welt. Den letzten Satz gab sie gern so, wie sie ihn damals gehört hatte, an ihre Schüler weiter, und die Schüler von Kongchog Paldron gaben den Reim wiederum an ihre eigenen Nachfolger weiter. Das ist der Grund, warum tibetische Lamas bis zum heutigen Tag eine Weisheitslehre vermitteln, die als ›Das Verdammte Erleuchtungsphänomen‹ bekannt geworden ist.

Gampopas Rat in geschäftlichen Dingen

EINMAL KAM EIN GESCHÄFTSMANN ZU GAMPOPA, dem Nachfolger von Tibets wildem Yogi Milarepa, und bat ihn um Unterweisung in der spirituellen Praxis. Kleinlaut gestand der Geschäftsmann bei der ersten Unterredung ein, daß er seinen Lebensunterhalt seit Jahren mit dem Handel von religiösen Kunstgegenständen und Reliquien verdient hatte, die er dem einfachen Volk für Pfennige abschwatzte und dann für gehörige Profite anderswo weiterverkaufte.

Es war dem Mann durchaus bewußt, daß derlei Geschäftemacherei im Widerspruch zu den Lehren des Buddhas stand, der strikte Rechtschaffenheit auch für gewöhnliche Kaufleute vorschrieb, und so sagte der Mann zu Gampopa: »Wie kann ich mich von all dem schlechten Karma befreien, das mit meinen Aktivitäten verbunden ist? Ich fürchte, ich muß eines Tages bitter für meine Ausbeuterei bezahlen.«

Gampopa riet dem Mann, sich einen anderen Broterwerb zu suchen und den Erlös in den Aufbau eines Tempels zu stecken, dessen Türen stets für alle Hilfesuchenden offengehalten werden sollten.

Der Geschäftsmann tat, was ihm empfohlen worden warf und hatte erstaunliche Erfolge in seinem neuen Beruf. In wenigen Jahren brachte er es fertig, einen wunderschönen Tempel im Namen des Buddhas aufzubauen, aber unterdessen hatte er kaum Zeit gefunden, in sich zu gehen und ernsthaft zu meditieren.

Er wandte sich an Gampopa und sprach: »Verehrter Dharma-Meister, es ist mir gelungen, mein Karma wenigstens teilweise abzutragen und den Tempel zu bauen, wie du mir geraten hast. Aber nun brauche ich zahllose Bücher, Kunstgegenstände, Statuen und Gemälde, um das Gotteshaus mit allem auszustatten, was die Gemeinde braucht. Wie soll ich die Zeit zum Meditieren finden, wenn ich ständig vollauf beschäftigt bin? Und wie soll ich Fortschritte auf dem spirituellen Weg machen, wenn ich nicht meditiere?«

Gampopa antwortete: »Der Tempel braucht keinerlei Ausstattung oder Dekoration. Überlaß das ruhig den Leuten, die dort beten und Zuflucht finden. Höre gut zu: Wenn du das Klare Licht der Ursprünglichen Realität (*Mahamudra*) auch nur einen einzigen Moment lang erkennst und in die Leere dieser Realität eintauchst, ist dein gesamtes Karma im selben Moment abgetragen worden. Danach brauchst du nichts mehr zu tun, du mußt dich weder um gute Taten in dieser Welt kümmern noch um illusionäre Zeichen eines spirituellen Fortschritts. Begreifst du, was ich meine?«

Der Geschäftsmann wiegte den Kopf. Er war verunsichert, denn Gampopas Worte widersprachen seinen anerzogenen Vorstellungen von dem Verhalten religiöser Menschen.

So fuhr Gampopa fort: »Auf dem Weg des *Mahamudra* läßt man sich einfach in das natürliche So-Sein fallen, in das, was immer schon in uns gewesen ist. Das natürliche So-Sein ist unsere innewohnende Buddha-Natur. Erkenne sie! Jetzt und hier ist die Buddha-Natur dein eigener Wesenskern. Verweile darin, sorglos, jenseits von deinen Vorstellungen über Tun und Nichttun. Versuche nicht länger, irgend etwas zu erreichen oder zu manipulieren. Laß alles gehen, wie es gehen will. Freu dich an allem wie an einem Schauspiel des Buddha-Bewußtseins. Genieße es und laß es spielen, was es spielen will.«

Plötzlich erkannte der Händler, daß das Buddha-Bewußtsein die ganze Zeit schon in ihm gewesen war, und er erwachte aus seinem Traum des ›Erreichen-Wollens‹.

Von nun an maß er keinen Idolen irgendeinen Wert mehr bei.

Der große schwarze Vogel

GELONG SANGYE STARB VOR WENIGEN JAHREN in Bhutan. In den letzten Wochen vor seinem Tod war der tibetische Mönch krank geworden, und während dieser Zeit flog ein großer schwarzer Vogel durch das offene Fenster seiner Kammer und flatterte dann auf Schritt und Tritt hinter dem erstaunten Lama her. Gelong Sangye wurde ins Krankenhaus transportiert, und siehe da – der seltsame Vogel ließ sich wenig später auf dem Fenstersims des Krankenzimmers nieder und blieb dort stundenlang hocken, als wollte er dem guten alten Gelong Gesellschaft leisten.

Das Krankenhauspersonal und seine Freunde meinten, der Mönch hätte den Vogel abgerichtet, aber Gelong lachte nur und schüttelte den Kopf. In den nächsten Wochen wurde das Tier mit Krumen gefüttert, wobei es zu einem freundschaftlichen Disput kam, um welche Gattung es sich handeln möge. Jeder sah nämlich etwas anderes: einen Geier, einen Adler, einen Raben, eine Krähe...

Kurz vor seiner Todesstunde bat Gelong darum, in seine weinroten Mönchsgewänder gekleidet zu werden. Mühsam setzte er sich im vollen Lotussitz auf sein Bett. Der Vogel hockte auf dem Fensterbrett und hielt Wache, während Gelong friedlich hinüberglitt. Drei Tage lang saß Gelong noch aufrecht in Meditation, obwohl er längst nicht mehr atmete. Auch der Vogel rührte sich unterdessen kaum vom Fleck. Als man die Leiche zum Verbrennungsplatz trug, schwebte der schwarze Vogel über der Trauergemeinde, als wollte er Gelong das letzte Geleit geben.

Viele Bhutanesen waren tief bewegt. Gelong Sangye hatte ihnen bewiesen, daß man seine letzten Tage auf meisterhafte Weise verbringen und dem Tod mit vollkommener Gelassenheit entgegensehen kann. Aber nicht nur das, jetzt waren sie Augenzeugen eines Phänomens geworden, das mit keiner rein materialistischen Auslegung hinreichend erklärt werden konnte.

Nachdem Gelongs Körper verbrannt worden war, ließ der mysteriöse Vogel sich nie wieder blicken. Im Herzen fühlten viele, was dieses Ereignis zu bedeuten hatte, auch wenn die Ärzte und Pfleger es nicht offen zu sagen wagten. In Tibets esoterischen Schriften heißt es, daß Schutzengel und himmlische Wesen in allen möglichen Verkleidungen auftauchen, um Sterbende willkommen zu heißen und in die seligen Buddhafelder zu geleiten.

Der Weg einer einfachen Frau

KANGYUR RINPOCHES MUTTER war eine herzensgute, aber völlig ungebildete Hausfrau; sie hatte sich nie darum bemüht, esoterische Meditationspraktiken zu lernen oder den tieferen Sinn der Schriften zu verstehen. Obwohl ihr Sohn ein großer *Dzogchen*-Meister der uralten Übertragungslinie von Padma Sambhava und Vairotsana war und die Lehren vom höchsten Gipfel der Erkenntnis (*Maha Ati*) in Tibet verbreitete, ließ seine Mutter sich davon nicht weiter beeindrucken. Sie ging den Weg der einfachen Leute mit schlichter Hingegebenheit. Ein einziges Gebet sprach sie seit Jahren jeden Morgen und Abend: daß Buddha Amitabha, der Lichterfüllte, sie nach ihrem Tode in das Buddhafeld von *Dewachen* aufnehmen würde.

Als sie ihren Tod herannahen fühlte, brachte Kangyur Rinpoche seine alte Mutter in eine Berghöhle, wo schon viele Meister meditiert und bestimmte Stufen der Erleuchtung erreicht hatten.

In der Höhle hatte die Mutter eine Reihe von Visionen von *Amitabha*, aber sie erkannte seine Erscheinungsform nicht. »Wer ist der leuchtende Mönch, der hier jeden Tag wie ein Spuk erscheint?« fragte sie ihren Sohn. Der Rinpoche lächelte wissend, sagte jedoch kein Wort.

Wenige Tage darauf sagte sie: »Dieser wunderbare, rotleuchtende Mönch muß eine Gottheit sein. Er wird mit jedem Tag klarer und realistischer.«

Endlich gab Kangyur Rinpoche eine Erklärung ab: »Liebe Mutter, das ist der Buddha Amitabha, erkennst du ihn denn nicht? Spürst du nicht, daß er kommt, weil du ihn seit Jahren jeden Tag darum gebeten hast? Er will dich im Paradies von Dewachen willkommen heißen.«

Vor Erleichterung brach die alte Frau in Tränen aus. »Er kommt selbst zu Leuten wie mir?!« rief sie und wollte es immer noch nicht recht glauben.

Doch im nächsten Augenblick drang eine alles-umstürzende Erkenntnis in ihr Bewußtsein, und sie wurde schlagartig hellwach. »Jetzt fühle ich, daß Amitabha nicht länger außerhalb von mir existiert«, rief sie. »Wie kann das sein?«

»Er hat niemals außerhalb von dir existiert«, bestätigte der eingeweihte Sohn.

Eine Woche darauf rief die Mutter nach ihrem Sohn: »*Aphu* (meine Sonne) – wer ist der Yogi mit dem Schnauzbart, der jetzt jeden Tag hier erscheint?«

»Hm«, murmelte der Rinpoche. »Merkwürdig. Er ist mir noch nicht begegnet. Ich weiß nicht, wer er ist.«

»Aber er kommt jetzt immer häufiger«, beharrte die Mutter.

»Gut. Sage mir Bescheid, wenn du ihn das nächste Mal siehst.«

Am folgenden Tag rief die Mutter den Sohn an ihre Lagerstatt im Inneren der Höhle. »Aphu, Aphu – komm, schau!« Kangyur betrat die Höhle und sah einen hochgewachsenen Yogi in weißen Roben am Lager der Mutter stehen. Die majestätische Gestalt hatte ein winziges Gebetsbuch in einen Haarknoten auf dem Kopf eingebunden, während die andere Hälfte des langen schwarzen Haupthaars frei auf die Schultern fiel.

»Willkommen«, sagte Kangyur und verneigte sich bis zum Boden. »Wer bist du, verehrter Yogi?«

»Ich bin Yeshe Tsogjals Schüler und werde So Yeshe Wangschuk genannt«, antwortete der Geist.

»Und woher kommst du?« fragte Kangyur Rinpoche.

»Aus dem seligen Buddhafeld«, sprach der Mann und deutete auf den schneebedeckten Berghang draußen vor dem Höhlentor. »Ich hatte drei Söhne und eine Tochter in meinem letzten Erdenleben. Der Älteste dient den

Menschen in Ost-Tibet; der Jüngste ist bei Guru Rinpoche im Paradies. Mein mittlerer Sohn ist bei mir. Meine Tochter wurde im Schattenreich wiedergeboren.«

»Warum bist du zu uns gekommen?« fragte Kangyur Rinpoche.

»Ich bin ein Hüter der vergessenen siebzehn Lehren des *Maha Ati*. Ich habe die Verse vor Jahrhunderten von Padma Sambhava und seiner Meisterschülerin Yeshe Tsogjal empfangen und suche einen, auf den ich die verlorenen Geheimlehren übertragen kann.«

Dreimal legte Kangyur Rinpoche sich der Länge nach vor dem Geist auf den Boden und bat inständig darum, als Empfänger der siebzehn Verse auserkoren zu werden. Da hob So Yeshe Wangschuk seine Stimme und rezitierte alle siebzehn Verse, während Kangyur und seine sterbende Mutter sie Wort für Wort in sich aufnahmen.

Nachdem er geendet hatte, deutete So Yeshe Wangschuk noch einmal auf den Berg und sagte: »Meine alten Niederschriften befinden sich dort oben. Sie gehören jetzt dir, Kangyur Rinpoche.« Damit verschwand die Erscheinung.

Kangyur machte sich auf den Weg in die angedeutete Richtung und kletterte den Berg hinauf. Nach einigem Suchen fand er eine verschüttete Berghöhle, die offensichtlich vor langer Zeit einmal bewohnt gewesen war. Hinter Steinhaufen verborgen lag ein vergilbtes handgeschriebenes Manuskript von unbezahlbarem Wert. Auf dünnem Reispapier hatte Wangschuk die siebzehn vergessenen Verse des Maha Ati aufgezeichnet und vor Jahrhunderten gemeinsam mit Yeshe Tsogjal für den geeigneten Schatzfinder versteckt.

Kangyur Rinpoche blieb bei seiner Mutter, bis sie die Welt der vielen Abschiede endgültig verlassen durfte. In unzertrennlicher Einheit mit Amitabha saß sie in ihrer Höhle und starb mit einem erlösten Lächeln im Gesicht. Aber die Geschichte geht noch weiter:

Der jüngst verstorbene Dilgo Khyentse Rinpoche, einer der großen tibetischen Lehrer des zwanzigsten Jahrhunderts, hatte ein ähnlich wundersames Erlebnis wie der Schatzfinder Kangyur Rinpoche in den Bergen. Eines Tages hörte Dilgo Khyentse eine tonlose Stimme, die ihm die siebzehn Verse des Maha Ati der Reihe nach eingab. Als er fragte, wem er diese unglaubliche Eingebung zu verdanken habe, antwortete die Stimme: »Kangyur Rinpoche von Riwoschee hat dich als neuestes Glied in der uralten Übertragungskette auserwählt.«

Yeshe Tsogjal kauft einen Weggefährten frei

YESHE TSOGJAL WAR DIE BERÜHMTESTE SCHÜLERIN von Guru Padma Sambhava und wurde später seine direkte Nachfolgerin. Während Padma Sambhava in einer Berghöhle in Tibet sitzen blieb, unternahm die damals etwa dreißigjährige Yeshe Tsogjal eine längere Pilgerfahrt nach Nepal und besuchte die heiligen Stätten des Landes, unter anderem auch die Bodanath Stupa im Talkessel von Katmandu.

Sie opferte eine Handvoll Goldstaub an der Schwelle des heiligen Schreins und bat ihren Guru innerlich um Führung dabei. »Das Leid der Wesen auf Erden scheint endlos zu sein. Woher soll ich die Kraft nehmen, so viele wie möglich von ihrem Wahn zu befreien? Was kann ich tun, um wirklich hilfreich zu sein?« So betete sie, bis die goldene Krone der Stupa erglühte und vor ihren Augen

wie die Sonne selbst zu strahlen begann. In den Licht-
strahlen erschien ihr Padma Sambhava, der Lotusgebo-
rene Meister, und sprach: »Geliebte Tochter, gehe noch
heute auf den Marktplatz und kaufe einen jungen Sklaven frei, der dir als Weggefährte vorherbestimmt ist.
Durch ihn wirst du ein ekstatisches Bewußtsein erlangen
und deine Kraft um ein Vielfaches steigern können.
Kehre unverzüglich mit ihm nach Tibet zurück. Dort
werde ich euch beide in die geheimsten tantrischen
Mysterien einweihen.«

Yeshe Tsogjal wanderte in die Stadt hinein und streifte
durch den Basar, immer ihrer Intuition folgend, denn
diese ist der innere Guru. Sie blickte in Hunderte von
Gesichtern und ging von einem Ende des geschäftigen
Marktes zum anderen, bis sie am südlichen Tor von
einem Halbwüchsigen angesprochen wurde.

Der junge Mann war lediglich mit einem Lendentuch
bekleidet. Im Zentrum seiner nackten Brust befand sich
ein rotes Muttermal. Im Gesicht und an den Händen erkannte Yeshe Tsogjal noch weitere mystische Zeichen.
»Woher kommst du?« fragte er die Tibeterin zutraulich.
»Mein Name ist Arya Salee. Ich wurde als Kind aus Indien nach Nepal verschleppt und lebe seit sieben Jahren
hier als Leibeigener eines reichen Kaufmanns.«

Voll Freude rief Yeshe Tsogjal: »Oh, da bist du ja … der
Junge, nach dem ich gesucht habe! Führe mich zu dei-
nem Herrn, damit ich dich freikaufen und deiner wahren
Bestimmung entgegenführen kann.«

In Windeseile erklärte Yeshe Tsogjal dem jungen
Mann, was dieser wissen mußte, um ihr vollends zu
vertrauen. Es bedurfte nur weniger Worte, denn – so erstaunlich es auch klingen mag – diese beiden Menschen
hatten sich vom ersten Blick an schon auf tiefste und
reinste Art geliebt.

Gemeinsam begaben die beiden sich dann zum Hause
des Kaufmanns, wo Arya Salee wohl oder übel Abschied

von seiner neugewonnenen Seelengefährtin nehmen mußte. Yeshe Tsogjal aber setzte sich auf die Türschwelle und begann laut zu beten und Lieder von ihrer Erkenntnis zu singen.

So dauerte es nicht lange, bis der Hausherr persönlich vor die Türe trat und sich nach dem Grund für das seltsame Benehmen der Tibeterin erkundigte. Ohne Umschweife erklärte Tsogjal, daß sie von Guru Padma Sambhava ausgesandt worden war, um den Sklaven Arya Salee freizukaufen und mit sich fortzunehmen.

Der Kaufmann erschrak. »Der Junge ist mir ans Herz gewachsen«, wandte er ein. »Fast ist es, als wäre er mein eigener, leiblicher Sohn! Und außerdem habe ich damals einen beträchtlichen Batzen Gold für ihn bezahlt. Nein, nein, so einfach ist das nicht!«

Yeshe Tsogjal hob die Augen zum Himmel und begann ein Lied über die Befreiung aller Gefangenen von ihren Fesseln und dem Glück der endgültigen Erlösung zu singen. Der Kaufmann seufzte und dachte angestrengt nach. Nein, er brachte es nicht fertig, diese offenbar zutiefst spirituelle Frau wie eine gewöhnliche Bettlerin davonzuscheuchen. So bat er sie schließlich, sein Haus zu betreten und alles weitere drinnen zu erörtern, denn langsam versammelten sich schon die Nachbarn, um der herrlichen Stimme zu lauschen, die so eindringlich von dem Freiheitsstreben aller Menschen sang.

Im Inneren des Hauses gesellte sich die Ehefrau des Kaufmanns zu den beiden und hörte, was Yeshe Tsogjal zu berichten hatte. »Ich bewundere deinen Mut und dein Gottvertrauen«, sagte sie anerkennend, nachdem die Tibeterin ihre Geschichte vorgetragen hatte. »Du bist von weit her gekommen und scheinst eine Frau von außergewöhnlicher Reife und Güte zu sein. Gib uns fünfhundert Goldmünzen für den Jungen, denn soviel haben wir damals für ihn bezahlt. Obwohl er inzwischen ungleich viel mehr wert ist, soll er in Padma Sambhavas Namen dann dir gehören. Aber was hast du mit ihm vor, wenn ich fragen darf? Wirst du Arya Salee heiraten, oder willst du ihn zu deinem Diener machen?«

»Ich werde ihn befreien«, sagte Yeshe Tsogjal. »Und da ich meinen gesamten Besitz beim Bodanath Schrein geopfert habe, werde ich jetzt ausziehen und versuchen, fünfhundert Goldmünzen für ihn zu finden.«

Ohne zu wissen wie, machte Yeshe Tsogjal sich auf die Suche nach den Zeichen, die ihr den Weg zu der verlangten Summe Goldes weisen würden. In einer Ecke des Basars hörte sie lautes Weinen und Wehklagen und erfuhr beim Nähertreten, daß ein reicher Gewürzhändler seinen Sohn bei einem Schwertkampf an der nepalesischen Grenze verloren hatte. Der Leichnam des jungen Kriegers war soeben im Haus der Eltern aufgebahrt worden, und man wartete nur noch auf einen Mönch, der dem Toten das letzte Geleit geben konnte.

Tsogjal dankte ihrem Meister für seine unfehlbare Führung und ließ sich den Weg zu dem Haus der Hinterbliebenen zeigen. Beim Anblick der schmerzgebeugten Eltern brach sie in einen spontanen Gesang des Mitgefühls aus. Sie sang vom Leben und der Auferstehung vom Tode; sie sang von ihrem Streben, den Sklaven Arya Salee zu befreien und durch ihn noch unzählige Wesen mehr. Ihr Gesang war von einer solchen Kraft und Schönheit, daß die Eltern sich vor ihren Füßen auf den Boden knieten, nachdem Yeshe Tsogjal geendet hatte.

»Du bist eine Singende Yogini«, stammelten sie, verzweifelt und voller Hoffnung zugleich. »Du bist eine Eingeweihte mit Kräften, die wir nur ahnen, aber nicht ermessen können. Wenn du uns geschickt worden bist, um unserem Sohn neue Lebenskraft einzuhauchen, dann geben wir dir genug Lösegeld, um den Sohn des nepalesischen Königs freizukaufen. Aber wir wissen nicht, ob solche Wunder auch heute noch möglich und für einfache Menschen wie wir vorgesehen sind.«

Yeshe Tsogjal verneigte sich dreimal vor den Eltern und nickte. Von Herzen dankte sie Padma Sambhava für seine Hilfe und begann erneut zu singen:

»Alle Ehre gebührt dem Lotusgeborenen Meister –
der irdischen Verkörperung unsterblicher Realität.

Der fundamentale Urgrund allen Seins ist
das ewig unbefleckte, ungeborene Buddha-Bewußt-
   sein,
das sämtlichen Formen scheinbare Gestalt verleiht.
Inmitten der Untrennbarkeit von Leere und Energie
erzeugen positive und negative Handlungen stets
unfehlbare karmische Folgen.
Doch bin ich ein Meister jenseits aller Dualität.
Weder Leben noch Tod enthalten die geringste
Furcht für mich.
Mein ist die Kraft, die jede Zersplitterung heilt:
Möge mein Segen sich vollends verströmen.«

Tsogjal berührte das Herz des Toten mit ihrem Zeige-finger und beugte sich vor, um einen winzigen Tropfen Speichel in seinen Mund tropfen zu lassen. Sie flüsterte ihm ein Mantra ins Ohr und streichelte die klaffenden Stichwunden auf seiner Brust mit beiden Händen. Da schlossen sich die Wunden, und die Augen des Kriegers öffneten sich. Dann setzte der junge Mann sich auf und lächelte erstaunt.

Die gesamte Trauergemeinde überhäufte Yeshe Tsogjal mit Dankesbezeigungen, aber sie wehrte ab. »Dankt nicht mir, sondern der Kraft, die von jeher heil und ganz macht, was wir zersplittern und vernichten wollen. Dankt dem Buddha und Padma Sambhava für die Über-tragung ihrer heilsamen Energie.«

Der überglückliche Gewürzhändler reichte Yeshe Tsog-jal einen Sack voller Goldmünzen, und diesen nahm die

Yogini voll Dankbarkeit an. Eine stetig anschwellende Menschenmenge folgte ihr, als sie hinging, um Arya Salee von seinem nepalesischen Besitzer freizukaufen. Eintausend Goldmünzen gab sie dem Kaufmann für den Sklaven, der nun ihr spiritueller Weggefährte sein sollte.

Dann wanderten beide zu Fuß nach Tibet, um die tantrischen Weihen von Padma Sambhava persönlich zu empfangen. In einer Berghöhle nahe der Schneegrenze lebte das Paar und praktizierte das Yoga der Ekstase und meditativen Vereinigung bis zur höchsten Vollendung.

So lebte Yeshe Tsogjal bis zum ehrwürdigen Alter von einhundertsechs Jahren. Als Padma Sambhavas Erbin und geistige Nachfolgerin gelang es ihr, mehr Schüler, als ein Mensch zählen kann, der inneren Freiheit entgegenzuführen. Auf Padma Sambhavas Geheiß versteckte Yeshe Tsogjal viele seiner geheimsten Aufzeichnungen hinter Felsvorsprüngen in den tiefsten Bergen und erhielt diese Dokumente damit für die Nachwelt. Die Schriften wurden in den kommenden Jahrhunderten der Reihe nach von den Wiedergeburten ehemaliger Schüler Padma Sambhavas wiederentdeckt.

Ein Senfkorn für den Buddha

FÜNFHUNDERT JAHRE VOR CHRISTUS LEBTE GAUTAM BUDDHA, der historische Weltlehrer, und wanderte unermüdlich von Stadt zu Stadt, um so viele Menschen wie möglich in der kurzen Zeit, die ihm auf Erden verblieb, zu erreichen.

Einmal kam eine laut weinende Mutter zu dem Tempel gelaufen, in dem der Meister sich vorübergehend aufhielt. Die Frau hielt ihr totes Baby in den Armen und schluchzte so herzzerreißend, daß Buddhas Mönche sofort Mitleid mit ihr empfanden, denn, wie jeder weiß, ist der Verlust eines Kindes der größte Schmerz auf Erden. »Laßt mich mit Gautama Buddha sprechen«, flehte die junge Frau, nahezu hysterisch vor Schmerzen. »Gebt mir eine Audienz mit ihm, damit er ein Wunder tun kann. Alle sagen, daß er mir helfen kann! Bitte bringt mich zu ihm.«

Gautam Buddha willigte sofort ein und ließ die Frau zu sich bringen. Draußen vor dem Tor beteten seine Bikkhus für die Erlösung aller leidenden Wesen; drinnen saß ihr Meister im tiefsten Frieden mit sich selbst und der ganzen Welt. Mit seinen lächelnden Buddha-Augen betrachtete er den winzigen Leichnam des Kindes, dann das Gesicht der Frau. Die unbeschreibliche Wärme seiner Ausstrahlung erfüllte den Raum und ließ die Verzweifelte soweit zur Ruhe kommen, daß sie ihre wirren Gedanken sammeln konnte.

Dann streckte sie dem Buddha ihr Kind entgegen und rief: »Mein Sohn ist tot. Was soll ich machen? Hilf mir! Kannst du ihn noch einmal zum Leben erwecken? Du bist der Herr über Leben und Tod und hast beides überwunden. Hilf uns jetzt! Mein Sohn war der Augapfel unserer Familie. Wir haben uns seit Jahren nichts sehnlicher gewünscht, als dieses Kind zu bekommen, und jetzt ist er uns plötzlich von einer unheilbaren Krankheit entrissen worden. Bitte, bring das Licht in seine Augen zurück. Laß Gerechtigkeit walten. Dieses unschuldige Wesen ist uns viel zu früh genommen worden.«

So bestürmte sie den Erhabenen, und der Buddha ließ sie gewähren, bis sie irgendwann verstummte. Unterdessen betrachtete er das leblose Kind und berührte seine kalte Stirn mit einer Hand. Endlich antwortete der Buddha: »Du gute, treusorgende Frau, höre meinen Rat.

Gehe heute noch von Haus zu Haus in deiner Stadt und laß dir ein einziges Senfkorn von jedem Haushalt geben, in dem noch nie ein Mensch gestorben ist. Bring deine gesammelten Senfkörner zu mir, dann werden wir sehen, was sich ändern läßt.«

Die Frau war überglücklich. Sie kniete vor dem Meister und berührte seine Füße zum Dank. Der Buddha legte ihr beide Hände auf den Kopf, um seine friedvolle Energie noch einmal zu übertragen. Mit diesem Segen zog die Frau von dannen, ihr totes Kind noch immer in den Armen.

Den ganzen Tag wanderte sie durch die Stadt, von Tür zu Tür, und bat um Senfkörner von allen Familien, die noch keinen Angehörigen verloren hatten. Wo sie auch hinkam, erzählte sie ihre herzzerreißende Geschichte, wieder und wieder – aber es gelang ihr nicht, auch nur ein einziges Haus zu finden, in dem der Tod noch nicht seinen Tribut verlangt hatte. Unermüdlich suchte sie weiter, getrieben von der Hoffnung, daß ein paar Senfkörner es dem Buddha auf irgendeine magische Weise möglich machen würden, ihr Kind wieder zum Leben zu erwecken.

Am Ende des Tages war es ihr nicht gelungen, auch nur ein einziges Senfkorn zu finden... denn der Tod kommt in der Tat zu allen. Viele mitleidige Menschen erklärten sich bereit, ihr Senfkörner zu geben, ohne irgend jemandem zu verraten, daß auch sie schon Todesfälle in ihrer Familie miterlebt hatten. Aber an diesem Punkt ließ die Frau sich nicht beirren. Sie konnte den Buddha nicht hintergehen. Sie mußte wenigstens *ein* Haus finden, in dem der Tod noch niemanden mitgenommen hatte.

Die Sonne ging unter. In den letzten Strahlen des Abendrots stand die Frau mit dem toten Baby in den Armen und dachte an alle Geschichten zurück, die sie an diesem Tag gehört hatte. Sie hatte kein einziges Senfkorn erhalten und erkannte in ihrer abgrundtiefen Erschöpfung plötzlich auch, daß niemand von dem Leid, das ihr noch immer einzigartig und unerträglich vorkam, verschont geblieben war.

»Ich bin keine Ausnahme, und mein Kind ist ebenfalls nicht allein«, dachte sie zum erstenmal. »Alles, was geboren wird, muß sterben. Es ist eine unabänderliche Tatsache, und deshalb muß ich nach dem suchen, was nie geboren wurde und nie vergeht – der unvergänglichen Wahrheit, von dem alle Weisen und auch der Buddha die ganze Zeit in ihren Lehren sprechen. Jetzt hat er mich auf den richtigen Weg gebracht.« Dankbar verneigte sie sich vor der Himmelsrichtung, in der Gautam Buddha zu der Zeit verweilte.

Es war Nacht geworden, als sie zu Gautama Buddhas Tempel zurückkehrte, noch immer mit dem Leichnam in den Armen. Die junge Mutter hatte keine Senfkörner mitgebracht, dafür aber eine Einsicht, die sie wie eine flammende Fackel in ihrem Inneren trug.

Als sie sich dem Buddha näherte, verbeugte sie sich bei jedem Schritt. Dann legte sie ihm den toten Sohn zu Füßen und sagte: »Meister des Mitgefühls, ich habe begriffen, was du mir sagen wolltest. Das Vergängliche muß sterben, und es ist gut so. Durch dich habe ich einen kleinen Schimmer einer Wahrheit erkannt, die unsterblich ist – in mir und allen Dingen. Dies ist es, was mein Sohn durch seinen Tod gefunden hat, wenigstens für einen Moment lang, bevor er sich eine neue Form in einem neuen Körper sucht. Und das ist es, was ich schon zu meinen Lebzeiten wiederfinden kann. Das Licht der unvergänglichen Grundnatur ist das einzig Konstante. Nur daran werde ich mich von nun an halten.«

Der Buddha lächelte und nickte zustimmend, als die Frau ihn bat, den Bewußtseinsstrom des toten Kindes im Geiste zu begleiten und in eins der seligen Buddhafelder zu führen, wo die verstorbene Seele sich eine Zeitlang außerhalb der Irrwege von Zeit und Raum aufhalten konnte.

Gemeinsam mit all seinen Mönchen legte der Buddha den kleinen Körper auf einen Scheiterhaufen und ließ die sterbliche Hülle brennen, während der Geist des Kindes heimgeführt wurde in den Urgrund, aus dem alle Formen kommen.

Der abergläubische Kannibale

PADAMPA SANGJAY WAR EIN INDISCHER SIDDHA und lebte im elften Jahrhundert. Er war bereits erleuchtet und in fortgeschrittenem Alter, als er nach Tibet einwanderte, wo er einen unauslöschlichen Eindruck hinterließ. Seine Haut war tief dunkelbraun, seine Nase gebogen wie ein Habichtsschnabel, der Blick seiner Augen genauso durchdringend und scharf wie sein Geist. Der hochaufgeschossene, bis auf die Knochen abgemagerte Mann wirkte wie eine Vogelscheuche mit seinen langen, ungeschnittenen Fingernägeln, aber die Tibeter erkannten ihn als lebenden Meister an.

Zunächst befreundete Padampa Sangjay sich mit Milarepa, welcher ebenfalls ein erleuchteter Außenseiter war und sich nie um den Eindruck scherte, den er auf andere machte. In einer entlegenen Bergschlucht begegneten die beiden einander, blinzelten sich anerkennend zu und begannen ohne ein weiteres Wort miteinander zu spielen und ihre übersinnlichen Kräfte zu entfesseln. Es entspann sich so etwas wie ein freundschaftlicher Konkurrenzkampf, bei dem die Wahrheit als einziger Sieger hervorging.

Eine tibetische Yogini namens Machig Labdron hörte von den Wundertaten des Inders und suchte nach ihm, bis sie den ›Habichtgleichen‹ tatsächlich gefunden hatte, was ein Kunststück war, denn er wanderte in Seinsbereichen, die nicht für jeden zugänglich waren. Danach dauerte es nicht mehr lange, bis Padampa Sangjay die junge Frau vollständig eingeweiht und als seine Meisterschülerin ausgebildet hatte. Auf diese Weise wurde Machig Labdron die erste erleuchtete Matriarchin der *Chöd*-Schule, eine geistige Übertragungslinie, die auch heute noch fortbesteht.

Im Grenzland zwischen Tibet und Nepal ließ Padampa Sangjay sich dann eines Tages nieder und wurde der berühmteste Einwohner eines Dorfes namens Tingri, nicht weit vom Mount Everest. Dort verbreitete er sein Wissen, indem er die Leute mit wenigen, gezielt scharfen Bemerkungen von ihren Illusionen abschnitt, um sie frei zu machen, so frei und unbekümmert wie der ›Habichtgleiche Guru‹ selbst war.

In Tingri wurde sein Körper nach seinem Tode mit den traditionell vorgeschriebenen Methoden einbalsamiert und in einem juwelengeschmückten Schrein zur letzten Ruhe gebettet. Zu den Reliquien, die man ihm im elften Jahrhundert beilegte, zählte unter anderem eine handgeschriebene Aufzeichnung der Kernlehren des Meisters – eine authentische Kollektion seiner mündlichen Instruktionen und Verse mit dem Titel ›Rat für das Volk von Tingri‹.

Seit dieser Zeit verging kein Tag, an dem die Nachfahren der Chöd-Schule und die Gläubigen von Tingri den Schrein des Padampa ungeschmückt ließen. Die Totenwache wurde von allen kommenden Generationen fortgesetzt, bis die Chinesen im Jahre 1959 einmarschierten.

In einer bis heute unvergessenen Nacht fiel eine Truppe kommunistischer Soldaten über den Schrein her, brach ihn auf und begann, alles, was ihnen wertlos vorkam, in die Luft zu schleudern, unter anderem auch Padampa Sangjays sterbliche Hülle. Ein alter Lama warf sich dazwischen und rettete ein Stück des einbalsamierten Körpers, bevor die anderen Reliquien konfisziert oder vernichtet wurden.

Selbstverständlich wurde der Lama festgenommen und den chinesischen Truppenführern als Verbrecher gemeldet. Sie ließen den Mönch in Ketten legen und stellten ihn in einem öffentlichen Tribunal zur Schau, um ein Exempel zu statuieren. *Damzing* oder ›Kampfsitzungen‹ werden solche Verhöre von den Kommunisten genannt.

Zunächst wurde der Lama angeklagt. Dann verlangten die Offiziere zu wissen, was der Alte mit seinem Widerstand gegen die Staatsgewalt bezwecken wollte. Warum hatte der abergläubische Dickschädel einen konterrevolutionären Gewaltakt gegen sein Volk begangen? Hatte er womöglich vor, das obszöne, ausgetrocknete Leichenteil bei illegalen magischen Riten und Geheimritualen zu benutzen?

Der Tibeter konnte nichts anderes erwidern als die schlichte Wahrheit, wie er sie kannte. Er erklärte, daß er von Kindheit an dazu erzogen worden war, die heiligen Überreste des größten Meisters zu verehren, der Tingri je mit seiner Anwesenheit geehrt hatte. Padampa Sangjay war der Buddha von Tingri, und wenn ein Buddha stirbt, dann bleibt etwas von seiner Ausstrahlung an seinen Kleidern und Knochen haften und an jedem Gegenstand, den er jemals berührt hat. Als Tibeter glaubte er ganz einfach daran, daß solche Reliquien auch Jahrtausende später noch eine Wirkung haben, denn es heißt, daß manche Menschen schlagartig erleuchtet werden, wenn sie eine Reliquie berühren oder auch nur sehen.

Ungerührt wurde er neuerlich gefragt, was er in Wirklichkeit mit dem Leichenrest vorgehabt habe.

»Ich wollte ihn für zukünftige Generationen erhalten«, war die Antwort. Obwohl er wußte, daß er kein Verständnis bei seinen Anklägern finden würde, fügte der Alte noch eine rhetorische Frage hinzu: »Muß denn alles, was uns mit unserer Tradition verbindet, vollkommen vernichtet werden?«

Die chinesischen Offiziere meinten, wenn der Angeklagte das Fleisch toter Menschen wirklich für heilig hielt, dann könne er es eigentlich auch aufessen – oder? Zum Erstaunen der Chinesen stimmte der Lama sofort zu.

Der beschlagnahmte Überrest von Padampa Sangjays Mumie wurde vorgebracht, während die anwesenden Tibeter ein lautes Gemurmel erhoben. Vor der versammelten Menge steckte der alte Lama sich die jahrhundertealten Fleischreste in den Mund und schluckte sie ohne Zögern herunter.

Das tibetische Volk war offensichtlich zufrieden mit dieser Demonstration unerschütterlicher Glaubenskraft. Für sie war es ein kleiner Sieg, denn jetzt hatte ein Teil von Padampa Sangjay einen neuen Tempel gefunden – im Körper des klugen alten Lamas, wo die Reliquie zunächst einmal sicher war.

Die Chinesen konnten nur die Köpfe schütteln und den Alten abführen lassen, denn jetzt hatte er sich des Kannibalismus schuldig gemacht und konnte mit gutem Gewissen ins nächste Gefängnis gesteckt werden. In den chinesischen Propagandablättern wurde der Vorfall unter folgender Schlagzeile berichtet: »Abergläubische Lamas essen Leichen.«

Die Tibeter hatten eine andere Sichtweise, welche sie allerdings nicht mehr öffentlich kundgeben durften. »Jetzt ist der alte Lama ein wandelnder Schrein«, flüsterten sie unter sich.

Der Yogi und der Yeti

Der riesenhafte wilde Schneemensch oder ›Yeti‹ ist der legendärste Einwohner der Himalajas, wenn man einmal von dem ebenfalls sagenumwobenen Dalai Lama absieht. Er stand bis 1958 in Nepal noch unter Naturschutz. Im Kloster von Tangboschee Bazaar, am Fuße des Mount Everest, wird der Skalp eines vermutlichen Yeti auch heute noch zur Schau gestellt. Fotografien von gigantischen Fußspuren im Schnee und haarigen, aufrecht gehenden Riesen, die hinter Gletschern verschwinden, sind ebenfalls keine Seltenheit. Unlängst gab selbst der weltbekannte Bergsteiger Reinhold Messner zu, daß er bei Expeditionen in den höher gelegenen Regionen des Mount Everest mit dem Yeti-Phänomen konfrontiert wurde.

Dem Yeti ähnelnde ›Menschenaffen‹ werden außerdem hin und wieder in den einsamen Gegenden von Kanada und in den Everglade-Sümpfen von Florida gesichtet, manchmal auch gefilmt und fotografiert, woraufhin die Schar der Experten sich unweigerlich aufmacht, solche ›Beweise‹ als Fälschungen oder Verwechslungen zu entlarven. Unbeirrt davon nennen die kanadischen Indianerstämme ihre Yetis seit Jahrhunderten ›Sasquatch‹, und die Einwohner Floridas nennen ihn ›Bigfoot‹.

Es waren einmal zwei Yogis, die von Tibet aus nach Südosten wanderten, denn sie suchten nach dem paradiesischen Landstrich von Pema Kö, das in einem tropischen Urwald liegen sollte und angeblich nur von Wesen mit absolut reinen Herzen bewohnt werden konnte. Fast schon an der Grenze zwischen Tibet und Assam angekommen, erreichten die zwei eine unsichtbare Schwelle, welche nur der ältere Yogi überschreiten konnte, denn er war in langen Jahren reif geworden und selbstlos genug, um in die unbeschwerte Dimension von Pema Kö einzugehen.

Der zweite Yogi freute sich von ganzem Herzen für seinen Kameraden, aber er war auch ein wenig traurig, denn nun mußte er allein weiterziehen und hatte niemanden mehr, mit dem er seine geheimsten Gedanken und Sehnsüchte teilen konnte. Er kam in eine Waldlandschaft von einer wilden, ganz unberührten Schönheit und dachte schon, das Paradies auf Erden erreicht zu haben, als er von einer plötzlichen Gichtattacke heimgesucht wurde. Die Gicht breitete sich in seinen Gliedmaßen aus und war so schmerzhaft, daß der Yogi sich eine Zeitlang kaum noch bewegen konnte, aber das Schicksal meinte es dennoch gut mit ihm und ließ den Yogi ein paar wilde Ziegen finden, die ihm bald wie Haustiere überallhin folgten und ihm ihre Milch gaben.

Mühevoll richtete der gichtkranke Yogi sich einen Unterschlupf zwischen den Bäumen ein und lebte dort wie ein Einsiedler mit seinen Ziegen. Er sah keine Menschenseele, außer hin und wieder in der Ferne die dunkle Gestalt eines behaarten Riesen, der jeden Tag einmal aus dem Wald kam und schweren Schrittes hinunter an den Fluß trottete, um Wasser zu trinken.

So vergingen Wochen; alles war friedlich und still im Wald, bis dem Yogi irgendwann auffiel, daß er seinen unheimlichen Nachbarn schon seit Tagen nicht mehr am Fluß gesehen hatte. Trotz seines Unbehagens beschloß er, sich auf die Suche nach ihm zu machen und zu sehen, ob der Riese Hilfe brauchte.

Er fühlte sich an jenem Tag gesund genug, um die gefahrvolle Wanderung durch das Dickicht des Waldes zu unternehmen und stieß auch bald auf eine windschiefe Waldhütte, die offenbar von anderen Einsiedlern vor Jahren errichtet und dann verlassen worden war. Vorsichtig nahte der Yogi sich dem Eingang der Hütte und sah zwei enorm große haarige Füße, die ihm durch die offene Tür entgegenragten.

Ein heiliger Schreck fuhr ihm in die gichtkranken Glieder, denn dort lag ein lebender *Migö*, wie die Tibeter den Yeti nennen, mit geschlossenen Augen und halboffenem Mund, aus dem zwei lange Reißzähne hervorlugten. Der Migö hatte offensichtlich hohes Fieber, denn er atmete schwer, sprang aber nicht auf, als der fremde Eindringling seinen Unterschlupf umkreiste.

Behutsam schlich der Yogi noch näher herbei und erkannte nun, daß ein Fuß des Riesen geschwollen war und eine eiternde Wunde an der Sohle hatte. Ein Holzsplitter ragte aus der Wunde hervor, lang genug, um von einem Menschen herausgezogen zu werden, falls dieser Mensch es wagen sollte.

»Ich weiß, daß der Migö sich jeden Moment aufrichten und mich erschlagen kann«, dachte der Yogi, »aber es ist mir nicht möglich, ihn hier liegen zu lassen, ohne wenigstens zu versuchen, der hilflosen Kreatur zu helfen.«

Während er den Splitter mit größter Sorgfalt aus der Wunde zog, verhielt sich der Yeti vollkommen still und lag ausgestreckt am Boden wie ein Patient auf dem Operationstisch. Dennoch wußte der Yogi, daß der Riese sehr wohl spürte, daß ein Mensch sich an seinem Fuß zu schaffen machte. Der Yogi riß ein Stück seines Gewandes in Streifen und entfernte den Eiter damit. Dann säuberte er die Wunde mit seinem Speichel so gründlich, wie es eben ging, und bandagierte den kranken Fuß mit einem weiteren Fetzen seines Gewandes.

Auf Zehenspitzen schlich der Yogi sich wieder aus der Hütte und ging zum Fluß, um Wasser zu schöpfen, das er dem Migö vor den Hauseingang stellte. Tage später sah er seinen Nachbarn mühevoll zum Fluß herunterhumpeln, um Wasser zu trinken und dann langsam wieder im Dickicht des Waldes zu verschwinden. Nach einer Weile besserte sich der Zustand der Kreatur so weit, daß sie ohne Schwierigkeiten laufen konnte, und wundersamerweise besserte sich damit auch die Gicht, die den Yogi vor kurzem noch nahezu verkrüppelt hatte. Eines

Tages stellte der Yogi fest, daß er vollkommen geheilt worden war, aber von diesem Tag an sah er den Yeti nicht mehr unten am Fluß und vermutete daher, daß sein wilder Nachbar sich in eine entlegenere Gegend des Waldes zurückgezogen haben mußte.

So verging die Zeit, bis der Yogi beim Beerensammeln überrascht wurde. Der Yeti ließ sich von einem Baumast herabfallen, landete unmittelbar neben dem Yogi, hob die behaarten Riesenarme, schnitt eine Grimasse und sprang mit einem Satz wieder hinauf in die Bäume, in deren Blätterwerk er wie ein Spuk verschwand. Wenige Tage darauf geschah das gleiche, nur hatte der Yeti sich dieses Mal einen frisch erlegten Tiger auf die massigen Schultern geladen. Er warf dem Yogi das herrliche Beutetier zu Füßen und sprang mit wenigen Sätzen wieder in das Dickicht zurück.

Vom Fleisch des Tigers wollte der Yogi keinen Bissen essen; er trug es in die Nähe der alten Waldhütte, damit sein wilder Freund es wiederfinden konnte. Aber er häutete das Geschenk des Migö und bewahrte das Tigerfell in seiner Grashütte auf, bis er nach Jahren der Einsamkeit in das Kloster von Schechen im Norden von Tibet zurückkehrte.

In der Klostergemeinschaft von Schechen wurde das Tigerfell als einzigartige Opfergabe und ein Zeichen furchtloser Nächstenliebe aufgefaßt. Von nun an wurde das Fell bei tantrischen Zeremonien benutzt, und tatsächlich ist es dort bis vor kurzem noch zu sehen gewesen.

»Ich brauche nichts«

PATRUL RINPOCHE, DER GROSSE DZOGCHEN-MEISTER des neunzehnten Jahrhunderts, wurde überall, wo er hinging, mit Geschenken und Opfergaben überhäuft. Was er auf diese Weise erhielt, verschenkte er jahrelang jedoch sofort an die mittellosen Steinmetze und Kunsthandwerker jeder Stadt weiter, damit sie Mantras in Steine meißeln, Tempel bauen und ihre Zeit mit sinnvollen Arbeiten verbringen konnten.

Ein Leitspruch von Patrul Rinpoche war:

»Seid großherzig zu den Armen,
duldsam und liebevoll zu den Haßerfüllten.
Seid hilfsbereit im Angesicht von Schmerz und
    Furcht,
nachsichtig im Angesicht von Ignoranz.
Fühlt mit den Schwachen und den Unter-
    drückten
und habt das größte Mitgefühl mit allen,
die sich an die konkrete Wirklichkeit klammern.«

Patruls Schülern fiel auf, daß der Meister glücklicher zu sein schien, wenn er irgendeinem Bettler etwas geben konnte, als es die meisten Bettler selbst waren. Auch merkten sie sehr rasch, daß Patrul den Klang von Bettlerstimmen auf der Straße lieber hörte als Musik oder höfliche Konversation.

Einmal kam ein arbeitsloser Steinmetz mit dem Namen Phukop zu Patrul und bat ihn um Geld. »Du armer Kerl«, brummte Patrul. »Paß auf, sag einfach: ›Ich brauche kein Geld‹, dann gebe ich dir eine anständige Summe.«

»Was ist denn das nun wieder für ein Trick«, fragte Phukop sich im stillen, sagte aber nichts.

Dreimal mußte Patrul Rinpoche seine seltsame Bedingung wiederholen, bevor der verwirrte Phukop endlich den gewünschten Satz von den Lippen brachte: »Ich brauche kein Geld.« Daraufhin kramte Patrul eine Handvoll Goldmünzen aus seinen Taschen hervor und reichte sie dem Steinmetz.

Seine Schüler wunderten sich sehr über das merkwürdige Verhalten des Meisters, der normalerweise bedingungslos großzügig war und jede Gelegenheit wahrnahm, einen Bittsteller zu beschenken. Sie fragten Patrul, was er mit seiner Forderung an Phukop bezwecken wollte, und so kam es, daß der Meister ihnen folgende Geschichte erzählte:

»Einmal kam ein bitterarmer Mann zu Sakyamuni Buddha (der historische Buddha Gautam Siddharta) und legte ihm eine Süßigkeit zum Zeichen seiner Dankbarkeit zu Füßen. Ein naschsüchtiger Brahmane warf einen Blick auf die Leckerei und fragte den Buddha sofort, ob er sie behalten dürfe, denn er wußte aus Erfahrung, daß der Buddha nie nein sagte.

Buddhas Antwort war: ›Wenn du sagst: ‚Gautama, ich brauche diese Süßigkeit nicht‘, dann gebe ich sie dir.‹ Der Brahmane gehorchte und durfte die Opfergabe essen.

Später fragte Ananda, Buddhas Cousin und engster Vertrauter, was Buddha mit dieser Übung bezwecken wollte, genauso, wie ihr mich eben gefragt habt. Der Meister gab folgende Erklärung ab: ›In seinen letzten fünfhundert Leben hat dieser Brahmane nicht ein einziges Mal die Empfindung gehabt, daß er genug hat und nichts mehr braucht. Vorhin wurde er zum erstenmal dazu gebracht, die simplen Worte ‚Ich brauche nicht‘ laut auszusprechen, um sich mit dem Gefühl des Nicht-greifen-Müssens vertraut zu machen. So wird seine Habgier allmählich abgebaut und der Same des Großmuts in sein Herz gelegt.‹«

Nach dieser Episode vergingen mehrere Tage, an denen sich kein einziger Bettler oder mittelloser Künstler bei Patrul Rinpoche blicken ließ. Die Geschenke seiner dankbaren Anhänger türmten sich bereits in Patruls Herberge, und die Nahrungsmittel wurden vom langen Herumliegen in feuchten Ecken auch nicht frischer. Dann erhellte sich Patruls Miene ganz plötzlich und er rief: »Ah! Jetzt sind sie auf dem Weg.«

Tatsächlich trafen vier oder fünf Steinmetze wenige Stunden später bei ihm ein. Patrul hatte einen Batzen Geld, Lebensmittel und Kunstgegenstände ausgesucht und vorsorglich bereitgelegt. »Hier, nehmt, was ihr brauchen könnt!« sagte er strahlend, noch bevor die Steinmetze ihre Bitte um materielle Unterstützung vortragen konnten.

»Meißelt Mantras in Steine und verleiht euren Inspirationen sichtbaren Ausdruck«, rief er den Künstlern hinterher, als sie mit vollen Taschen über den Berghang davonzogen.

Danach drehte Patrul Rinpoche sich zu seinen Schülern um und sagte: »Endlich bin ich den alten Krempel losgeworden. Das Zeug hat hier herumgelegen wie ein verwesender Leichnam.«

Karmische Ursachen
und Wirkungen

AUF SEINEN WANDERSCHAFTEN hielt der heimatlose Patrul Rinpoche sich des öfteren in Tibets traditionsreichen Klöstern auf, um die Lehre von der Direkten Erkenntnis auf so viele empfängliche Menschen wie möglich zu übertragen.

Einmal verbrachte er eine Zeitlang in dem berühmten alten Kloster von Katok, wo er täglich zu den versammelten Lamas sprach und Fragen beantwortete. Nach einem morgendlichen Vortrag wurde Patrul von dem Großlama des Klosters gebeten, in seine Privatgemächer zu kommen und das Mittagsmahl dort mit ihm zu teilen.

Katok Situ hieß der Großlama des Klosters, und es war ihm eine Ehre, den heiligen Vagabunden persönlich herumzuführen und ihm die Schätze in seinem Reich zu zeigen. Staunend wie ein kleiner Junge blickte Patrul sich um und bemerkte: »Unglaublich, wie luxuriös hier alles ist! Katok Situ, dein Kloster ist wohl das reichste und prunkvollste von allen, die ich je gesehen habe. In jedem Zimmer wimmelt es von Tigerfellen, Pantherhäuten, Seidenteppichen, Gold und Silber, Brokatroben, antiken Porzellangefäßen, Schmuckdosen ... Und dann habt ihr Ländereien, so weit das Auge reicht, und Rinderherden und was weiß ich nicht noch alles. Ich komme mir vor wie in einem überirdischen Seinsbereich. Auf alle Fälle gibt es so etwas nirgends sonst auf Erden. Sehr imposant ...«

Da Katok Situ nichts darauf erwiderte, fuhr Patrul Rinpoche fort: »Dazu fällt mir ein, daß ich einen kleinen Tontopf habe, in dem ich mir Tee auf meinen Wanderungen koche. Wie ich höre, gehst du in Kürze auf die Reise gen Osten, wo ich mich demnächst ebenfalls aufhalten werde. Darf ich dich bitten, diesen Tontopf mit all deinem Gepäck zu verstauen und mir mitzubringen? Ich selbst reise gern so leicht wie nur möglich.«

Nachdem Patrul das Kloster verlassen hatte, setzte Katok Situ seine Ordensgemeinschaft in höchstes Erstaunen, indem er auf seinen Rang als Großlama verzichtete, um sich allein und ohne jeden Besitz in eine Felshöhle zurückzuziehen. Katok Situ hatte den versteckten Hinweis des erleuchteten Vagabunden sehr wohl verstanden.

Zu Fuß wanderte der jetzt mittellose Katok Situ davon, bis er den Gletscher von Dokham erreichte, eine heilige Pilgerstätte für die Tibeter. Als er dort ankam, sah er bereits wie alle anderen Bettler und Wahrheitssucher aus – verwildert, in abgerissene Felle gehüllt, mit einer einfachen Holzschale in den Händen, in der er sich das Wenige, was er zum täglichen Leben brauchte, zurechtrührte.

Eines Tages dann erhielt Patrul Rinpoche eine Nachricht von ihm, in der geschrieben stand: »Danke, mein Freund. Ich habe deinen Rat zu Herzen genommen und alles hinter mir gelassen. Jetzt meditiert Katok Situ.«

»Schau an«, sagte Patrul, als er die Worte gelesen hatte. »Hier ist jemand, der tatsächlich zuhört, wenn ich etwas sage.«

Jahre später wurde der Einsiedler auf dem Gletscher von Dokham von einem Pilger besucht, der ein junges Mädchen mitbrachte. »Wir haben schon viel von dir gehört«, sagte das Mädchen, »wir sind gekommen, um deinen Segen zu empfangen.«

Katok Situ segnete die beiden, worauf das Mädchen ihm einen kleinen Sack voll Graupenmehl reichte, den sie als Geschenk mitgebracht hatte.

Katok Situ besaß kein einziges Gefäß mehr, in dem er das Mehl aufbewahren konnte, und so sagte er: »Schütte das Mehl einfach auf den flachen Stein hier und laß es damit gut sein.«

»Ich bitte dich, nimm den Sack und seinen Inhalt zum Zeichen meines Dankes an«, sprach das Mädchen.

Etwas an ihrer Stimme oder ihrem Gebaren mußte Katok Situs Aufmerksamkeit erregt haben, denn jetzt kramte er zwischen den Gegenständen herum, die andere Pilger vor dem Eingang seiner Höhle für ihn liegengelassen hatten. Er hob ein goldenes Halsband mit einem kostbaren Anhänger auf und reichte es dem Mädchen.

Selbstverständlich wollte die junge Pilgerin diese Gegengabe des verarmten Lamas nicht annehmen, schon gar nicht, als sie sah, daß der Anhänger ein überaus seltener Achat mit hellen Streifen war, ein Edelstein, dem die Tibeter ganz besonderen Wert beimessen.

»Doch, doch, du mußt mein Geschenk annehmen und dir das Halsband um den Nacken legen«, insistierte Katok Situ. »Ich bitte dich darum, es jeden Tag zu tragen.«

Noch immer zögerte das Mädchen, bis der alte Einsiedler sagte: »Du ahnst nicht, welche Bedeutung dieser kleine Tausch für uns beide hat.« Da endlich stimmte das Mädchen zu, legte sich die Kette mit dem kostbaren Edelstein um den Hals und empfing dafür den Segen und schützenden Geleitspruch von Katok Situ zum zweitenmal.

Am Ende ihrer Pilgerreise angekommen, kehrte sie mit ihrem Begleiter in die Heimatstadt zurück. Sie lebte nicht weit von dem Haus eines erleuchteten Lehrers mit Namen Jamyang Khyentse Wangpo, denn sie war seine Nichte und ging oft hin, um den Meister zu besuchen und seine Worte zu hören. Wenig später erzählten die Leute auf dem Marktplatz dann überall herum, daß der ehrwürdige Einsiedler auf dem Gletscher von Dokham gestorben sei. Da weinte das Mädchen, als sei sie von einem ihrer engsten Verwandten verlassen worden. Erst als sie den Edelstein an ihrem Hals berührte, faßte sie neuen Lebensmut, denn sie fühlte sich von einer unsichtbaren Kraft getröstet.

Die Zeit verging und das Mädchen heiratete. Die junge Frau wurde schwanger und gebar einen Sohn, der seiner Mutter in den kommenden Jahren unmißverständlich klarmachte, daß er niemand anders als die Wiedergeburt des weisen alten Katok Situ war.

Selbstopfer

DOLA JIGME KELSANG WAR EIN SCHÜLER des ersten Dodrup Chen Rinpoche und wurde nach seinem Erwachen selbst zu einem großen Meister der Direkten Erkenntnis. Mit seinen Schülern bereiste er den Nordosten von Tibet, weite Teile von China und ging sogar bis in die Mongolei, um die Lehre zu verbreiten.

Eines Tages wanderte Dola mit zwei Schülern durch eine Stadt im Westen von China und kam auf einen Marktplatz, wo sich eine johlende Menschenmenge versammelt hatte. Beim Nähertreten stellte sich heraus, daß eine öffentliche Hinrichtung stattfinden sollte. Scharfrichter hatten einen Dieb auf den Sattel eines lebensgroßen schmiedeeisernen Pferdes geschnallt und waren gerade dabei, ein Feuer im Bauch des Folterwerkzeugs zu entfachen, das den Dieb bei lebendigem Leibe mit dem glühenden Metall verschmelzen sollte.

Der Verbrecher brüllte vor Entsetzen und flehte um Hilfe. Die erbarmungslose Menge brüllte zurück und erinnerte den Dieb daran, wieviel Leid er anderen durch seine Missetaten zugefügt hatte. Der mitfühlende Dola konnte nicht anders – er mußte vortreten und in aller Öffentlichkeit verkünden, daß er der wahre Täter sei und der Dieb sofort freigelassen werden mußte.

Es entstand ein wilder Aufruhr, aber Dola, getragen von der Kraft seiner überwältigenden Nächstenliebe, wirkte dermaßen überzeugend in seiner Selbstbezichtigung, daß die Henker den Dieb vom Pferd nahmen und Dola packten, um ihn auf den Eisensattel zu schnallen. Blutrünstig, wie sie waren, legten sie Feuerhölzer nach. Das schmiedeeiserne Pferd begann feurig zu glühen, und Dola saß auf seinem Rücken, den Blick auf die Unendlichkeit gerichtet. Klaglos verließ er diese Welt und starb.

Seine beiden Weggefährten waren Zeugen dieser wahren Geschichte und sorgten dafür, daß sie nicht vergessen wurde. Jedenfalls nicht in Tibet. Ihre Augenzeugenberichte gingen in die Überlieferungen der Tibeter ein und werden heute noch von spirituellen Lehrern auf Schüler übertragen, denn – so unwahrscheinlich es für manche auch klingen mag – es gibt Mittel und Wege, die Todesangst und ihre Schmerzen schon zu Lebzeiten zu transzendieren, und Dola Jigme Kelsang war einer von den vielen bekannten und unbekannten Meistern, die diese Tatsache für uns alle demonstriert haben.

Ein Abschiedsfest

KHENPO MUNSEL WAR EIN SCHÜLER des unvergleichlichen Khenpo Nagchung und lebte in diesem Jahrhundert. Zwanzig Jahre lang studierte er sämtliche Schriften des *Theravada-* und *Mahayana*-Buddhismus im Kloster von Katok. Danach praktizierte er das tantrische *Vajrayana*, dessen Lehren ihm von Meister Nagchung persönlich ins Ohr geflüstert worden waren. Munsel gab sein Wissen an wenige, auserwählte Schüler weiter und zog sich dann für weitere zehn Jahre in die Wildnis der Himalajas zurück, um die geheimen Instruktionen seines Meisters in die Tat umzusetzen. Schritt für Schritt ging er den Dzogchen-Weg, bewältigte eine Stufe nach der anderen und begann schließlich, alle Merkmale der Selbstverwirklichung zu demonstrieren, wie sie in den alten Schriften beschrieben werden.

Nach dem gewaltsamen Einmarsch der Chinesen im Jahre 1959 wurde auch Khenpo Munsel im Zuge einer ›Säuberungsaktion‹ gefangengenommen, denn er und zahllose andere hohe Lamas wollten ihre religiösen Praktiken weder aufgeben noch öffentlich denunzieren.

Nachdem der ehrwürdige Munsel mehrere Jahre in einem Arbeitslager verbracht hatte, begann er nachts leise zu seinen fünfhundert Mitgefangenen zu sprechen und die Lehre von der Direkten Erkenntnis zu verbreiten. Klammheimlich gab er die Sutras weiter, die er in seiner Jugend auswendig gelernt hatte, und wies fünfhundert Leidensgenossen in das Wissen jenseits der Dualität von Gut und Böse ein.

So gingen fünfzehn Jahre der Knechtschaft dahin, in denen Munsel und seine Geheimschüler fortwährend auf unmerklich subtile Weise praktizierten, was ihre chinesi-

schen Wächter für so verdammungswürdig und gefähr-
lich hielten, daß sie es mit dem Foltertod bestraften.
Unbemerkt von den Militärsoldaten gingen viele Ge-
fangene den ›Raschen Weg zum Höchsten Gipfel‹ (*Maha
Ati Yoga*) und begannen der Reihe nach, die authentischen Zeichen ihrer geistigen Fortschritte zu demonstrieren.

Nachdem der erste fanatische Feuereifer der Chinesen
nachgelassen hatte und ein paar Jahre der ›Umerzie-
hung‹ vergangen waren, ließen auch die Wächter in
Munsels Arbeitslager von ihren unausgesetzten Verfol-
gungstaktiken ab. Die gefangenen Tibeter wußten die
Gelegenheit zu nutzen, rissen Fäden aus den Säumen
ihrer Gefängniskleidung und banden Knoten hinein, die
ihnen von nun an als ›Perlen‹ in behelfsmäßigen Gebets-
kränzen dienten. Unter ihren Kappen versteckten sie
diese letzten fadenscheinigen Reste ihrer einst so pracht-
vollen Tradition, während sie Schwerstarbeit unter chinesischer Aufsicht verrichteten. Obwohl manche von
Khenpo Munsels mitgefangenen Schülern heute noch am
Leben sind, starb die Mehrzahl von ihnen in diesem Arbeitslager.

Ihre tägliche Essensration bestand aus einer halben
Tasse Graupenmehl pro Person. In den letzten Monaten
seines Lebens aß Khenpo Munsel nicht mehr alles, sondern sparte sich jeden Tag etwas vom Munde ab, um es
heimlich zu verstecken. Dann, eines Nachts, flüsterte er
dem Lama neben sich zu: »Kommt zu Munsel, zu einem
Festmahl … Weitersagen!«

Der eine flüsterte es dem anderen zu, und bald hatte
sich die ganze Schar seiner noch lebenden Schüler um
Khenpo Munsel versammelt. Dieser holte seinen Vorrat
aus dem Versteck hervor und verteilte das Graupenmehl
getreulich auf jede vorgestreckte Hand. »Verlaßt euch
auf nichts anderes als den Buddha, das Dharma und die
Sangha«, flüsterte er noch einmal, bevor die Gefangenen

zu ihren Plätzen zurückkrochen und irgendein Wärter den verbotenen Frohsinn, der sich des nächtlichen Lagers bemächtigt hatte, entdecken konnte.

Es war in der tiefsten Stunde der Nacht, die Mehrzahl der Gefangenen schlief, als ein lauter Ruf erschallte und alles hochschreckte. »*Phet!*« ertönte es – eine mantrische Ursilbe, die jeder Tibeter kennt. Um sich blickend sahen die Männer, daß Khenpo Munsel in kerzengerader Meditationshaltung auf seinem Schlafplatz saß, ein Vergehen, das mit Prügeln oder Folterstrafe geahndet wurde.

Aber im nächsten Moment wurde ihnen klar, daß sie sich keine Sorgen mehr um den guten alten Munsel machen mußten. Er hatte seinen Körper verlassen. Ohne jemals krank zu werden, war er einfach geradewegs heimgegangen, und jeder wußte, daß er mit vollem Bewußtsein und aus freien Stücken mit der Essenz des ungeborenen, absoluten Seins verschmolzen war.

Noch vor seiner Gefangennahme hatte Khenpo Munsel einem anderen hohen Lama erzählt, wie er die Welt sah: »Wo ich auch hinblicke, ich sehe nichts als reines Licht. Jede Landschaft besteht aus Regenbogenfarben, die ineinander verschmelzen und Buddhafelder von ungebrochener Einheit und Schönheit ergeben. Wen auch immer ich anschaue – alle sind Buddhas, Gottwesen, so felsenfest sie auch an ihre eigene Sünde und Abgespaltenheit glauben mögen.«

Nyoschul Khenpo, der Lama, dem Khenpo Munsel diese Wahrnehmungsweise anvertraut hatte, erzählte die Geschichte seinen eigenen Schülern weiter und kommentierte: »Seht ihr, das ist die vierte Stufe der *Dzogchen Tögyal*-Praxis. Viele Meister auf diesem Weg sehen die materielle Welt als eine ungebrochene Verlängerung der Buddha-Natur. Auf der vierten Stufe siehst du nämlich keinen Unterschied mehr zwischen innen und außen.«

Ein Schüler fragte den Lama: »Wie kann man in diesem Zustand noch normal in der materiellen Welt funktionieren?«

»Was die Welt als ›normal‹ bezeichnet, ist in Wirklichkeit Schizophrenie«, war die Antwort. »Auf dieser Stufe der Einsicht funktionierst du nicht mehr wie ein normaler Schizophrener. Du siehst zwar weiterhin aus wie ein Mensch, aber du denkst nicht mehr wie ein Mensch. Du bist im wahrsten Sinne des Wortes ein lebender Buddha.«

Sarahas Radieschen

DER BEDEUTENDE INDISCHE YOGI SARAHA lebte im dritten Jahrhundert und war einer jener kontroversen Volkshelden, die von vielen verehrt, von anderen jedoch wegen ihres unorthodoxen Verhaltens als Scharlatane bezeichnet werden. Saraha ist der Verfasser einer Liedersammlung, die unter dem Titel ›Die Königlichen Gesänge von Saraha‹ berühmt wurde und heute noch in vielen Ländern Asiens vorgetragen wird, denn im nachhinein galt diese Liedersammlung als das Meisterwerk eines erleuchteten Geistes.

Wie viele tantrische Meister vor und nach ihm, nahm Saraha eines Tages eine Frau aus der untersten Kaste in seinem Hause auf, denn er hielt sich nicht an die Sitten und Gebräuche des alten Indiens. Im Gegenteil, er nahm jede Gelegenheit wahr, das strikte Hierarchiedenken seiner Zeitgenossen zu unterminieren, und so beschäftigte er das fünfzehnjährige Mädchen nicht etwa als Dienstmagd, sondern weihte die Kleine in den kommenden

Jahren in die tantrischen Praktiken der sexuellen Vereinigung ein und machte sie zu seiner Lebensgefährtin.

Man kann sich vorstellen, wie aufgebracht die Brahmanen und orthodoxen Dorfältesten waren, als der Yogi mit der ›unberührbaren‹ Dienstmagd im Dschungel verschwand und sich monatelang nicht mehr blicken ließ. Aber das Mädchen war dem Rebellen vom ersten Augenblick an ergeben, denn durch ihn hatte sie einen völlig unerwarteten Ausweg aus dem unentrinnbaren Gefängnis ihrer ›niedrigen Geburt‹ gefunden. Sie erklärte ihrem Retter, daß er sich weiterhin seinen mystischen Praktiken widmen sollte, ohne Rücksicht auf ihre Anwesenheit zu nehmen, denn sie hatte keinen größeren Wunsch, als einem erleuchteten Adepten zu dienen und dabei alles, was er wußte, von ihm zu lernen.

So lebten die beiden in der Abgeschiedenheit des indischen Dschungels, wie viele Tantriker mit ihren weiblichen Partnern. Sie meditierten, praktizierten das Yoga der ekstatischen Verschmelzung und behandelten sich gegenseitig mit dem größten Respekt. Saraha verrichtete die Arbeit, die seine Gefährtin nicht allein bewältigen konnte, aber ansonsten diente sie ihm, wie eine Schülerin dem Meister.

Eines Tages nun setzte die junge Frau ihm eine Speise vor, und was im folgenden geschah, ging in die Geschichte von Sarahas Abenteuern ein. Normalerweise aß Saraha alles, was ihm vorgesetzt wurde, ohne das geringste Anzeichen von Interesse an seinem Essen zu bekunden. Doch diesmal rief Saraha auf völlig untypische Weise aus: »Bring mir Radieschencurry!«

Die Frau mußte ins Dorf gehen, um die Radieschen zu besorgen. Endlich wieder daheim angekommen, bereitete sie eine Curryspeise mit den Radieschen zu, legte Yoghurt aus frischer Büffelmilch bei und richtete die Mahlzeit auf einem Teller aus geflochtenen Bananenblättern an. Dann setzte sie Saraha das Essen vor die Nase.

Aber er saß immer noch mit gekreuzten Beinen am selben Fleck und reagierte nicht. Jetzt wurde ihr klar, daß Saraha inzwischen in tiefster Meditation versunken war und keine äußerlichen Anrufe oder Berührungen wahrnehmen konnte. Also ließ sie ihn in Frieden und kümmerte sich um andere Dinge.

Zwölf Jahre gingen ins Land. Noch immer hatte der Mystiker sich nicht von der Stelle gerührt. Sein Geist war in unendliche Fernen geschweift und vom Körper zurückgezogen, ohne die Verbindung jedoch vollends zu kappen.

Nach zwölf Jahren und drei Monaten schlug Saraha plötzlich die Augen auf und rief: »Wo ist das Radieschencurry?!«

Die Frau wußte nicht, ob sie weinen oder lachen sollte. »Du bist wirklich wahnsinnig«, verkündete sie, »...ein Meister des ausgesprochenen Irrsinns! Dein Curry ist vor Jahren schon den Weg alles Irdischen gegangen, und du hast hier herumgesessen wie ein Radieschen, das in einem Erdklumpen klemmt. Zwölf Jahre sind inzwischen vergangen, und du hängst immer noch an deinem letzten, idiotischen Gedanken fest?«

Saraha erwiderte nichts. Wahrscheinlich mußte er erst einmal zur vollen Besinnung kommen. Aber seine Seelengefährtin fuhr fort, ihm die Meinung zu sagen, denn sie hatte sich in der Zwischenzeit zu einer fortgeschrittenen Yogini entwickelt. »Was du die letzten zwölf Jahre getrieben hast, war offensichtlich keine echte Meditation«, sagte sie, beide Arme in die Hüften gestemmt. »Wer im Geiste abwandert, ist noch lange nicht in Meditation. Wer sich allein in die Einsamkeit zurückzieht, ist noch lange nicht all-eins. Echtes Alleinsein bedeutet, jeden interpretierenden Gedanken und alle dualistischen Konzepte loszulassen, und wenn sie auftauchen, dann nicht daran festzuhalten! Du hingegen hast zwölf Jahre damit vertrödelt, ein paar illusionäre Radieschen im

Kopf zu behalten. Und so was wird als *Mahasiddha* (Großer Seher) bezeichnet?!«

Die Worte der zornigen Göttin in Menschengestalt trafen Saraha bis ins innerste Mark. Zur selben Zeit fühlte er aber auch, daß er plötzlich wacher wurde, als er es je zuvor für möglich gehalten hatte. In den kommenden Jahren erlangten beide eine Stufe der Erleuchtung, von der es absolut keine Wiederkehr mehr gibt, und erkannten sich als nicht mehr und nicht weniger als das Klare Licht des Unsterblichen Seins.

Als es Zeit war, die Erde zu verlassen, verwandelte das Paar seine Körper in reines Licht und ging in den Urgrund ein, ohne eine materielle Hülle zurückzulassen.

Der fliegende Yogi

AN EINEM GLASKLAREN SOMMERTAG im Tibet des vergangenen Jahrhunderts ging der singende Yogi Schabkar Rinpoche mit zwei Schülern auf die Wanderschaft. Die drei hatten ein Pferd mit allem, was sie in den nächsten Wochen und Monaten brauchten, beladen und führten das Tier an einer Leine neben sich her, denn sie wollten ohne Eile von Gipfel zu Gipfel ziehen, die Schönheit der tibetischen Bergwelt genießen und sich zum Liederdichten inspirieren lassen.

Der singende kleine Trupp führte das Pferd über einen entlegenen Bergpaß, als sie einer alten Frau begegneten, die mitten auf dem windigen Bergpaß lag, mit dem Gesicht auf der Erde. Schabkar Rinpoche sprang an ihre

Seite und versuchte, die offenbar Verletzte aufzurichten, aber sie konnte sich nicht von der Stelle rühren. Mit einer brüchigen, kaum vernehmlichen Stimme bat sie um Nahrung und etwas Wasser.

Schabkar packte seinen Proviant aus, kochte heißen Buttertee am Straßenrand und flößte der Greisin die heilsame Brühe ein. Dann füllte er genug geröstetes Graupenmehl, Teeblätter und Butter für viele Mahlzeiten in einen Sack und setzte ihn neben die entkräftete Frau, damit sie selbst sehen konnte, daß sie in den nächsten Wochen nicht verhungern mußte.

Ohne ein Wort des Dankes zu sagen, verlangte sie – jetzt schon mit einer erstaunlich kräftigen, schrillen Stimme – nach neuen Kleidern, die Schabkar ebenfalls bereitwillig aus den Satteltaschen des Pferdes zog und neben die Frau legte. Sie schielte auf einem Auge und war mit Abstand das häßlichste Geschöpf, das die drei Wanderer je gesehen hatten. Aber Schabkar Rinpoche ließ sich nicht von ihrem Aussehen stören und betrachtete die Alte mit dem gleichen liebevollen Blick, den er für alle Wesen bereithielt.

Die Alte beäugte das Pferd und krächzte: »Ach, ach, ich Ärmste kann ja nicht mehr laufen, und ihr seid alle noch jung und kräftig wie die Mustangs auf der Weide … Es wäre wirklich hochanständig von euch, wenn ihr mir euer Pferd geben würdet, damit ich heil davonkomme … Findet ihr nicht auch?«

Für Schabkars Schüler war die unverschämte Bettlerin jetzt entschieden zu weit gegangen. Aber der singende Yogi war bereits dabei, seine Satteltaschen vom Pferd zu nehmen. »Komm, Großmutter«, sagte er und half der Alten auf die Beine. »Mach dir keine Sorgen um die Zukunft. Ich werde mich um alles kümmern.«

Behutsam und geduldig half er der Greisin, das Pferd zu besteigen, während seine beiden Schüler ihm verzweifelt fragende Blicke zuwarfen. Endlich saß die Alte auf dem Rücken des Tieres, blickte stolz von oben auf die drei Männer herab und stieß ein meckerndes Lachen aus, als sie den Gesichtsausdruck von Schabkars Schülern sah.

Und im nächsten Moment verwandelte sie sich vor den Augen aller in eine völlig neue Person. Eine geradezu erschreckend rosige Lebenskraft brach urplötzlich aus jeder Pore des runzligen Greisengesichts hervor, und die gebeugte Gestalt saß kerzengerade auf dem Pferd. »Du, Schabkar«, rief sie mit einer frischen, wohlklingenden Stimme, »wirst als einsichtsvoll und weise bezeichnet. Aber ich wollte mich selbst von deinen Fortschritten überzeugen und sehen, wieviel Humor und Liebe du wirklich in dir hast. Ich brauche weder dein Pferd noch irgend etwas anderes von deinen Sachen. Nichts fehlt mir, von Anbeginn an, denn alles ist in mir, und ich enthalte die ganze Welt. Und nun sprich, du großer Dharma-Held! Weißt du immer noch nicht, wer ich bin?«

Schabkar stand wie vom Blitz getroffen und starrte die Erscheinung an, ohne ein Wort der Entgegnung hervorzubringen. »Wenn du es nicht weißt, dann höre und sieh!« sang die Frau und verwandelte sich in die Lichtgestalt der Göttin Vajra Varahi, noch ehe Schabkar Rinpoche mit den Augen blinken konnte. Ein leuchtend feuerrotes Licht saß jetzt auf dem Pferd, schoß glühende Flammen in alle Himmelsrichtungen und formte sich dann zu einer zornigen Gottheit mit zwei Köpfen.

Über einem riesenhaften Kopf mit grimmig gebleckten Zahnreihen thronte ein kleinerer Schweinskopf, rabenschwarz, quiekend und grunzend, daß ein Geringerer als Schabkar Rinpoche das Weite gesucht hätte. Aber er blieb stehen, um zu sehen und zu hören, wie es ihm befohlen worden war. »Sieh mich an und erkenne mich. Dir erscheint Vajra Varahi, die Königin Furchtloser Seligkeit. Ich werde dich zum Himmel emporheben und mich von nun an immer um dich kümmern … Wende deinen Blick nicht ab!«

Gewaltig wie ein Bergmassiv wurde die Feurige jetzt. Nackt, bis auf eine Girlande von abgehackten, bluttropfenden Menschenköpfen, so stand die Gottheit vor Schabkar Rinpoche und begann einen rasenden Tanz von tiefer symbolhafter Bedeutung. In einer Hand schwenkte sie ein blitzend scharf geschliffenes Messer, in der anderen einen umgestülpten Totenschädel, aus dem das Blut bei jedem Schritt schwappte. Unter einen Arm geklemmt hielt Vajra Varahi einen Dreizack, auf dessen Spitzen die Knochen von toten Menschen staken. Schabkars Schüler wandten die Augen ab.

Doch dann verströmte die Schaurige ein vielfarbiges Regenbogenlicht, lächelte hinreißend und warf Schabkar einen kleinen Beutel voller transformierender Substanzen zu. Schabkar fing den Beutel auf. Die Gottheit erhob sich in die Luft und schwebte mit einem letzten verheißungsvollen Blick auf den Yogi, der noch immer auf demselben Fleck stand, über die Berge davon.

Seine Schüler sahen gerade noch, wie Schabkar Rinpoche den Beutel zwischen die Falten seines Gewandes steckte und die Arme zum Himmel hob, als wollte er der Göttin folgen. Dann entfuhr ihnen ein Schrei: Der Yogi löste sich vom Boden und schwebte mühelos wie ein Vogel hinter der Erscheinung her. Er flog.

Er starb singend

Als Soldaten der chinesischen Volksarmee das Dzogchen-Kloster in Kham vernichteten, nahmen sie alle bedeutenden Lamas und das Verwaltungspersonal gefangen. Im Gefängnis wurden die Mönche gefoltert und gezwungen, alle möglichen Verbrechen einzugestehen, nicht zuletzt das der Massenausbeutung und persönlichen Bereicherung auf Kosten der Arbeiterklasse. Es ging den kommunistischen Anklägern in erster Linie darum, ein ihnen vollkommen fremdes Weltbild zu denunzieren, denn selbstlose Hingabe an eine spirituelle Realität, die jeden Materialismus als Illusion begreift, wurde notgedrungen als heuchlerische Attacke gegen ihre eigenen Realitätsvorstellungen aufgefaßt.

EIN EHRWÜRDIGER ALTER KHENPO (Abt) vom Sri Simha-Institut, der philosophischen Abteilung des Klosters, zeigte sich vollkommen unbeeindruckt von den Drohungen und Greueltaten seiner Eroberer und gab seine Ansichten mit wenig Rücksicht auf Verluste kund. Was die Chinesen auch taten, es gelang ihnen nicht, dem Khenpo seine religiösen Überzeugungen auszutreiben.

Jahrzehntelang hatte der Alte sein Wissen an die Mönche seines Klosters weitervermittelt, und die Tatsache, daß er sich nun in chinesischer Gefangenschaft befand, hinderte ihn nicht daran, den Unterricht fortzusetzen und Mitgefangene, so oft es möglich war, zu beraten.

Die Chinesen versuchten, ihn durch öffentliche Verhöre, Schläge und allerlei einfallsreiche Folterstrafen zu bekehren, aber es nützte nichts. Der Khenpo ließ sich nicht umerziehen und bezeichnete all diese Grausamkeiten als ›unwirklich‹.

Die Chinesen fühlten sich schließlich gezwungen, den

unbelehrbaren ›Konterrevolutionär‹ vor den Augen seiner Mitgefangenen zu einem letzten Kräftemessen herauszufordern. »Nun gut«, schrien die Soldaten. »Du erzählst überall herum, daß Freude und Schmerz, Diesseits und Jenseits untrennbar eins sind, von Grund auf identisch, und daß diese Welt so unwirklich ist wie ein Traum. Jetzt wollen wir doch einmal sehen, ob das wirklich stimmt.« Sie zerrten den Alten in eine ihrer Folterkammern, und die Tibeter befürchteten das Schlimmste für ihren Leidensgenossen.

Zunächst wurden Methoden angewandt, die einen Menschen leiblich und seelisch zerbrechen lassen können, ohne den Gepeinigten jedoch vorschnell durch den Tod zu erlösen. Nach allen Regeln der Kunst brach man dem alten Mann verschiedene Knochen, veranlaßte, daß innere Organe zerplatzten und die Gliedmaßen verbrannt wurden, ohne das Herz dabei zum Stillstand zu bringen. Dann wurde der Khenpo auf ein Pferd geschnallt, das man auf dem Gefängnishof im Kreis traben ließ, wobei man sich offenbar dachte, daß der Schwerverletzte die unerträglichsten Agonien bei jedem Schwanken des Pferdes erdulden mußte.

Sämtliche Gefängnisinsassen wurden zum Zuschauen zusammengetrieben, während die Soldaten den Mann auf dem Pferd verhöhnten und ihm nahelegten, doch bitte wieder eine seiner Lobeshymnen auf den Buddha zu singen und ein bißchen dabei hin- und herzutanzen, um eine eindringliche Zirkusvorstellung für seine Landsleute abzugeben.

Alle überlebenden Augenzeugen berichten, daß der Khenpo sich wie ein echter Rinpoche (unbezahlbarer Lehrer) und Krieger der osttibetischen Tradition verhielt. Er sang von seiner Gotteserkenntnis und pries die Lehren des Buddhas, während das Pferd ihn im Kreis über den Hof trug und das Blut aus seinem Munde quoll, denn man hatte ihm die meisten Zähne herausgebrochen.

Irgendwann blieb das Pferd dann ganz plötzlich stehen und gehorchte keinen Peitschenhieben mehr. Der Gesang des Alten brach im selben Moment ab. Er warf einen Blick zum Himmel, als schleudere er eine Speerspitze von sich, schrie:»Hick!« und sackte leblos im Sattel vornüber. Die Lederriemen verhinderten, daß der tote Khenpo vom Pferd stürzte.

Die Chinesen mußten sich geschlagen geben. Was blieb ihnen anderes übrig? Ein weiterer Lama hatte sich ihrem Einflußbereich entzogen, ohne seine ›Sünden‹ öffentlich einzugestehen und sich zum reinen Materialismus zu bekennen.

Ein Griesgram wird zum Lachen gebracht

GESHE LANGRI THANGPA LEBTE vor achthundert Jahren in Tibet und war ein ausgebildeter Lama der Kadampa-Schule, die erst vor kurzem von dem indischen Meister Atisha gegründet worden war. Die prinzipielle Doktrin der Kadampa-Schule ist selbstloser Dienst am Nächsten und ein grenzenloses Mitgefühl, durch das die gedankliche Trennung in ›Ich‹ und ›Du‹ eines Tages vollkommen aufgehoben werden soll.

Langri Thangpa fühlte sich von Natur aus zu diesem Weg hingezogen, denn er war feinfühlig und mühelos imstande, sich in seine Mitmenschen hineinzuversetzen, als sei er selbst unmittelbar betroffen. Je mehr er sich allerdings in das Leid der anderen hineinversetzte, desto dunkler wurde seine Stimmung. Sein Mitgefühl ging schließlich so weit, daß er sich in einsame Berghöhlen zurückzog, um dort zu beten, fasten und nachzuempfinden, was andere tagtäglich erdulden mußten.

»Das ist doch alles nur ein Traum, der durch die Identifikation mit einem sterblichen Körper entsteht«, gaben seine Kollegen zu bedenken. »Warum nimmst du das alles so ernst?«

»Ist es etwa weniger tragisch, daß alle fühlenden Wesen tagtäglich unter ihren eigenen alptraumhaften Wahnvorstellungen leiden müssen?!« gab der widerspenstige Langri Thangpa zurück. »Nein«, beantwortet er die eigene Frage. »Das Dasein im Samsara ist eine ewige Berg- und Talfahrt zwischen wahnwitziger Hoffnung auf Erfüllung und der unvermeidlich herben Enttäuschung. Und alle Schmerzen der Wesen im *Samsara* sind meine eigenen.«

Eines Tages tauchte der ›Göttliche Griesgram‹, wie er inzwischen von vielen genannt wurde, mit einem alten Tuch um den Kopf gewickelt in seinem ehemaligen Kloster auf und schlurfte durch die Gänge, als hätte er einen seiner engsten Angehörigen oder Seelenverwandten verloren.

»Ist jemand gestorben?« fragten die Mönche den Trauernden.

»Ist irgend jemand *nicht* gestorben, wäre eine bessere Frage«, gab Langri Thangpa prompt zurück. Dann wanderte er davon, um sich wieder seinen einsamen Betrachtungen hinzugeben.

Langri Thangpa saß im Schneidersitz vor einem niedrigen Holztisch, auf dem er Berge von gekochtem Reis angehäuft hatte, als eine Maus aus ihrem Schlupfloch herausgelaufen kam. Der Lama war dabei, verschiedene Halbedelsteine mit dem Reis zu vermengen und Mandalas daraus zu formen – geometrische Bilder von symbolhafter Bedeutung –, auf die er seinen müden Geist konzentrieren wollte.

Da der Lama still und friedlich dasaß, kam die Maus ganz nah an ihn herangetrippelt und sprang auf den Tisch. Dort angekommen, versuchte sie, einen Türkis aus dem Reisberg zu zerren und mit sich davonzuschleppen. Aber der Edelstein war viel zu groß für das winzige Nagetier und klebte zudem an einem Brocken zermatschter Reiskörner fest.

»Lieber Freund«, sagte der alte Thangpa. »Das blaugrüne Ding ist kein Schimmelkäse, sondern ein Stein und daher ungenießbar. Gib es auf.« Die Maus hatte den Türkis inzwischen halb aus dem Reisberg gezerrt, konnte ihn jedoch nicht zwischen den Vorderpfoten halten und gleichzeitig davonlaufen. Langri Thangpa betrachtete die Bemühungen der Kreatur mit dem Blick eines erfahrenen alten Wanderers und dachte: »Dieses sinnlose Treiben erinnert mich an den unaufhörlichen Kampf mit der Materie in dieser Welt. Was nützt es uns, wenn wir Haufen von Materie von einem Platz zum nächsten bewegen? Scheinbar wird etwas geschaffen, doch letztlich wird alles wieder zerstört und stellt sich als ungenießbar und vollkommen sinnlos heraus …«

So dachte der Lama, während die Maus unverrichteter Dinge verschwand und sich eine Weile nicht mehr blicken ließ. Der Alte fuhr fort, sein Mandala zu formen, als er sah, daß die Maus zurückgekommen war – und diesmal in Begleitung eines Komplizen von der eigenen Art. Gemeinsam gelang es den beiden Tieren, den Türkis aus dem Reisberg herauszuziehen, indem die eine Maus schob, während die andere von vorne zerrte, worauf sie mit ihrer Beute unter dem Tisch verschwanden.

Da mußte Geshé Langri Thangpa zum erstenmal seit vielen Jahren lachen. Sein Lachen war spontan und voller Güte, und es erhellte sein düsteres Gesicht wie ein göttlicher Sonnenaufgang.

Laut rief er: »Möge allen Wesen im Universum gegeben werden, was sie wirklich haben wollen und brauchen.«

HEYNE BÜCHER

Mythologie
der Völker

19/314

HEYNE BÜCHER

Macht der Mythen

*Die einzigartige
Sammlung mythischer
Sagen und
Geschichten in einer
limitierten Edition*

Die Edda
*Götterdichtung, Spruchweisheit
und Heldengesänge der
Germanen*
01/10151

Erinn
Keltische Sagen aus Irland
01/10152

Das Buch der Hopi
*Nach den Berichten der
Stammesältesten aufgezeichnet
von Weißer Bär*
01/10153

Der Wikinger Fahrten und
Abenteuer
01/10154

Schwarze Sonne Afrika
Mythen, Märchen und Magie
01/10155

Die Helden von Thule
Isländische Sagas
01/10156

Irischer Zaubergarten
*Märchen, Sagen und Geschichten
von der grünen Insel*
01/10157

Auf dem Weg des Regenbogens
*Das Buch vom Ursprung der
Navajos*
01/10158

Die Geschichte Dietrichs von Bern
01/10159

Die Völsungen-Saga
Das nordische Nibelungen-Lied
01/10160

Die Reise in die Anderswelt
*Feengeschichten und Feenglaube
in Irland*
01/10161

Ramayana
*Die Geschichte vom Prinzen Rama,
der schönen Sita und dem Affen
Hanuman*
01/10162

Alle 12 Bände sind auch im
exklusiven Schmuckschuber
»Diedrichs Mythen der Welt«
erhältlich.

Diedrichs bei Heyne

HEYNE BÜCHER

Geschenke des Himmels

Lesen, wo Weisheit ist

Louise L. Hay
Die innere Stimme
*Neue Gedanken und
Affirmationen zur Selbstheilung*
08/9923

Dr. Joseph Murphy
Frei und schöpferisch
*33 Schlüssel zum
positiven Denken*
08/9924

Ich bin an Deiner Seite
*Engel-Weisheiten
Gesammelt von
Penny McLean und
Hans Christian Meiser*
08/9925

Prentice Mulford
Von der Kraft des Menschen
*Wie man Meisterschaft im
Leben gewinnt*
08/9926

ZauberWorte – Türen nach innen
*Meditative Texte der Weltliteratur
Ausgewählt von Stephanie Faber*
08/9927

Konfuzius
Von der klugen Entscheidung
*Seine Weisheit neu übersetzt und
für unsere Zeit interpretiert
von Thomas Cleary*
08/9928

Laotse
Den rechten Weg finden
*Die chinesische Weisheit des Tao
für unsere Zeit neu übertragen
von Thomas Cleary*
08/9929

Musashi
Vom Sieg im Kampf
*Das »Buch der 5 Ringe« und die
Kriegskunst der Samurai
interpretiert von Thomas Cleary*
08/9930

Rumi
Das Lied der Liebe
*Die Weisheit göttlicher Liebe
in den Versen des größten
Sufi-Dichters*
08/9931

Kahlil Gibran
Vor dem Thron der Schönheit
*Lebendige Weisheit vom Dichter
des »Propheten«*
08/9932

Heyne Taschenbücher